# Les grandes
# affaires criminelles
# de la Touraine

*Collection dirigée par Thierry Lucas.*

Olivier Goudeau

# Les grandes affaires criminelles de la Touraine

**Geste** éditions

*À Annie et Michel Goudeau, mes parents.*

# PRÉFACE

Olivier Goudeau poursuit avec ses *Grandes Affaires criminelles en Indre-et-Loire* son cheminement d'historien de la violence et de la criminalité. Son goût de la recherche, de l'archive transparaît dans chacune de ces dix affaires criminelles qui ont marqué l'Indre-et-Loire au XIXe siècle et au début du XXe siècle. Il ne s'agit pas dans cet ouvrage de reprendre en les actualisant quelques études érudites anciennes. Olivier Goudeau s'est plongé avec le plaisir de l'historien enquêteur du passé, dans la masse pesante et a priori rébarbative des archives judiciaires, des interrogatoires et des procédures interminables mais si riches pour celui qui fait l'effort de s'y immerger. L'historien a su également retrouver et relire les chroniques judiciaires des journaux de l'époque qui passionnent le public local ou national. On retrouve ainsi la plume des chroniqueurs du *Journal d'Indre-et-Loire*, de *La Touraine Républicaine*, de *La Dépêche du Centre et de l'Ouest* mais aussi du *Figaro* lorsque l'affaire prend un retentissement national comme lors du procès de Gilberte Girault, « Cendrillon », qui fascine la presse française. À partir de cette masse compacte d'informations, Olivier Goudeau sait reconstituer avec talent et rigueur une série d'affaires criminelles, s'appuyant sur d'abondantes citations, vivantes, pittoresques, tragiques, qui font plonger dans l'atmosphère du crime et du procès comme les lecteurs du *Figaro* ou du *Journal d'Indre-et-Loire* d'il y a un siècle.

Ces dix affaires renvoient tout à la fois à une criminalité « ordinaire » et presque banale, empoisonnement, crimes liés à des vols, affaires passionnelles, affaire de la séquestrée de Loches et à quelques grands crimes qui défraient la chronique judiciaire de l'époque au-delà des frontières du département de l'Indre-et-Loire, par leur horreur. Elles se suivent d'autant plus facilement qu'Olivier Goudeau a su réorganiser leur cheminement depuis la découverte du crime, sa genèse, le portrait de la victime, des accusés, jusqu'au déroulement de l'enquête et au procès, fil rouge que l'on ne perd jamais.

Olivier Goudeau s'est transformé en chroniqueur judiciaire qui suit toute la chaîne de l'affaire mais en conservant toujours ses qualités d'historien. Ainsi, il évite les pièges du sensationnalisme, du jugement hâtif caressant le lecteur dans le sens du poil à l'image d'affaires très récentes comme celle d'Outreau où la justice et les médias ont condamné a priori sans recul ni regard critique. L'art de la chronique judiciaire, si prisé à la Belle Époque trouve ici un écho renouvelé par une approche historique de la violence et de la criminalité aujourd'hui en pleine mutation.

Olivier Goudeau a choisi, parmi une masse de procès criminels venus devant la cour d'assises de Tours, quelques « grandes » affaires à la fois pour leur exceptionnalité, leur retentissement dans l'opinion publique et leur dimension exemplaire. Ce sont dix dossiers tout aussi passionnants les uns que les autres que nous livre Olivier Goudeau. Les témoignages, les interrogatoires se révèlent d'une extraordinaire richesse au-delà du seul crime qui agit comme un révélateur des tensions sociales, familiales, mais aussi de la vie quotidienne saisie dans ses aspects les plus concrets et souvent les moins connus.

Le crime est l'occasion de découvrir la vie de la rue, les relations de voisinage, les débuts de la circulation automobile, les vélos sur les routes de campagne, les mauvais coups réalisés à la faveur de la nuit. Les témoins nous font entrer dans les maisons de Touraine, depuis le presbytère cossu du curé de Saint-Patrice aux petites maisons de la rampe de la Tranchée à Saint-Symphorien, en passant par la Cabane-Bambou, « guinguette » délabrée des bords du Cher, « hangar couvert de roseaux surmonté d'un drapeau russe » ou des fermes sordides. De la soupe aux choux empoisonnée à la mort aux rats avalée par le père Cottreau, ils nous font découvrir une multitude de petits détails concrets qui nous plongent au cœur de la vie des petites gens d'Indre-et-Loire. Chaque affaire nous conduit également auprès de personnages qui exercent des activités très diversifiées, de la jeune Gilberte Girault, couturière depuis l'âge de douze ans, l'abbé Fleurat et sa servante, l'étude d'un huissier, son clerc

Maurice Doucet, le jeune encaisseur de quinze ans qui fait office de transporteur de fonds à vélo, paysans miséreux, tenanciers de la Cabane-Bambou… Mais ces affaires criminelles sont surtout l'occasion de découvrir une série de portraits hauts en couleur, trajectoires familiales et individuelles, tranches de vie où se dégagent des réussites à l'image de l'abbé Fleurat, bon curé de campagne, humaniste, charitable, curieux de toutes les nouveautés. Ce sont surtout les accidentés de la vie et les déviants qui apparaissent à travers la galerie des criminels et de leurs complices. Lehmann, l'auteur du double assassinat de l'abbé et de sa servante, est un « roulottier » qui passe d'asile en asile ; alcoolique, il partage la vie d'Henriette Peltié, qui vit « du produit de la mendicité et de la prostitution ». Ce sont tous deux des récidivistes ancrés dans une délinquance qui va crescendo. L'éclatement de la famille chez Gilberte Girault, les haines domestiques, le mari bafoué ouvertement, l'adolescent égaré assassin de sa grand-mère, un train de vie non maîtrisé, la recherche frénétique d'argent qui revient de manière obsessionnelle dans la majorité des affaires, la pression nocive de l'entourage comme le sinistre clan Congnet qui s'abouche avec Maurice Doucet, les bandes qui se forment pour un mauvais coup qui tourne mal, tous ces éléments conduisent au crime commis souvent dans des conditions épouvantables, donnant des scènes sordides et d'une violence abominable dont les chroniqueurs se repaissent pour un public avide de sensationnel et de sang.

Olivier Goudeau nous fait enfin entrer dans les rouages de l'enquête judiciaire, avec les premières expertises scientifiques, les interrogatoires, les témoignages et leurs contradictions. Puis il nous conduit au tribunal dont il trace à travers les récits des chroniqueurs judiciaires des tableaux saisissants : l'affluence devant le palais de justice où la foule piétine longtemps devant les grilles, « énorme cohue » pour le procès de Gilberte Girault, l'ambiance parfois survoltée des débats, les plaidoiries, les doutes des chroniqueurs, notamment dans l'affaire Girault ou dans celle de l'empoisonnement à la mort aux rats de Cottreau dont la femme et la fille sont finalement acquittées, et l'instant tant attendu du verdict suivi d'applaudissements quand Doucet est condamné à mort. Enfin, Olivier Goudeau s'est attaché aux quelques cas d'exécutions capitales, au terrible spectacle où affluent des milliers de personnes, décrit avec une minutie morbide et avide par les chroniqueurs, reflets et amplificateurs des peurs et des fantasmes de la société.

Les grandes affaires criminelles saisies par Olivier Goudeau nous plongent dans les réalités profondes de la société des villes et des campagnes d'Indre-et-Loire, dans leurs modes de vie, leurs comportements. Cet ouvrage permet de mieux comprendre dans leur complexité, dans leur diversité, les chemins de la délinquance et de la criminalité, l'environnement familial et social, le fonctionnement de la machine judiciaire, autant de problèmes qui traversent l'histoire et constituent encore aujourd'hui des sujets d'actualité brûlants.

Jacques PÉRET,
professeur d'histoire, université de Poitiers

# INTRODUCTION

Se plonger au cœur des archives judiciaires est l'une des aventures les plus pas-
sionnantes que puisse vivre un historien.
Lorsqu'il ouvre un dossier de procédure,
c'est une véritable mine de renseignements
qui s'offre à lui.

La découverte d'un crime, que ce soit
dans un village ou dans le quartier d'une
grande ville, provoque un véritable raz de
marée. Il y a tout d'abord l'horreur du forfait qui marque à tout jamais celui qui le
découvre. On court prévenir les autorités.
Le juge de paix ou le maire arrivent souvent les premiers sur les lieux du drame.
Puis c'est au tour des gendarmes de prendre possession des lieux avant les arrivées
toujours impressionnantes du juge d'instruction et du procureur de la République. L'enquête commence alors. Le juge
interroge, perquisitionne, se déplace chez

les témoins et les voisins pendant que le médecin étudie le corps de la victime. C'est le temps de l'autopsie, si précieuse pour comprendre les circonstances du passage à l'acte. Si l'enquête se révèle infructueuse, le magistrat instructeur peut toujours compter sur l'arrivée de quelques lettres de dénonciation pour faire avancer son enquête. Puis, vient le temps de l'arrestation d'un suspect, susceptible d'avoir commis le terrible forfait. La justice tente alors de comprendre. L'individu est interrogé à plusieurs reprises. On se plonge dans son passé. On l'interpelle au sujet de son emploi du temps, de ses habitudes, de ses dépenses, ses revenus, son travail, ses fréquentations…

Toutes ces étapes sont rassemblées dans un seul document, appelé dossier de procédure. Il répertorie parfois plusieurs centaines de feuillets (procès-verbal, interrogatoire, audition de témoin, acte d'accusation, autopsie) et constitue pour l'historien une source extraordinaire. Grâce à lui, le chercheur est capable de saisir les tenants et les aboutissants de l'affaire, mais aussi de pénétrer au plus profond d'une société, de comprendre ses habitudes et ses modes de fonctionnement. On saisit ainsi l'importance capitale de certains lieux dans la société du début du xxᵉ siècle. En ville, les cabarets et les restaurants en sont les beaux exemples. On y noue des relations, on y prépare des mauvais coups, on s'y fait arrêter.

Lorsqu'il n'a pas la possibilité d'ouvrir un dossier de procédure (un délai de cent ans est obligatoire), l'historien peut se rabattre sur la presse. Au tournant du xxᵉ siècle, elle est extraordinairement riche, que ce soit en Indre-et-Loire ou dans les autres départements de France. À l'intérieur, les faits divers y occupent une place centrale, notamment lors des procès. Ainsi en mars 1908 pour le jugement de Gilberte Girault, accusée du crime d'une voisine dans le quartier de la Tranchée à Tours, la presse déploie les grands moyens. Pendant plusieurs jours, l'affaire occupe plus des trois quarts du « canard ». Chose impensable aujourd'hui, les journalistes sont au cœur de l'action. Ils peuvent voir les victimes, aller et venir à leur guise sur la scène du crime, interroger l'accusé lors d'une reconstitution. La liberté est quasi totale.

Pour le chercheur, le résultat est extraordinaire. Un siècle après le crime, la somme de renseignements est telle qu'il est capable de faire revivre l'histoire comme si elle s'était passée hier.

Car il y a bien longtemps que le phénomène criminel passionne aussi bien le grand public que le chercheur, qu'il soit historien, psychologue, juriste ou sociologue. Le crime porte en lui toutes les passions humaines cristallisées dans un geste souvent violent et plein d'optimisme. Si celui qui passe à l'acte croit en son geste, la société qui le découvre tombe des nues. Comment un être humain a-t-il pu commettre un acte aussi cruel? Pourquoi s'en est-on pris à cette personne que la communauté aimait tant? Les villages et les villes qui ont connu des faits divers sortent marqués de cette épreuve. C'est le temps des règlements de compte. La famille de l'assassin est montrée du doigt ou même obligée de quitter le village ou le quartier. Les descendants portent très souvent sur leurs épaules le poids de cette culpabilité. Les années passant, l'affaire est déformée, les faits sont exagérés, l'assassin devient alors dans les mémoires collectives une sorte de « monstre froid[1] » dont il faut taire le nom. En s'appuyant sur des sources fiables, ce livre a le mérite de restituer les faits tels qu'ils se sont déroulés et de les replacer dans leur contexte.

L'ouvrage traite donc de dix histoires criminelles qui ont marqué leur espace et leur temps. Certaines sont encore dans les mémoires des plus anciens, d'autres ont été définitivement oubliées. En revanche, ce sont toutes de « grandes affaires » en raison de la « publicité[2] » qui a été « faite autour », que ce soit dans « les chroniques, les complaintes et les journaux… » Pour donner plus de cohérence à ce travail, il a aussi été décidé de fixer des limites dans le temps au choix des histoires. Les plus anciennes se situent donc à la Belle Époque, période propice à l'étude de la criminalité en raison du nombre considérable de sources (notamment les journaux), mais aussi parce que de multiples affaires se sont déroulées en France à cette époque : la bande à Bonnot, l'affaire Gouffé, l'assassinat du président de la République Sadi Carnot. Il s'agit en fait de « l'âge d'or » pour étudier la criminalité d'un département. L'autre limite choisie est celle de la Seconde Guerre mondiale, qui constitue une rupture évidente pour l'étude d'un espace.

Ce livre n'a pour autant pas la prétention de tout révéler sur les dix affaires choisies. Certaines zones d'ombre demeurent, notamment le devenir des condamnés aux travaux forcés. Un siècle après le transfert loin de la métropole, il est parfois difficile de retrouver leur trace. Malgré ces zones d'ombre, cet ouvrage s'est construit à partir de sources existantes et sérieuses. Tous les dialogues qui y sont relatés ont été retranscris tels qu'ils ont été trouvés dans les journaux ou les dossiers de procédure. Dans certains cas, le langage usité par l'accusé ou les témoins du crime ne correspond en rien aux mots utilisés par les protagonistes. Ils ont été retranscris par le greffier, qui utilise un langage plus soutenu. C'est la raison pour laquelle certaines phrases sont particulièrement complexes et ne correspondent pas aux vraies réponses de l'époque. Il faut donc en tenir compte pour la compréhension des histoires.

Reste l'univers particulier de la cour d'assises, lieu où jaillit au grand jour une affaire instruite en secret pendant de longues semaines. Les douze jurés sont les seuls à statuer sur la culpabilité de l'accusé. C'est eux et eux seuls qui répondent aux questions de l'acte d'accusation. Leur rôle capital s'arrête là. Les jurés ne prononcent pas la peine, ce droit étant la chasse gardée des magistrats. Les jurés ne savent pas la sanction qui va être prononcée « dans leur dos » par la cour. Alors, par peur d'une sanction trop lourde, des jurys préfèrent répondre négativement à certaines questions de l'acte d'accusation. Le XIX$^e$ siècle est donc celui de quelques verdicts scandaleux. À partir de 1832, le jury acquiert un nouveau droit, celui de pouvoir accorder le bénéfice de circonstances atténuantes à l'accusé. Sans l'accord de ces circonstances, le prévenu, s'il est reconnu coupable de meurtre ou d'assassinat (meurtre avec préméditation), est systématiquement guillotiné. Alors, toujours par crainte d'une peine trop lourde qu'ils ne maîtrisent pas, les jurés accordent très souvent, même pour le plus épouvantable des crimes, les circonstances atténuantes. Ces dernières, une fois prononcées, jouent en quelque sorte le rôle de veto qui empêche les magistrats de prononcer la peine capitale. Ils ne peuvent condamner le prévenu qu'à une peine de travaux forcés à perpétuité. En 1932, les choses évoluent dans le bon sens. Le jury « *continue de délibérer seul sur la culpabilité et les circonstances atténuantes, mais il est appelé à délibérer avec la cour sur toutes les autres questions qui échappaient à son appréciation*[3] ». Il faudra attendre 1941 pour que magistrats et jurés se prononcent ensemble sur la culpabilité du prévenu et sur la sanction qu'il faut appliquer au coupable.

Pour réaliser cet ouvrage, deux années de travail ont été nécessaires, un délai suffisamment long pour tirer quelques conclusions sur la criminalité de l'Indre-et-Loire. Dans ce département, comme dans bien d'autres à cette époque, l'influence du monde rural est considérable. La plupart des histoires se déroulent à la campagne, là où le poids des traditions est si important. La communauté villageoise possède ses règles propres, ses secrets, que l'enquête dévoile après coup. On sait ainsi que ce voisin possède telle fortune, que celui-ci ne sort jamais sans son porte-monnaie, que cette habitante déteste son petit-fils... L'autre point qui interpelle le chercheur est le nombre de crimes de sang particulièrement élevé sur la période. Ainsi, à une date donnée, il n'est pas rare, dans la presse, de suivre simultanément les enquêtes de plusieurs crimes. Mais le plus remarquable est ailleurs. Il est dans le nombre important de crimes de sang commis par de jeunes gens. La place qu'ils occupent dans ce livre n'est que le reflet de ce constat. À l'heure où notre jeunesse est souvent présentée comme la plus délinquante de notre histoire, le travail de l'historien n'est pas vain. Il permet de nuancer des propos que certains penseurs érigent en postulat. Ceux qui en doutent encore n'ont qu'à lire les destins tragiques de René Giry, Gilberte Girault et de Charles Londais.

---

1. Terme utilisé par Frédéric Chauvaud dans « Le Criminel du Poitou ».
2. *Les Grandes Affaires criminelles en France*, sous la direction d'Éric Alary, La Crèche, Geste éditions, 2007.
3. Jean-Marie Augustin, *Les Grandes Affaires criminelles de Poitiers*, La Crèche, Geste éditions, 1995, p 10.

# L'INCONNU
## À LA CANNE BLANCHE

Lundi 23 février 1891. Charles Londais, un jeune homme de 18 ans, regarde l'assiette que la vieille femme maigre et laide dépose devant lui. La soupe, tout juste sortie d'une marmite fumante, laisse échapper une étrange odeur. Assis à table, l'adolescent remercie la septuagénaire, se saisit de sa cuillère et commence à manger son repas. Dehors, il fait déjà nuit noire sur la ferme des époux Delhommais, située à Tauxigny, à moins de trente kilomètres au sud-est de Tours. Dans cette commune, le couple âgé possède une grande propriété au lieu-dit La Place. Tout en continuant à manger, Charles Londais relève la tête et regarde les deux propriétaires. « Vous pouvez me considérer comme étant à votre service[1] » Il accompagne sa phrase d'un délicieux sourire. Les propriétaires attendaient cette réponse avec impatience. Ils sont enchantés, eux qui cherchent depuis des semaines un domestique pour les aider dans leur tâche. À respectivement 73 et 77 ans, Pierre et Margueritte Delhommais ne peuvent plus gérer seuls une ferme devenue trop grande. Le renfort de ce jeune homme est une providence. Seulement, en engageant cet adolescent, le couple ne sait pas encore qu'il vient de commettre une erreur fatale. L'adolescent est en fait un monstre froid et sanguinaire. S'il a accepté ce travail, c'est uniquement dans le but de gagner leur confiance. Son objectif ultime : les tuer pour leur dérober leur argent.

Au premier abord, Charles Londais fait bonne impression. Son visage, enfantin et imberbe, lui donne un aspect sympathique qui inspire confiance. Mais derrière sa figure d'enfant se cache un adolescent rempli de doutes qui ne supporte plus sa condition sociale. Il ne veut plus travailler et surtout pas dans les conditions qu'il a précédemment connues. Son expérience parisienne de marchand de volailles n'a guère été passionnante. Et que dire de la suite ? À son retour de la capitale en septembre, son grand-père l'a fait travailler sur ses terres. Un travail matinal, dur et harassant. Alors, lorsqu'à la mi-février, son aïeul lui a demandé de trouver une place chez un autre patron, Charles Londais s'est retrouvé perdu. Il s'est posé mille questions. Comment échapper à sa condition de cultivateur ? Comment faire pour profiter au maximum des plaisirs de la vie ? À Paris, il a vu tous ces bourgeois oisifs à la terrasse des cafés et ces femmes qui s'offrent à des inconnus pour peu qu'ils possèdent quelques richesses. Dans un premier temps, l'idée de tuer pour s'enrichir lui est bien venue à l'esprit mais elle lui est apparue abjecte. Puis, au fil du temps, cette pensée est devenue terriblement séduisante. Au cours de cette période, des flashs de la scène du crime ont surgi dans son esprit. Dans ces fantasmes, c'était bien lui, l'assassin qui tuait et volait l'argent. Finalement, ce n'est pas grand-chose. Il suffit juste de choisir des victimes fragiles et sans défense pour réussir son coup. Bien sûr il y a le risque de se faire prendre mais le jeu n'en vaut-il pas la chandelle ? Très certainement. Quelques jours plus tard, Charles

Londais accepte définitivement cette idée[2]. Il ne lui reste plus qu'à préparer au mieux son crime pour le rendre sans risque. Le jeune homme entre alors dans une période de recherche active. Il lui faut trouver des victimes à la fois fortunées et fragiles.

Fin février, Londais se renseigne sur le couple Delhommais qui habite à une dizaine de kilomètres de la maison de sa mère située à Chambourg-sur-Indre. Discrètement, le garçon mène l'enquête et apprend que les vieillards, marginaux dans la commune, sont excessivement avares et méfiants. Les agriculteurs limitent au minimum les contacts avec l'extérieur. À Tauxigny, il se murmure que les Delhommais sont riches, très riches même. Ils jouiraient ainsi d'une fortune estimée entre 60 000 et 100 000 francs[3], une somme qui serait cachée dans la propriété. Selon les villageois, cette fortune proviendrait d'« une succession recueillie il y a quelques années[4] ».

Le dimanche 22 février 1891, Charles Londais entame la première partie de son plan. Habillé d'une longue blouse bleue

descendant jusqu'aux genoux et d'une casquette à palette, le garçon se rend chez les
Delhommais. En menant sa petite enquête,
il a notamment appris que les agriculteurs
cherchaient un domestique. Sa stratégie
est toute trouvée. Il va se présenter pour
le poste. Vers 14 heures 30, Marie Girollet,
Juliette Goron, Louise Bouvard, des habi-
tantes de La Place, dévisagent un homme
de taille moyenne marchant à vive allure
en direction de la ferme des Delhommais.
Il est jeune, mesure environ un mètre
soixante-dix et se tapote les jambes et les
chaussures avec une petite baguette. De
son côté, l'adolescent se sait épié. Il se doutait que les villageois l'observeraient avec
attention. Un étranger dans un village attire forcément les regards, d'autant plus
lorsqu'il se rend chez un couple qui ne reçoit jamais. Mais l'adolescent a tout prévu.
Il ne regarde personne, baisse légèrement
la tête et fixe la route. Sa casquette solidement enfoncée sur la tête lui garantit un
certain anonymat. Pour attirer l'attention
des curieux, il agite une petite baguette
qu'il a pris soin de voler à un de ses camarades pour le faire accuser du crime. Il a
même prévu de la laisser sur place après

le meurtre. Les initiales gravées sur cette badine devraient le disculper.

Arrivé dans la cour de la ferme, Londais regarde autour de lui. Personne. « Tout le monde dort ici[5] ! » crie-t-il alors à l'entrée de l'écurie. Il regarde autour de lui. Si ses sources n'étaient sûres, il aurait du mal à croire que les propriétaires de cette ferme possèdent une fortune personnelle. « La maison est dans un délabrement complet[6]. » Des carreaux manquent notamment aux fenêtres. Dans la cour, un énorme tas de paille d'avoine est en train de pourrir, une partie de la toiture d'une des étables trône dans un champ. Soudain, un vieillard apparaît, entouré de deux énormes chiens particulièrement agressifs. Il s'agit de Pierre Delhommais. Le propriétaire calme ses deux chiens et interpelle cet inconnu. Le garçon explique qu'il cherche du travail. « Je ne demande pas mieux », rétorque le vieillard qui ne recrute que des étrangers. « Je vous donnerai 15 francs par mois. Vous pouvez venir dès demain si bon vous semble[7]. » Londais se dit intéressé. Il viendra donc lundi soir, une fois le travail de ferme achevé. L'entretien a duré une heure. Le garçon a fait bonne impression.

En rentrant chez sa mère et son grand-père, l'adolescent affiche une certaine satisfaction. Il leur explique ce qu'il a soit-disant fait de sa journée. « Je suis allé me promener à Cormery[8]. J'ai trouvé un patron qui n'est pas du pays. Je partirai incessamment avec lui mais je ne sais pas quand[9]. » Émilie Londais félicite son fils qui n'a pas mis longtemps à retrouver du travail. Même si celui-ci lui a causé quelques soucis en volant ses petits camarades lorsqu'il était plus jeune, elle n'a qu'à se féliciter de sa conduite depuis son retour de Paris. Sa plus grande fierté est le don que possède son fils pour la musique. Elle regrette de n'avoir pu lui offrir des cours particuliers.

Le lendemain, à 18 heures 30, Londais reprend le même chemin que la veille. Il fait déjà nuit lorsqu'il arrive devant la ferme. Pierre Delhommais lui ouvre sans se méfier. Après tout, ce jeune homme paraît fort sympathique. Les agriculteurs accueillent le garçon et lui proposent de rester manger. S'il le désire, il pourra dormir ici et commencer à travailler dès le lendemain matin. Londais accepte. Alors que le repas touche à sa fin, Pierre Delhommais se lève pour aller se coucher. Au passage, il montre à Londais l'endroit où il pourra dormir. Le garçon suit le vieillard derrière quatre grands sacs de farine qui servent de cloison et découvre un matelas déposé sur le sol. Le garçon le remercie. De son côté l'homme disparaît dans la seconde pièce de la maison qui fait office de chambre. Comme un enfant, Londais se jette sur ce lit de fortune et regarde le plafond crevé juste au-dessus de sa tête. Il n'en revient pas. Les Delhommais vivent dans un véritable taudis. Dans la grande pièce d'environ 50 m², la moitié du carrelage a disparu, le reste du sol est composé d'une terre battue bosselée. Il sait que l'heure fatidique est proche. Tout en regardant la petite lueur provenant de la cheminée, le garçon peaufine son plan. L'idéal serait que la femme aille se coucher. Il pourrait alors commencer à fouiller la maison. Dans le village, Londais a entendu que le couple dormait à tour de rôle pour ne pas qu'on lui dérobe son trésor. Il semble que ce soit vrai car cela fait maintenant de longues minutes que l'adolescent attend patiemment dans son lit que la septuagénaire se couche. Le temps passe et la femme ne bouge toujours pas. Tout juste Londais entend-il le crépitement du feu dans la cheminée. Elle a dû s'endormir sur sa chaise. Finalement, le garçon décide de commencer sa fouille. Le risque est grand car la femme est dans la même pièce que lui. Il y a certes ces sacs de céréales qui coupent la pièce en deux et atténuent le bruit mais Margueritte Delhommais est à quelques mètres de lui. Alors, avec un maximum de discrétion, Londais débute son inspection. Il se lève de son matelas, jette un coup d'œil sur la femme qui lui tourne le dos près du feu et ouvre discrètement les portes des meubles. Grâce à la lueur provenant de la cheminée, l'adolescent s'approche du coffre qu'il a de suite repéré. Pour l'ouvrir, il se saisit d'une serpe qui se trouve sur une table. Avec sa lame de 25 cm, l'outil est terriblement tranchant. Malheureusement il n'est pas du tout adapté à la situation. Londais s'acharne. Tout à coup, un bruit provenant de l'autre côté de la pièce le surprend. Le garçon se retourne. Margueritte Delhommais vient de bouger. Réveillée, la femme est en train de se relever. Elle se redresse, se saisit d'une bougie et se penche au-dessus du feu pour l'allumer. Pour Londais, la situation se complique. La propriétaire va très certainement venir dans sa direction. Le voleur est sur le point d'être démasqué. Il doit agir pendant qu'elle lui tourne le dos. Il sort alors précipitamment de l'ombre et s'approche de la vieille femme toujours penchée près du feu pour allumer sa bougie. Au passage, le garçon s'empare d'une chaise. Il est maintenant à moins de un mètre de sa proie. Sa décision est prise. Elle est irrévocable. Il doit la tuer. Le garçon se saisit alors de la chaise par les pieds et avec une force inouïe, l'écrase sur la tête de sa victime dans un brouhaha épouvantable. La femme s'affale sur la terre battue. Londais la regarde. Même si tout se passe comme il l'avait prévu, le garçon est soudain pris de panique. Il vient de tuer cette vieille femme. C'est épouvantable. Plongé dans ses pensées devant ce corps sans vie, il revient subitement à lui. Pierre Delhommais bouge dans son lit. C'est certain, l'homme est en train de se relever. Londais regarde autour de lui et aperçoit la serpe qu'il tenait il y a quelques instants pour tenter d'ouvrir le coffre. Son sang ne fait qu'un tour. Il lâche ce qui lui reste de la chaise, se saisit de la serpe et pénètre dans la chambre du vieillard. Avant qu'il ait pu se redresser, Londais se jette sur lui. Projeté en arrière sur son matelas, le propriétaire est surpris par cette attaque. Il crie, hurle de douleur. Les coups de serpe s'abattent sur lui en rafale. Face à lui, Londais frappe avec l'énergie du désespoir. Avec sa main gauche, il maintient Delhommais sur le lit et avec la droite assène de violents coups de « gouët[10] » sur toute la partie gauche de sa victime. Malgré la dizaine de coups portés à la joue, à l'épaule, à l'abdomen, au bras et sur la main, le vieil homme, terriblement vigoureux, est toujours en vie. Londais est à bout de souffle. La scène est épouvantable car plus Londais tape, plus le vieillard se débat. Le garçon est effaré, son arme n'est pas du tout efficace. Il doit trouver rapidement une solution car la situation est en train de lui échapper. Il se débarrasse alors de son arme et fixe ses mains autour du cou de sa victime. Il rassemble ce qui lui reste de force et serre le plus fort possible. Le vieillard se débat. Londais maintient l'étreinte encore quelques secondes. Sa victime ne bouge plus. C'est fini. Même si la scène a été très violente, les projections de sang sur le sol et les murs n'ont pas été très nombreuses. Quant au jeune homme, il n'a pas une tache sur ses vêtements.

Son forfait achevé, Londais est dans un état d'excitation sans nom. Aussi vite que possible, le garçon saute du lit, reprend la serpe et se dirige vers le coffre. Il est maintenant tout près du but. Appuyé le long du mur, le meuble s'offre à lui. Fermé au moyen d'un demi-anneau fixé au couvercle et à une plaque en fer, le coffre est particulièrement grand. Avec sa serpe, Londais parvient à glisser sa lame sous la partie métallique du meuble. De tout son poids, le garçon soulève l'outil tranchant et parvient à tordre la plaque de fer. Un à un, les clous, fixant la partie métallique au meuble, tombent à ses pieds. C'est gagné. Le coffre est ouvert.

Aussitôt, le visage de l'adolescent s'illumine. Les villageois avaient raison. C'est une véritable fortune que Londais retire du coffre. Avec frénésie, le garçon remplit son sac de billets et de pièces d'or tout en jetant au sol le linge qu'il trouve aussi dans le coffre. Le garçon poursuit sa fouille dans les autres meubles de la maison mais n'y trouve rien d'intéressant. Il laisse notamment les timbales d'argent trop encombrantes et les bijoux en or. Londais peut maintenant quitter les lieux. L'adolescent ouvre la porte d'entrée et disparaît dans la nuit. Il n'a pas oublié de laisser sur les lieux du crime la baguette blanche de son camarade.

Commence alors une longue expédition de quatorze kilomètres dans le noir et le froid. Avec sa fortune, le garçon a décidé de passer chez sa mère, de dormir un peu avant de prendre la direction de la capitale. En se levant le lendemain, Londais réveille sa mère. « Je prends le train du matin. Mon patron m'emmène à Bayonne[11] », lui annonce-t-il. Alors que son fils s'apprête à quitter la maison, Émilie Londais, inquiète d'un départ aussi rapide, lui propose de manger avant de prendre le train. L'adolescent refuse. Il sait qu'il ne doit pas s'éterniser dans la région. Les larmes aux yeux, le garçon s'éloigne dans la nuit avec, pour tout bagage, son sac rempli d'argent.

En fin de matinée, Londais est enfin installé dans le train qui le mène à Paris. Épuisé par une marche de près de 25 kilomètres[12], le garçon arrive à la gare de Reignac-sur-Indre à 7 heures 30, où il s'achète un billet. Assis sur son siège, il savoure à présent ce moment de répit. À 9 heures et demie, le train s'arrête entre Tours et Blois. Londais regarde les passagers qui s'installent dans le wagon. Son regard croise celui d'une charmante demoiselle qui lui sourit. Alors que la jeune femme s'assoit près de lui, Londais dévisage la passagère avec un plaisir non dissimulé. Il la connaît bien. Lorsqu'il travaillait aux halles de Tours, il était tombé sous le charme de cette vendeuse de volailles aux yeux bleus et à la poitrine généreuse. Elle s'appelle Victorine Durand. À la gare de Tours, Londais est descendu lui demander si elle était intéressée pour l'accompagner à Paris. Le garçon lui a fait comprendre qu'il possédait quelques richesses qui laissent entrevoir de bons moments. Il lui a offert son billet. Victorine a accepté de passer quelques jours avec lui à Paris.

Dans la capitale, les deux jeunes gens s'installent vers 21 heures dans un hôtel tout proche de la colonne Bastille. Là, Londais qui se fait appeler Alexandre, se montre grand seigneur. En échange des faveurs de Victorine, il ne lésine pas sur les dépenses. Il lui offre des vêtements et une bague en or. La demoiselle est ravie. Elle a rarement vu un client aussi géné-reux[13]. Pendant huit jours, les deux amants s'en donnent à cœur joie. Au petit matin, après les nuits d'amour, l'adolescent sort seul dans les rues de la capitale. Victorine reste dormir dans la chambre d'hôtel. Lon-dais aime flâner sur les trottoirs des ave-nues parisiennes. Il tient son rêve. Il fait maintenant partie de ces grands bourgeois qu'il enviait tant autrefois. Pour apparte-nir à leur monde, il multiplie les dépen-ses. Il s'achète un complet marron avec un grand par dessus, un chapeau de feutre, une chaîne en or, une autre en argent et une montre en or. Ses dépenses de bijoute-rie se montent à 310 francs. Le 27 février, il entre dans un magasin de fabrique d'ar-mes situé rue de Lyon. Il ressort quelques minutes plus tard avec un revolver de cali-bre 320 dans la poche. L'après-midi, le cou-ple s'affiche dans les rues de Paris et mène « joyeuse vie, fréquentant les cabarets des Halles[14] ». Avec sa compagne qui se fait appeler Suzanne Moreau sur le registre de l'hôtel, Londais se rend à la brasserie du boulevard Beaumarchais. Dans ce lieu très fréquenté, le garçon est quelqu'un d'important. On le salut, on l'estime. L'adolescent sort alors ses billets de banque et les montre aux clients. Il offre plusieurs dizaines de bouteilles de champagne à 15 francs pièce soit le salaire mensuel que lui avait promis Delhommais en l'embauchant. En quelques jours, l'adolescent laisse dans cette brasserie plus de 1 000 francs en boisson, nourriture et autres services.

Après huit jours de vie commune, Londais se lasse de sa partenaire. « Je ne peux pas vous garder plus longtemps », explique-t-il à sa maîtresse. Il l'accompagne alors à la gare, lui achète un billet de troisième classe et lui glisse quarante francs dans les mains en lui disant adieu. De retour à l'hôtel, Londais annonce qu'il quitte l'établissement. Il préfère être prudent. Si Victorine est interrogée par la police, elle ne connaîtra ainsi ni son nom ni son lieu de résidence. Le garçon s'installe dans un autre établissement et se fait enregistrer sous un faux nom. À présent seul, Londais se montre toujours aussi flambeur. Il multiplie les achats, passe du bon temps dans les bars en compagnie de charmantes jeunes femmes et s'installe à des tables de jeu. Le garçon est un piètre joueur et se fait plumer. Il suit aussi des cours de musique, sa grande passion. Au 134 rue la Chapelle, il se rend chez monsieur Fricot qui lui apprend à jouer du trombone pour 1 franc et 50 centimes la leçon. Il s'achète aussi un clairon, un trombone, un monopan[15] ainsi que les morceaux qui vont avec. Au total, Londais dépense pour 199 francs de matériels de musique. Lorsqu'il ne flambe pas, le garçon passe ses journées dans sa chambre d'hôtel, rue Élisabeth, à jouer de la musique. Contre un loyer de 30 francs par mois, il partage cette pièce avec un ouvrier. Il passe aussi du bon temps à la foire du Trône, « aux menus plaisirs[16] » et au « cirque d'hiver ». À la mi-mars, Londais a déjà dépensé une grande partie de son butin. Il entreprend alors de chercher du travail.

À La Place, l'inquiétude est grande. Cela fait maintenant presque dix jours que les Delhommais n'ont plus donné signe de vie. Les heures suivant le crime, l'absence des propriétaires marginaux est passée inaperçue. Les villageois n'estiment pas assez ces vieillards grippe-sous pour remarquer qu'il se passe quelque chose d'anormal. Deux jours après le crime, Martin Livache, 44 ans, propriétaire à La Place, passe devant la ferme des Delhommais pour aller chercher des pierres. Au passage, il aperçoit la porte de la maison ouverte. L'homme n'y porte guère attention. À son retour, rien n'a changé. Deux jours plus tard, le vendredi 27 février, Livache fait le même constat. Étrange. Il décide d'aller voir ce qui se passe. Alors qu'il pénètre dans la cour, le visage du propriétaire se fige. Les deux énormes chiens des Delhommais surgissent de nulle part et s'élancent sur lui comme pour le dévorer. L'homme a juste le temps de brandir un fouet pour les dissuader. Les chiens font demi-tour et disparaissent dans la maison. Livache n'a pas le courage de poursuivre ses recherches plus loin. Le mardi suivant, huit jours après le crime, il discute avec les voisins du couple de vieillards. « On ne voit pas le père Delhommais, il doit être malade[17] », dit-il. Il doit se passer quelque chose d'anormal. Les villageois se donnent rendez-vous le lendemain matin entre 6 et 7 heures devant la ferme. Ils aviseront de la conduite à tenir. Aux petites heures du matin, Livache et quelques habitants sont postés dans la cour des Delhommais. Tous constatent une nouvelle fois que la porte est ouverte. Le petit groupe d'hommes avance avec prudence. Les chiens ne semblent pas là. Livache est le premier à pénétrer dans la maison. Ce qu'il aperçoit alors est tout simplement inimaginable. Il s'enfuit aussitôt épouvanté, sous le regard des voisins qui ne comprennent pas encore l'ampleur de l'horreur. Quelques minutes plus tard, tout le village est avisé de la nouvelle. On vient de trouver deux cadavres chez les Delhommais celui d'un homme allongé sur son lit et un second près de la cheminée dont il ne reste plus que les jambes et une partie du tronc.

Le maire est aussitôt prévenu et alerte le procureur de la République. Quelques heures plus tard, le juge d'instruction Robert de Messy arrive sur les lieux du crime. Il est accompagné de deux médecins de Loches et de Cormery. À peine a-t-il mis les pieds dans la ferme que l'homme est frappé de voir la ferme dans un tel état d'abandon et de misère. Dans son rapport, il note : « L'intérieur de la maison a le même aspect misérable que le dehors ; l'extrémité du plafond de la petite chambre est complètement défoncé… le plafond de l'autre pièce est également crevé… et on se demande comment ces deux vieillards ont pu faire pour supporter les rigueurs du dernier hiver[18]. » En pénétrant dans la pièce principale, le magistrat retient son souffle. Les gendarmes présents sur place l'ont prévenu que la scène était insupportable. À l'intérieur, il y a deux corps : celui d'un l'homme massacré dans son lit et les restes d'un second près de la cheminée. Même averti, Robert de Messy doit prendre sur lui pour débuter son enquête. Il écrit dans son rapport : « C'est sur la terre battue, faisant face au milieu de la cheminée, qu'ont été découverts les restes de la femme Delhommais ; c'est-à-dire la partie inférieure de son corps car la tête, le tronc et les bras ont disparu[19]. » « Les jambes, couvertes de bas de laine remontant au-dessus des mollets et retenus par un lacet, sont entrecroisées[20]. » Au sol des vêtements déchirés sont éparpillés autour du corps. Il y a là un tablier en coton, un jupon en mauvais état et un corsage coupé du côté droit recouvrant le buste. Le juge regarde les gendarmes qui l'accompagnent. Il n'y a pas de doute possible. Le cadavre a été dévoré certainement par les chiens dont les premiers témoins lui ont parlé. Les bêtes féroces n'ont pas mangé depuis plusieurs jours. Ils se sont probablement acharnés sur la dépouille de Margueritte Delhommais. Le problème c'est qu'elle ne semble pas avoir été traînée. Il ne remarque aucune trace de sang sur le sol. Comment les chiens ont-ils pu bien faire pour arracher les vêtements, la chair et les os de la défunte sans déplacer son corps. Étrange. Le juge poursuit son inspection. Aux pieds du cadavre, gît une bougie puis un peu plus loin « deux chaises culbutées, les pieds en l'air ». L'une d'elles a les barreaux brisés. Plus loin, le magistrat est fixé sur le mobile du crime. Le coffre fort de la famille est éventré. Quant aux tiroirs des meubles, ils ont tous été tirés et vidés en partie de leurs affaires. Le juge trouve aussi une serpe recouverte de traces suspectes. Il est possible que cet outil ait servi au crime. Il demande à ce que l'on analyse les taches qui recouvrent la partie coupante. Il pénètre ensuite dans la chambre du vieil homme. Il note : « Le corps de Delhommais se trouve dans la petite chambre… il y était étendu obliquement, les pieds sous les couvertures et dirigés du côté de la ruelle. Il portait tous ses vêtements, pantalon, chemise, gilet, blouse, foulard autour du cou; les bras pliés, les mains ensanglantés, fermées et glacées. » Le vieil homme couchait donc tout habillé. Étrange. Il constate les multiples blessures sur le corps du défunt. Quant aux draps ils sont recouverts de sang; mais ce qui surprend le plus le magistrat est ailleurs. Le ou les assassins devaient connaître parfaitement les lieux. Ils n'ont ouvert que le coffre qui contenait de l'argent. Ils n'ont même pas essayé d'ouvrir les autres meubles fermés à clé. Or ces derniers, après ouverture, ne contenaient pas d'objets de valeur. Comment le savaient-ils? Les criminels devaient être bien informés ou connaître les victimes. Le problème c'est que les Delhommais ne recevaient jamais personne dans le village. Alors qu'il se dirige vers l'extérieur pour laisser la place aux médecins légistes, le juge sait qu'il se trouve confronté à une affaire complexe. Face à ce crime qui doit remonter à une semaine, l'homme de loi se sent démuni. Il sait que les criminels sont peut-être très loin aujourd'hui. Dans la cour, il échange quelques mots avec les gendarmes tout aussi circonspects. Ces derniers notent dans leur rapport : « Malgré toutes nos investigations, nous n'avons découvert aucun indice pouvant nous mettre sur la trace du ou des coupables… Nous avons fait des recherches très minutieuses dans toutes les dépendances de la maison mais nous n'avons remarqué aucune trace du passage des assassins[21]. » Il ne reste plus qu'à espérer un témoignage d'un villageois qui a peut-être remarqué quelque chose.

Le magistrat quitte alors la ferme et débute ses auditions. Pour commencer, il interroge les voisins. L'un des points les plus importants est de déterminer le jour du crime. Or tous les témoignages concordent. Le soir du lundi 23 février, les Delhommais étaient toujours en vie. Le juge écoute et se dit que le crime a peut-être été commis la nuit suivante. Il est sur la bonne piste. Malheureusement cette hypothèse tombe rapidement à l'eau. Un homme affirme avoir croisé Pierre Delhommais le mercredi 25. Il se nomme Pierre Desouches. C'est un propriétaire de 69 ans demeurant à La Place. Il déclare : « Il y a huit jours, vers midi, je revenais de mon travail ; arrivé dans le village, j'ai rencontré le père Delhommais qui venait de chercher de l'eau à un puits commun, mais je ne lui ai pas parlé ; il était vêtu d'une blouse bleue presque neuve. J'ai pensé qu'il s'était mis en toilette pour aller en ville et depuis je ne l'ai pas revu. » Le juge conclut que le crime a dû être commis le mercredi ou le jeudi, il y a moins de huit jours.

Le lendemain, le magistrat reçoit le rapport d'autopsie qui confirme ses premières impressions. Selon les médecins, il s'agit bien d'un crime mais, en raison de l'état du cadavre, il est impossible de connaître les circonstances exactes de la mort de la femme Delhommais. En revanche, le corps et certains « os ont été attaqués par des dents d'un animal robuste ». Les chiens ont donc bien mangés une partie du cadavre. Les docteurs ajoutent. « Nous croyons pouvoir faire remonter la mort à cinq ou six jours. » Le juge réfléchit. Pierre Desouches, le témoin auditionné la vieille, avait raison. Les Delhommais étaient bien en vie il y a une semaine. Le crime doit remonter au jeudi. Avec ce constat, le juge fait évidement fausse route. Quant à Pierre Delhommais, ce ne sont pas les treize coups d'une arme coupante qui l'ont tué. Il a été étranglé. Seulement, les deux docteurs chargés de l'autopsie commettent deux nouvelles erreurs. Ils notent dans leur rapport : le vieillard « a été blessé avec des instruments qui nous paraissent différents... et qu'il... a été attaqué, terrassé et tué par plusieurs meurtriers[22]. »

Le 11 mars, le magistrat instructeur auditionne plusieurs hanbitants du village qui lui apprennent quelque chose d'intéressant. Juliette Gorron une habitante de La Place lui parle d'un jeune homme qui est entré dans la cour de Delhommais le dimanche 22 février. « Celui-ci est sorti de son écurie et ils ont causé devant la porte... pendant une bonne demi-heure... il avait une blouse descendant jusqu'aux genoux qui avait des boutons aux poches. Il avait une casquette grise. Il n'avait ni barbe ni moustaches. Il n'était ni grand ni gros. Il est passé vite[23]. » Marie Boucher, une couturière de 53 ans de La Place, déclare face au juge : « Le lundi 23 février j'ai vu un jeune homme de moyenne taille, pas trop gros, portant une blouse bleue et une casquette, qui s'est dirigé du côté de la maison des Delhommais. Il n'a pas regardé en passant. Louise Bouvard qui était avec moi l'a suivi et l'a vu entrer dans la cour des Delhommais. Je ne connais pas ce jeune homme[24]. »

Le juge prend ce témoignage au sérieux. Il pense que le garçon à la casquette est peut-être le coupable. Un étranger se présentant, quatre jours avant le crime, chez des vieillards qui ne reçoivent jamais personne est un élément troublant. Troublant mais pas essentiel car le juge tient son homme. Quelques heures plus tard, il fait arrêter M. Pinotteau, un ancien domestique des Delhommais, âgé d'une trentaine d'années. Le juge d'instruction le croit capable d'avoir fait le coup car il connaît très bien les lieux du crime. Il demande à Marie Boucher : « Connaissez-vous Pinotteau et pensez-vous que l'individu dont vous me parlez peut-être ce Pinotteau ? » La femme répond : « Je ne sais pas. Je ne l'ai pas bien vu. » Quelques jours plus tard, le suspect est libéré. Il possède un solide alibi. Le 12 mars, Robert de Messy reçoit l'expertise chimique au sujet de la serpe. Le rapport est sans équivoque. Les pharmaciens de Loches, Georges Lucat et Charles Bouton, rendent par écrit leur conclusion. « Les taches observées sur cet instrument sont bien des taches de rouille et non des taches de sang humain[25]. »

Le jeudi 26 mars, *Le journal de l'Indre-et-Loire* annonce un scoop à ses lecteurs. « Une nouvelle arrestation vient d'être opérée… celle d'un individu vagabond et mendiant d'habitude, originaire de Malicorne, commune de Tauxigny. Vendredi, il se rendit à Dolus et y coucha, après avoir fait des dépenses exagérées pour la situation de fortune qu'on lui connaissait. La gendarmerie, prévenue, vint procéder à son arrestation, il fut dirigé samedi sur la prison de Loches. On dit que de graves soupçons pèsent sur ce peu recommandable individu qui a subi plusieurs condamnations[26]. » Aussitôt, Émile Arrault, le vagabond, est interrogé et présenté à certains témoins. Le juge pense que le garçon qui s'est présenté au domicile des Delhommais est certainement le suspect arrêté. Il le confronte avec les témoins qui ont vu le jeune homme traverser La Place. Mais cela ne colle pas. « Celui que j'ai vu avait une casquette plus propre que celle-ci et revêtait une forme différente. La blouse était plus longue, plus pâle et plus propre[27] », explique ainsi Marie Girollet, une ménagère du village entendue le 22 mars. Elle n'a jamais vu cet individu tout comme les témoins auditionnés. Louise Bouvard, couturière à La Place, entendue le même jour, abonde dans ce sens. « Je ne reconnais pas Émile Arrault que vous mettez en ma présence. Je ne l'ai jamais vu[28]. » « Non, il n'avait pas de moustache. La casquette était avec une visière à grande palette[29] », ajoute la jeune Juliette Gorron. Le magistrat doit se résoudre à relâcher son suspect. Il s'est trompé. Début avril, la justice n'a pas avancé d'un pouce. Certes on a retrouvé, le 24 mars, la tête de Margueritte Delhommais que les chiens avaient cachée « entre deux meules de paille dans un enfoncement du sol à fleur de terre non loin de la maison[30] » des vieillards. L'examen du crâne montre que la victime a été assassinée à l'aide d'un instrument contondant. Les enquêteurs découvrent aussi sur les lieux du crime une canne blanche. Des témoins ont certifié qu'il s'agit bien du bâton que l'étranger frappait sur ses pieds en traversant le village les 22 et 23 février. À part cela rien. Un mois après le double assassinat la justice est loin d'imaginer que le coupable coule des jours heureux à Paris. Elle risque d'ailleurs de ne jamais mettre la main sur lui. À moins que ce dernier ne commette une erreur fatale…

À cette époque, Londais se sent seul à Paris. Il décide donc de rendre visite à sa mère. Ce petit séjour à quatorze kilomètres du lieu du crime lui permettra aussi de prendre la température de l'enquête. Il arrive à Chambourg-sur-Indre la veille de Pâques, un dimanche. Sa mère est ravie. Elle salue son fils et le remercie chaleureusement des cadeaux qu'il lui a fait parvenir : une horloge, trois couverts en argent et les petites cuillères à café assorties. Le garçon explique que tout se passe bien avec son nouveau patron. Il gagne même bien sa vie, la preuve. Mais au fond de lui-même, Londais n'est pas à l'aise. Il n'est pas certain d'avoir fait le bon choix en revenant dans sa région. Sa mère se rend compte de ce malaise. Elle remarque que son fils a une petite mine. Malade, fatigué et inquiet, Londais passe tout le lundi couché dans son lit. Le soir même, il reprend le train pour Paris où il reprend ses habitudes après quelques jours de convalescence. Une fois rétabli, le garçon se rend à l'évidence. Il doit trouver du travail car son butin a fondu comme neige au soleil. Il retourne alors chez son ancien patron, M. Mathieu, un marchand de volailles, mais ce dernier décline l'offre. Il possède déjà tout son personnel. Fin avril il se rend au bureau de placement qui lui propose une place de palefrenier[31]. Le garçon accepte sans grande conviction. La somme de 30 francs par mois promise par son patron, M. Perisson, est bien loin de la fortune dérobée chez les Delhommais. Rapidement Londais se lasse. Il ne reste que quelques jours et démissionne le 4 mai. Sa situation financière ne s'est pas arrangée. Alors qu'il regagne le cœur de la capitale, il se félicite d'avoir eu l'idée de placer une partie de son vol à la caisse d'épargne. Dans l'après-midi, Londais retire 500 francs et pénètre quelques instants plus tard chez un marchand de vin. Des individus sont installés à une table de jeu. L'adolescent les regarde avec insistance. La tentation est grande car en quelques tours de cartes, il peut se renflouer. À force de les regarder, les joueurs l'interpellent. Londais fait un pas en avant, retire la chaise devant lui et s'installe à la table. En soirée, le garçon sort du commerce, l'air dépité. Il vient une nouvelle fois de se faire rouler. Lui qui espérait se refaire il a au total perdu plus de 350 francs soit l'équivalent d'un salaire de palefrenier pour une année. Désabusé, le garçon loue une chambre d'hôtel et s'endort. Il ne sait pas à cet instant qu'il s'agit de sa dernière nuit d'homme libre.

Le 5 mai 1891, le destin de Londais bascule. À force de fréquenter les tables de jeu illégales et les cabarets, le garçon est pris dans une rafle. Les policiers lui demandent de vider ses poches. L'adolescent, surpris, s'exécute et sort les 150 francs qui lui restent de son retrait de la veille. Les hommes de loi sont interloqués. Comment ce garçon, qui ne doit pas avoir plus de 18 ans, peut-il posséder une somme aussi importante ? Londais devient tout rouge et tente de trouver une explication plausible. Il se sent pris au piège. Au cours de ces deux mois passés, il n'a jamais vraiment imaginé être interpellé et devoir justifier la provenance de sa fortune. Les policiers se font plus pressants. « D'où provient l'argent avec lequel vous menez ce train de vie[32] ? » lui demandent-ils. « Oh !... je l'ai

volé à Loches à un marchand sur la route. »
Avec cette réponse, le garçon vient de commettre une erreur fatale. Le soir même, il
couche en prison. Le 6 mai, à 20 heures,
il est de nouveau interrogé par la police de
Paris. Face au commissaire Henri Fouquet,
le garçon change de version. L'argent?
C'est son grand-père qui lui a donné puis
au cours du même interrogatoire, il modi-
fie sa version des faits. « À la fin de décembre, de sept heures et demie à huit heures
du matin, je marchais sur la route de Loches à Tours, me rendant dans les champs.
J'ai vu passer un marchand d'œufs qui se
rendait au marché de Loches. Je me suis
mis derrière son attelage qui marchait au
pas et j'ai ouvert une caisse qui était placée
derrière la roue gauche du véhicule. Dans
cette caisse se trouvait une boîte que j'ai
emportée, laquelle contenait deux milles
francs de billets de banque et deux mille
francs environ d'or[33]. » Les policiers préviennent aussitôt le parquet d'Indre-et-
Loire qu'un individu s'accusant d'un vol
de 4 000 francs sur un marchand d'œufs a
été arrêté. Le 14 mai 1891, Londais est de
retour dans son département. À 8 heures
du matin, il est présenté au commissaire

de police de Loches. Le policier lui repose les mêmes questions que ses collègues de Paris. Puis, en évoquant ses séjours dans les hôtels parisiens, il passe à l'offensive. « Pourquoi avez-vous pris un faux nom ? » « Je ne sais pas », rétorque le jeune homme qui espère que les enquêteurs ne lui parleront pas du crime de Tauxigny. Le garçon est de nouveau interrogé le 25 mai. Les enquêteurs sont encore loin d'imaginer qu'ils ont devant eux un double assassin. Ils multiplient les questions sur la provenance de l'argent, l'emploi du temps du jeune homme à Paris, ses fréquentations et ses différentes adresses de logement. De son côté Londais essaie de garder son calme mais les interrogatoires sont épuisants. Après plusieurs heures de questions-réponses, l'adolescent n'en peut plus. Le 25 mai, il est tout près de craquer. Alors que les policiers lui demandent des précisions sur le nom de sa compagne parisienne, l'adolescent fond en larmes. La tête cachée entre les mains, il est incapable de répondre tant le chagrin le submerge. Le commissaire attend une heure que le garçon se reprenne. En vain. Il demande à ce que l'on reconduise le voleur dans sa cellule. Les enquêteurs savent qu'il n'y a pas eu de vol de 4 000 francs dans l'arrondissement de Loches en décembre 1890. Le 28 mai, à bout de force, Londais avoue le double meurtre de Tauxigny, plus de trois mois après les faits.

Quatre mois plus tard, le 1er octobre 1891, à 11 heures 30, Charles Londais, 18 ans, est présenté devant la cour d'assises d'Indre-et-Loire. Il est accusé du double assassinat et du vol des époux Delhommais. Le public et la presse découvrent alors un « tout jeune homme encore imberbe, presque un enfant… vêtu d'un complet marron à carreaux[34] » avec un chapeau mou sur la tête et un foulard gris autour du cou. Face à ces regards qui le dévisagent et le fustigent, Londais est submergé par l'émotion. La tête cachée entre ses mains, il la relève juste de temps à autre, pour répondre en sanglotant aux questions du président.

Après la lecture de l'acte d'accusation, le premier magistrat interroge l'accusé. L'adolescent reconnaît tout : le crime, la préméditation et le vol. Lorsque les questions vont trop loin, Londais crie son désarroi. « Je ne sais plus, j'étais fou, je ne me rappelle pas[35]. » Il poursuit en sanglotant.

« Je ne savais pas ce que je faisais et je suis bien coupable, j'en demande pardon à tout le monde. » « Et le lendemain vous faisiez la noce à Paris[36] ! » riposte le président. « Monsieur, j'étais comme fou, je ne savais pas ce que je faisais », répète inlassablement l'accusé. Pour conclure l'interrogatoire, le magistrat interpelle Londais. « Avez-vous un regret profond de la faute commise ? » « Oui monsieur. Je demande pardon à tout le monde. Je sais que j'ai commis une grande faute. C'est de folie que je me suis livré ensuite à la débauche[37]. »

Après l'interrogatoire, le président présente aux jurés les différentes pièces à conviction : la chaise brisée, la serpe, la petite baguette, le coffre et une grande caisse contenant les objets de voyage du jeune homme. Puis arrive le temps des dépositions de témoins. M. Lapeyre, médecin légiste, confirme à la barre sa certitude qu'il y avait bien plusieurs personnes pour assassiner M. Delhommais. Les coupures aux bras ne proviennent pas du même instrument que les coups infligés sur le reste du corps. Le président interpelle aussitôt le prévenu : « Et bien ! vous entendez. Accusé étiez-vous seul ? » « Oui, monsieur, je le jure. » Au total onze témoins sont entendus, essentiellement des villageois ayant aperçu Londais traverser le village ou des habitants ayant découvert le crime. À 14 heures 30, le procureur de la République, M. Vidal de Saint-Urbain, débute son réquisitoire. « L'énormité du crime que vous avez à juger devrait me dispenser de prendre la parole en ce débat[38] », s'écrit tout d'abord le représentant du ministère public. Il poursuit : « Depuis le commencement de l'audience je cherche à trouver en faveur de Londais quelques éléments d'atténuation à la gravité de son forfait. Vous verrez, messieurs, si véritablement, vous en pourrez découvrir plus que moi dans la cause. » Il met ensuite une terrible pression sur la défense. « Jamais un défenseur n'aura une tâche plus lourde et plus difficile à remplir. » Il poursuit en parlant d'une « arrestation providentielle peut-être due à cette puissance surhumaine qui fait découvrir les crimes qu'on eut cru… les mieux cachés ». Il montre ensuite aux jurés que la préméditation est « effroyable et complète » avant d'évoquer « une noce insensée » à Paris avec l'argent des victimes. Quant aux circonstances atténuantes qui feraient échapper l'accusé à la sanction suprême, il les rejette énergiquement et réclame la peine de mort. Une demi-heure plus tard, M$^e$ Houssard, l'avocat de la défense débute une plaidoirie difficile et ingrate. Il s'efforce de montrer que Londais n'a pas reçu une bonne éducation, faite de mauvais exemples à l'image d'un père vivant en concubinage à Paris. L'avocat remet en cause la préméditation car le jeune homme « n'avait apporté aucune arme pour assassiner les époux Delhommais ». Il achève sa plaidoirie avec ces quelques mots adressés aux jurés : « Rentrez dans votre chambre des délibérations, prononcez et laissez à Dieu le soin d'achever votre œuvre. » À 15 heures 30, les jurés entrent dans leur salle de délibération. Une demi-heure plus tard, la cour et l'accusé font leur retour. Londais écoute alors les réponses des jurés. Aux onze chefs d'accusation, le jury répond positivement sans accorder de circonstances atténuantes. Les mots « peine de mort » claquent alors aux oreilles de l'accusé qui ne bronche pas. Pourtant quelques heures plus tôt, il concédait aux gendarmes chargés de sa surveillance : « Je serai sûrement acquitté, ce soir. Ma jeunesse va me sauver[39]. »

Il n'avait pas tout à fait tort : le président de la République commue sa peine en travaux forcés à perpétuité.

Avec le procès et la condamnation de Charles Londais, l'affaire du double assassinat de Tauxigny n'est qu'en partie résolue ; car si la justice s'est acquittée de sa tâche en désignant avec certitude le nom du responsable de ce crime atroce, elle n'a en revanche pas pu déterminer avec exactitude le montant de la somme dérobée par Londais le soir du forfait. Au cours de son procès, l'accusé reconnaîtra avoir volé 6 000 francs. De son côté, Victorine Durand, sa compagne de quelques jours, expliquera aux policiers qu'elle n'a jamais pu mesurer l'ampleur de la fortune de son client. Elle parlera d'une grosse somme de plusieurs milliers de francs. On est donc loin des 60 000 francs voire même des 100 000 francs évoqués par certains villageois. Où est la vérité ? Il est difficile de le dire car ni le coupable, ni les habitants de Tauxigny ne connaissaient suffisamment les victimes au point d'évaluer avec précision le montant exact de leurs économies. La vérité est certainement à chercher entre ces deux versions car devant les jurés, Londais a probablement minimisé la somme dérobée, quant aux villageois, ils ont à coup sûr été aveuglés par le mystère qui planait sur cette famille singulière et coupée du monde. L'imaginaire et les fantasmes collectifs ont probablement rajouté quelques zéros à la fortune réelle des époux Delhommais. Mais une chose est certaine dans cette histoire. Lorsqu'il a commis son forfait Londais ne savait pas que son crime profiterait bien plus aux gens qu'il allait croiser sur sa route qu'à lui-même. Le jeune homme a semé l'argent autour de lui en espérant récolter la gratitude et le respect. Il s'est lourdement trompé. Le plus bel exemple d'ingratitude est venu de celle qui a peut-être le plus profité de la richesse de lui : Victorine Durand. Ainsi, le jour de son interrogatoire, le 18 juin 1891, la compagne de l'assassin explique au magistrat instructeur que Londais lui a offert une magnifique bague en or. Le juge demande à la voir. La jeune femme en est incapable. Quelques jours après avoir quitté son amant, la charmante demoiselle a vendu son bijou pour quelques pièces. Dans cette histoire sordide, Londais était sans conteste le personnage le plus cruel, certainement pas le plus opportuniste.

# NOTES

1- Procès-verbal d'interrogatoire de Charles Londais du 28 mai 1891. Dossier de procédure.

2- Ce passage s'appuie sur des travaux de spécialistes du passage à l'acte. Parmi eux, citons l'ouvrage d'Étienne de Greeff, *Introduction à la criminologie*, Paris : P.U.F., 1948 et celui de M. Briguet-Lamarre, *L'Adolescent meurtrier*, Toulouse, Privat, 1969. Notons que Dostoïevski dans son livre Crime et châtiment avait parfaitement dépeint le processus criminogène chez le jeune adulte. Dans cet ouvrage, Raskolnikov, jeune étudiant russe, décide d'assassiner une vieille femme pour lui dérober son argent.

3- Déclaration de Pierre Desouches, propriétaire à La Place. Procès-verbal de constat du 5 mars 1891. Dossier de procédure

4- Interrogatoire de Marie Girolet, ménagère à La Place. 22 mars 1891. Dossier de procédure.

5- Propos rapporté par Louise Bouvard habitant la commune de Tauxigny. *Le Messager de l'Indre-et-Loire*, 2 octobre 1891.

6- Procès-verbal de constat du 5 mars 1891. Dossier de procédure.

7- Procès-verbal d'interrogatoire de Charles Londais du 28 mai 1891. Dossier de procédure.

8- Cormery est situé au nord-ouest de la ferme des Delhommais à environ sept kilomètres. La distance entre Cormery et la maison de Londais à Chambourg-sur-Indre est de 15 kilomètres.

9- Déclaration d'Émilie Londais, mère de Charles Londais. 10 juillet 1891. Dossier de procédure.

10- Synonyme de serpe. Le mot est utilisé dans plusieurs documents du dossier de procédure.

11- Déclaration d'Émilie Londais, mère de Charles Londais. 10 juillet 1891. Dossier de procédure.

12- Il a parcouru la distance Tauxigny (lieu du crime) – Chambourg-sur-Indre (son domicile) – Reignac-sur-Indre (gare), soit 25 kilomètres.

13- Victorine Durand travaille aussi dans une maison de tolérance c'est-à-dire une maison close.

14- Procès-verbal de la préfecture de police de Paris, rédigé par le commissaire de police, le 16 juillet 1891. Dossier de procédure.

15- Accordéon mécanique à commande sur carte perforée.

16- Interrogatoire de Charles Londais. 16 juillet 1891. Dossier de procédure.

17- Dossier de procédure.

18- Procès-verbal de transport du 4 mars 1891. Dossier de procédure.

19- Procès-verbal de transport du 4 mars 1891. Dossier de procédure.

20- Rapport d'autopsie. Dossier de procédure.

21- Procès-verbal constatant le double assassinat commis sur les nommés Delhommais. 5 mars 1891.

22- Rapport d'autopsie. Dossier de procédure.

23- Procès-verbal d'information. Interrogatoire de Juliette Gorron, le 14 mars 1891.

24- Procès-verbal d'information. Interrogatoire de Marie Boucher, le 16 mars 1891.

25- Examen des taches qui paraissent sur un instrument vulnérant appelé grande serpe, trouvé sur les lieux du crime commis à Tauxigny sur la personne des époux Delhommais. 12 mars 1891. Dossier de procédure.

26- *Le journal de l'Indre-et-Loire*, jeudi 26 mars 1891.

27- Procès-verbal d'information. Interrogatoire de Marie Girollet, le 22 mars 1891. Dossier de procédure.

28- Procès-verbal d'information. Interrogatoire de Louise Bouvard, le 22 mars 1891. Dossier de procédure.

29- Procès-verbal d'information. Interrogatoire de Juliette Gorron, le 22 mars 1891. Dossier de procédure.

30- Rapport complémentaire du docteur Lapeyre après la découverte d'un crâne humain à La Place. 24 mars 1891. Dossier de procédure.

31- « Personne chargée du soin des chevaux. » Dictionnaire encyclopédique de la langue française. Le maxi dictionnaire, édition de la Connaissance, 1997, page 796

32- *Le journal de l'Indre-et-Loire*, samedi 3 octobre 1891.

33- Interrogatoire de Charles Londais, par le commissaire de la ville de Paris, le 6 mai 1891. Dossier de procédure.

34- *Le journal de l'Indre-et-Loire*, 2 octobre 1891.

35- *Le journal de l'Indre-et-Loire*, 2 octobre 1891.

36- *Le journal de l'Indre-et-Loire*, 2 octobre 1891.

37- *Le journal de l'Indre-et-Loire*, 2 octobre 1891.

38- *Le journal de l'Indre-et-Loire*, 2 octobre 1891.

39- *Le journal de l'Indre-et-Loire*, 3 octobre 1891.

# LE SACRIFICE D'ABRAHAM

Si Château-Renault, chef-lieu de canton situé au nord-est du département de l'Indre-et-Loire, est surtout célèbre pour être le lieu de naissance du peintre André Bauchant en 1873, un évènement moins connu de nos contemporains a pourtant marqué la ville à la fin du XIXe siècle. Le 5 octobre 1891, un crime d'une terrible violence a plongé Château-Renault dans l'horreur. Malgré l'ampleur de l'évènement, peu de villageois ont été surpris à l'époque par ce fait divers considéré par la plupart comme inéluctable; mais ce que les Renaudins ignoraient, c'est que l'affaire allait connaître un dénouement incroyable.

Pourtant rien ne prédispose cette jolie bourgade, auréolée d'un superbe donjon édifié en 1150, à devenir le théâtre d'un fait divers épouvantable. La petite cité est en plein essor à la fin du XIX<sup>e</sup> siècle. Profitant de la révolution industrielle, Château-Renault s'enrichit avec les usines de tanneries et de corroieries. Dans ces ateliers, les ouvriers transforment les peaux d'animaux en cuir, notamment en cuir à semelles, la spécialité locale. Si la prospérité y est grande, elle profite surtout aux bourgeois qui voient leur capital fructifier avec le développement du commerce.

En 1881, Henri Abraham est de ceux-là. À 37 ans, ce père de famille de deux enfants est le propriétaire d'une fabrique de colle. L'entreprise qui s'étend sur plus de 1 500 mètres carrés est située entre le boulevard National, l'avenue de la Gare et la rivière Brenne. Dans sa commune, le commerçant jouit d'une véritable estime. À Château-Renault on aime à saluer ce petit homme aux cheveux grisonnants. En bon commerçant, l'entrepreneur répond avec un grand sourire. L'homme est heureux. Il faut dire que sa réussite est grande.

À ce succès dans les affaires, Henri Abraham y ajoute une vie familiale réussie. Marié depuis 1874 à Marie-Louise Soulier, de treize ans sa cadette, l'homme d'affaires est le père de Léon, 6 ans et d'Albert, 4 ans. Le couple file le parfait amour.

Un soir de 1881, Henri quitte son entreprise après sa journée de travail. À pied, il effectue la centaine de mètres qui le sépare de son domicile situé dans la rue de la Gare. Alors que sa femme l'y attend avec un grand sourire, Henri s'installe sans dire un mot. L'homme semble inquiet. Le couple se met alors à table pour déguster le repas préparé par les domestiques. Henri Abraham s'assoit et dévisage son épouse comme pour percer un éventuel mystère. Marie-Louise serait-elle capable de lui faire ça? À la regarder, cela semble impossible. Certes son caractère n'est pas des plus faciles mais de là à imaginer une tromperie, il y a un pas. Pourtant, des amis et des villageois lui ont fait part de faits troublants. Certains d'entre eux ont vu Marie-Louise en compagnie d'un jeune homme nommé Perrochon. Henri se refuse d'y croire. Après le repas, le père de famille quitte la table et s'installe dans son bureau. Les jours passent et la rumeur grandit dans toute la ville. Un beau jour, il décide d'en avoir le cœur net. Sans prévenir, il quitte son travail en pleine journée et débarque à l'improviste à son domicile. Là, en pénétrant dans la cuisine, il trouve Marie-Louise en grande discussion avec M. Perrochon. À son entrée, le couple sursaute et tente à grand-peine de justifier la présence du jeune homme. Henri n'est pas dupe. Ses doutes se sont transformés en certitude. Marie-Louise le trompe.

Mais au lieu de se séparer de sa femme, il tente de sauver son couple à tout prix. Plongé dans ses pensées, l'homme d'affaires passe des heures à essayer de dénouer cette situation complexe. Il décide alors d'aller rencontrer la mère de Perrochon. Cette dernière trouvera peut-être les mots pour dissuader son fils de poursuivre cette relation. La femme écoute les confidences du mari et confirme avoir pris connaissance des rumeurs. Tout en raccompagnant son hôte sur le pas de la porte, Mme Perrochon le rassure. Elle va trouver une solution. Quelques jours plus tard, Henri Abraham apprend la meilleure nouvelle depuis bien longtemps. Poussé par sa mère, Perrochon a préféré quitter la région. L'entrepreneur retrouve le sourire et pense que sa vie va retrouver son court normal. Il se trompe lourdement.

Sur le plan professionnel, Henri Abraham poursuit son ascension sociale. Son affaire est une vraie réussite. En juillet 1883, il s'associe avec un ami, Henri Bourdon, histoire d'augmenter le capital de l'entreprise. Les deux hommes se connaissent depuis longtemps.

Quelques semaines plus tard, l'associé est invité au foyer des Abraham. Soudain, alors que sa femme ne le regarde pas, Henri est attiré par le comportement étrangement gai de son épouse. Sans se faire remarquer, il l'observe du coin de l'œil. Il n'y pas de doute. Marie-Louise vient de faire un petit signe à Bourdon qui lui répond en souriant. S'ensuivent des « clignements d'yeux[1] », échangés en toute discrétion. Henri est de nouveau sous le choc. Quelques jours plus tard, il surprend sa femme en compagnie de son associé dans un endroit isolé. Courageux, Henri entreprend alors de crever l'abcès. Profitant d'un moment de tranquillité, il fait part de ses inquiétudes à Bourdon. L'associé le rassure et lui explique qu'il n'a pas de raison de s'en faire. Pour éviter tous problèmes, il promet même de ne plus rencontrer Marie-Louise. Henri ressort soulagé de cet entretien fort délicat. Le soir venu, il adopte la même attitude avec son épouse en jouant carte sur table. Si Bourdon s'était montré fort conciliant, la réaction de Marie-Louise est tout autre. À l'écoute des premiers mots de son époux, l'épouse entre alors dans une vraie furie. La femme s'emporte et crie au point que le dialogue est écourté. Henri est déçu. La réaction de sa femme n'augure rien de bon. Il sait que cette colère dissimule une terrible vérité. Si son épouse est entrée dans une telle crise, c'est probablement parce qu'elle est amoureuse de son associé.

L'inquiétude de l'homme d'affaires est légitime car depuis des années, Bourdon et Marie-Louise vivent une véritable passion. Il ne se passe pas une journée sans que les deux amants ne se retrouvent, le plus souvent au domicile de la femme. Henri se bat comme un beau diable. En vain. Lorsqu'il fait part de son inquiétude à son associé, ce dernier se perd dans « des réponses évasives[2] ». Au domicile conjugal, l'ambiance est de plus en plus détestable. Les colères de Marie-Louise sont quotidiennes. Dans ce climat épouvantable, l'épouse tombe enceinte. Le couple ne se rapproche pas pour autant. À la fin de 1889, Henri change d'attitude. Fini la conciliation, place maintenant à la méthode forte. C'est un véritable ultimatum qu'il lance aux deux amants. Interdiction est faite à Bourdon de venir chez les Abraham pour quelque motif que ce soit. Pour donner plus de poids à son plan, Henri décide de cesser ses voyages d'affaires. Il sera présent tous les soirs à son domicile pour y coucher.

En décembre 1890, Bourdon, surpris de ne plus voir son associé s'absenter, décide de partir quelques jours à Paris pour affaires. Ce départ plonge Marie-Louise dans un désarroi profond. Les heures passent et le besoin de voir son amant la ronge à petit feu. Un soir l'épouse craque et annonce à Henri qu'elle le quitte. La femme se saisit de quelques effets et claque la porte du domicile conjugal. L'homme d'affairess est atterré. Les jours suivants, bouleversé par ce départ, il décide d'écrire à ses beaux-parents pour leur faire part de ses inquiétudes. Le courrier qu'il reçoit en retour ne laisse rien présager de bon puisque le père de Marie-Louise explique qu'il n'a pas de nouvelles de sa fille depuis des semaines. Au comble de la détresse, Henri voit revenir

Bourdon de sa virée parisienne. Quelques jours plus tard, Marie-Louise regagne son foyer comme si de rien était, sous le regard déconcerté de son mari.

Le retour des deux amants à Château-Renault alimente d'autant plus les rumeurs dans la ville que les amoureux continuent de se voir. La naissance du petit Fernand Abraham en avril 1890 ne change rien à ce rituel quotidien. À cinq heures du matin, Bourdon se présente devant la porte de sa maîtresse. Là, réveillée depuis peu, l'épouse infidèle ouvre la porte avant de se plonger dans les bras de son amant. Surpris de trouver le lit déserté plusieurs matins de suite, Henri entreprend de suivre discrètement Marie-Louise. À peine a-t-il mis le pied hors de sa chambre, qu'une vive agitation se fait entendre sur le pas de la porte d'entrée. Henri se précipite et voit alors son associé s'enfuir à toutes jambes. « Misérable ! » lui lance-t-il en jetant un regard terrible à son épouse. Pour Henri le calvaire est quotidien. Pourtant, une nuit d'hiver, un petit grain de sable vient quelque peu gripper la machine bien huilée des deux amoureux. Vers 4 heures 30 du matin, Bourdon marche discrètement vers le domicile de sa maîtresse. L'heure matinale le met à l'abri d'une mauvaise rencontre. Personne n'aurait l'idée de se promener par une nuit aussi glaciale. Mais tout à coup, l'amant est surpris par une silhouette qui se dirige vers lui. Bourdon n'en croit pas ses yeux. Il maudit cet inconnu qui va probablement s'empresser de raconter ce qu'il a vu. À quelques mètres de lui, Bourdon reconnaît Jean Martin, un habitant de Château-Renault. « Vous êtes bien matinal[3] », lui lance un brin amusé le passant. « N'est-ce pas », lui rétorque l'homme d'affaires quelque peu embarrassé. Les deux hommes se croisent et poursuivent leur chemin. Après avoir dépassé la maison de Marie-Louise, Bourdon ralentit le pas. Il se retourne. Personne. Le chemin est libre. Il fait alors demi-tour avant de s'engouffrer aussitôt dans l'entrebâillement de la porte des Abraham. Caché dans la pénombre, Jean Martin observe le petit manège avec un sourire au coin des lèvres. En l'absence d'Henri Abraham, il se doutait que Bourdon se rendrait chez sa maîtresse. Et puis,

Jean Martin a l'habitude. Cela fait plus de cinquante fois[4] qu'il assiste au rituel matinal de l'homme d'affaires.

Les jours passent et la situation devient de plus en plus complexe. Au bureau, Henri Abraham retrouve un Bourdon embarrassé. Le soir, une femme désagréable et furieuse l'attend à son retour du travail. Très souvent, il s'assoit seul à table, Marie-Louise prétextant un manque d'appétit. La réalité est tout autre. La plupart des repas, l'épouse infidèle les partage avec son amant. Henri n'est d'ailleurs pas sans l'ignorer, depuis que des habitants lui ont confié avoir vu sa femme se rendre chez Boudron avec des plats à la main. Et puis, on ne passe pas une semaine entière sans manger…

À Château-Renault, « l'affaire » est au centre de la plupart des conversations. Des dizaines de voisins assistent aux allées et venues de Bourdon. Certains se mettent à leur balcon la nuit pour assister au spectacle, d'autres lâchent des petits pics lorsqu'ils croisent Marie-Louise. Chaque jour apporte son lot de nouvelles fraîches. On raconte qu'au cours d'un repas, une terrible dispute a éclaté entre les époux. Marie-Louise s'est alors levée précipitamment avant de lancer : « Oui, je l'aime[5] ! » Elle s'est approchée de Bourdon, qui était aussi invité, avant de l'embrasser devant un parterre de témoins médusés. Parmi eux se trouvaient les parents de Marie-Louise. Une autre fois, Marie-Louise à la suite d'un compliment fait par le garde champêtre à son petit garçon, lui rétorque. « Oui, c'est un joli enfant. Il a une tête de Bourdon[6]. »

Dans ce contexte, tout Château-Renault prend la défense du pauvre mari. On fustige l'attitude de sa femme mais aussi celle de Bourdon, un personnage que la communauté juge sévèrement. Mais si l'affaire passionne autant l'opinion, c'est aussi parce que l'associé d'Abraham mène une double vie. En juin 1891, une nouvelle extraordinaire se répand dans la ville comme une traînée de poudre. Bourdon vient de renvoyer sa domestique, une femme nommée Collin. La nouvelle n'aurait rien d'extraordinaire si la bonne n'était pas aussi sa maîtresse depuis plusieurs années et la mère de ses deux enfants.

Aussitôt averti, Henri Abraham décide de parler de cette décision à son associé. Inquiet pour son couple, il lui conseille alors de prendre une femme convenable, plus âgée, capable de s'occuper de lui et de sa maison. Bourdon promet de tenir compte de ses conseils. Le 11 septembre 1891, la domestique quitte définitivement son employeur. À 21 heures, la jeune femme arrive à la gare et s'installe sur un banc. Quelques minutes plus tard, Henri Abraham et son associé, de retour d'une ronde de nuit, l'aperçoivent. Les deux hommes s'approchent, Bourdon plus prudemment. La domestique lui lance un regard noir. Sans mâcher ses mots, la fille Collin se lève et vide son sac en public. « C'est à cause d'une dame de Château-Renault qui était votre maîtresse », lance-t-elle au visage de son ancien amant. Bourdon encaisse le coup. Même si la domestique n'a pas donné le nom de cette femme, Henri a parfaitement compris de qui il s'agissait. Il se retourne alors vers son associé et lui lance un nouvel ultimatum en lui interdisant de venir chez lui en son absence. Bourdon acquiesce. Une fois arrivé à son domicile, Henri met les points sur les « i ». « Je te défends absolument de voir Bourdon soit chez lui, soit chez moi pendant que je ne suis pas là », lance-t-il à son épouse d'un ton ferme. Pour expliquer cette interdiction, il lui rapporte les propos de la fille Collin. « Je verrai Bourdon quand je voudrai[7] ! », rétorque furieusement Marie-Louise. « Je vais y aller tout de suite. » Aussitôt la femme franchit le pas de la porte et disparaît dans la pénombre en direction du domicile de son amant. Elle laisse derrière un mari consterné. Se refusant à tout scandale dans les rues de Château-Renault, Henri Abraham préfère fermer la porte et se coucher.

À partir de ce jour, le climat, déjà très tendu au sein du foyer Abraham, devient épouvantable. Le couple fait chambre à part et ne partage plus un seul repas. Les scènes de ménage deviennent surréalistes. Un jour, Marie-Louise fait un scandale dans l'usine de son mari en brandissant une corde et expliquant qu'elle va se pendre. Une autre fois, elle menace « de foutre le camp » et de « faire mourir leur petit garçon avant de partir[8] ». Un après-midi, Henri Abraham la trouve allongée sur son lit avec près d'elle « un chaudron plein de bois enflammé[9] » répandant une fumée suffocante. Le lendemain, elle retourne à l'usine et traite son mari de « con » et de « connard[10] » devant un Bourdon médusé. Avant de quitter le bureau, l'épouse plante son regard dans celui de son mari et lui annonce que son dernier enfant n'est pas de lui. Henri Abraham encaisse le coup. Bouleversé par cette nouvelle qu'il ne croit qu'à moitié, l'homme d'affaires rentre chez lui avec la mine des mauvais jours. Là, il se confie à sa domestique, Mme Serreau. Il en profite au passage pour se renseigner sur les habitudes de son épouse en son absence. La vérité lui éclate alors en plein visage. La bonne lui explique que depuis des mois, Marie-Louise Abraham passe ses journées auprès de Bourdon. Elle ajoute que lors d'un de ses voyages d'affaires, sa femme s'est trouvée subitement souffrante. Elle a donc demandé à Bourdon de venir passer des nuits près d'elle.

Le dimanche 27 septembre 1891, Henri travaille dans son bureau. Tout à coup, il relève la tête et aperçoit dans la rue sa femme en compagnie de Bourdon et d'un individu. Au lieu de s'emporter, l'homme d'affaires préfère se replonger dans son travail. C'est une voix familière qui l'en sort quelques instants plus tard. La porte de son bureau s'ouvre énergiquement. Marie-Louise se présente face à lui et l'interpelle pour savoir où se trouve Bourdon. Henri n'en croit pas ses oreilles. Sa femme est en train de lui demander où se trouve son amant alors qu'elle était avec lui il y a moins de cinq minutes. D'ordinaire très calme, le mari entre cette fois dans une colère noire. Il traite alors son épouse de « fourbe » et de « perfide[11] ». Au beau milieu de la tempête, Bourdon fait son apparition dans le bureau. Henri Abraham les avertit une dernière fois. S'ils les voient de nouveau ensemble, il leur « brûlera la cervelle[12] ».

Le lendemain, Henri Abraham quitte son domicile de très bonne heure pour se rendre à Tours. Là, il règle quelques affaires, remonte dans le train et fait son retour en gare de Château-Renault aux alentours de 14 heures. Alors qu'il descend du wagon, l'homme d'affaires ne prend pas la direction de la sortie des voyageurs mais préfère passer par la gare des marchandises. Si sa femme guette son retour par la sortie traditionnelle, elle sera bien piégée. Il ne croit pas si bien dire. Cachée à quelques dizaines de mètres de la gare, Marie-Louise observe la sortie des voyageurs. Elle y reste quelques instants. Son mari n'est pas là. Tant mieux. Le prochain train en provenance de Tours est dans plusieurs heures. Elle peut retourner avec Bourdon.

Pendant ce temps, Henri marche en direction du domicile de Louise Choine, situé rue Rabelais à Château-Renault. La femme de 57 ans est la nourrice de son plus jeune fils. Arrivé sur les lieux, il passe quelques minutes en compagnie du petit Fernand avant de rentrer chez lui. Sur la route, une idée lui vient subitement à l'esprit. Et si son piège avait fonctionné. Sa femme est peut-être venue l'attendre à la gare tout à l'heure. Dans ce cas, il est fort probable qu'elle se croit tranquille pour quelques heures.

Pour en avoir le cœur net, Henri décide de passer discrètement devant le domicile de Bourdon. Sans se faire voir, il longe prudemment le mur de la maison et tend l'oreille. Il n'y pas de doute, c'est bien la voix de son associé qu'il perçoit à travers les vitres de la fenêtre. Bourdon n'est pas seul. À qui parle-t-il? Sa femme l'aurait-elle défié une nouvelle fois? Henri décide d'en avoir le cœur net. Il s'avance près de l'entrée et frappe à la porte. Personne. Il insiste. Toujours rien. « Je sais très bien que tu es là parce que je t'ai entendu parler », crie Henri de plus en plus énervé. Alors, après de longues secondes d'attente, la porte s'ouvre sur un Bourdon particulièrement penaud. « Où est ma femme[13] ? » lui lance Henri sur un ton véhément. « Elle est en haut », répond Bourdon en désignant l'étage. Fou de rage, le mari bouscule son associé et monte quatre à quatre les marches menant à l'une des chambres. Henri ouvre alors les portes qui s'offrent à lui avant de bloquer sur l'une d'elles, visiblement fermée à clé de l'intérieur. Persuadé que celle qu'il cherche se trouve à l'intérieur, il lui ordonne de le laisser entrer. Après plusieurs secondes d'attente la porte finit par s'ouvrir sur le visage déterminé de Marie-Louise. Au lieu de s'excuser, cette dernière explique qu'elle compte quitter Château-Renault le soir même. Debout dans son jardin situé à quelques mètres de la maison, Jean-Baptiste Desplats, un jardinier, assiste à la scène de ménage. Dans un premier temps, l'homme n'y porte guère d'intérêt, mais le vacarme devient tel qu'il finit par se retourner. Il voit alors Henri Abraham sortir de la maison en hurlant. « Vous êtes deux faux, deux lâches, deux misérables. Partout où je te verrai, je dirai que tu es un lâche et un gros cochon[14]. »

Les jours passent et le calvaire d'Henri Abraham se poursuit. Il apprend notamment que sa femme possède depuis des mois une clé de la maison de son amant. En fait depuis le départ de sa bonne, Bourdon a fait ouvrir une porte dans la palissade de son jardin qui donne sur l'avenue de la Gare. C'est par cette entrée que Marie-Louise pénètre chez son associé sans être vue par son mari depuis la fenêtre de son bureau. Chaque jour apporte son lot de révélations. Le 2 octobre, c'est le chef de gare de la station de Villedomer, un village du canton de Château-Renault, qui lui explique qu'il a aperçu son épouse accompagnée de Bourdon dans le train en partance pour Tours. Le samedi 3 octobre, Henri Abraham tente le tout pour le tout. Il prend la direction de Saint-Anne, une petite bourgade située dans le Loir-et-Cher, à 25 kilomètres au nord-est de Château-Renault. Là il s'arrête rue Saint-François et frappe à la porte des époux Soulier, ses beaux-parents. L'accueil y est chaleureux et compatissant car depuis des mois les parents essaient de raisonner leur fille. Au bout du rouleau, Henri explique qu'il compte « aller trouver un avoué pour introduire une demande en séparation de corps[15]. » Sur ses mots, M. Soulier décide de rencontrer sa fille. Il ne peut accepter un tel déshonneur dans sa famille. Le rendez-vous est pris pour le lendemain. Là, pendant des heures, une discussion s'engage à trois. Assis sur une chaise, Henri écoute le sermon du vieil homme à sa fille. L'époux intervient de temps à autre pour sauver ce qui peut l'être encore. À 17 heures, M. Soulier quitte le domicile des Abraham avec la promesse de sa fille de ne plus revoir son amant. Quelques minutes plus tard, Marie-Louise disparaît de la maison et fait son retour trois heures et demie plus tard, sans donner le motif de son absence.

Le 4 octobre, Henri rencontre son avoué. L'avocat lui conseille de surprendre sa femme en flagrant délit s'il veut que sa demande de divorce aboutisse. Le lendemain, à huit heures et demie du matin, l'homme d'affaires croise son ami Joseph Corbion dans les rues de Château-Renault. Très affecté et très marqué physiquement, Henri Abraham explique au propriétaire de 47 ans qu'il a besoin de lui parler dans un endroit isolé. Les deux hommes se donnent rendez-vous derrière la gare de marchandise.

Après avoir longé les voies ferrées séparément, les deux amis se retrouvent au lieu convenu. Là, les larmes au bord des yeux, Henri se confie. Il lui fait part de son immense chagrin, de la trahison de son épouse et de la terrible envie de se venger qui le ronge. Henri lui parle ensuite d'un plan pour piéger son épouse. L'idée est de simuler un départ pour voyage d'affaires. Profitant de l'absence de son mari, Marie-Louise devrait inviter son amant chez elle comme elle en a l'habitude. À cet instant, aidé d'un nommé Chesneau, Joseph Corbion interviendra en enfermant les amants dans la chambre à coucher. Les deux amis s'accordent et se séparent quelques minutes plus tard. À 11 heures 30, Henri Abraham rentre à son domicile pour déjeuner. Il embrasse ses deux enfants, Léon et Albert, et s'assoit à table en regardant les quatre couverts disposés par la bonne. Marie-Louise apparaît à cet instant en interpellant son mari. « Pourquoi avez-vous mis quatre couverts ? Vous savez bien que je ne déjeune pas avec vous. » Henri demande alors à la servante d'enlever une assiette tout en lançant un regard réprobateur à sa femme. Vexée, Marie-Louise disparaît dans la cuisine et revient quelques instants plus tard avec l'assiette que lui avait enlevée sa servante. Installée à côté de ses enfants, elle s'empare de la louche, la plonge dans la soupière et se sert une toute petite quantité du liquide fumant. L'ambiance est glaciale. À midi, le repas s'achève. Les enfants sortent de table. Alors que la servante débarrasse la table, Henri observe sa femme du coin de l'œil. En toute discrétion, Marie-Louise quitte la salle à manger, ouvre la porte d'entrée et disparaît au coin de la rue en direction de la maison de Bourdon. Tout en la suivant du regard, Henri est subitement envahi par un terrible sentiment de colère. Les images des humiliations subies depuis des mois se bousculent dans sa tête. Cette fois, c'en est trop. Il doit agir en homme.

Très agité, l'entrepreneur se rend à son travail. Il s'assoit à son bureau, tente de se plonger dans ses papiers, mais finit par renoncer. Impossible de travailler. À 13 heures 30, il décide de retourner chez lui. Là, il ouvre la porte d'un placard, se saisit d'une bouteille et se serre un verre de vin. Tout en buvant, Henri éprouve un terrible sentiment de haine. Il ne supporte plus les trahisons de son épouse. Lui qui l'aimait tant, il en est rendu à la détester. Après avoir bu son verre, il disparaît dans une pièce de son domicile, y reste quelques instants, avant de retourner à son travail. Sur le chemin, les passants qui le croisent ne remarquent rien de particulier sur son visage. Pourtant, en l'observant davantage, ils auraient probablement décelé une farouche détermination dans son regard. Une détermination effrayante.

Arrivé dans sa fabrique, Henri se met à la recherche de son associé. Il le trouve dans son bureau et, en prenant un air convivial, lui demande. « Veux-tu m'offrir chez toi un verre de cidre ? » Surpris et visiblement gêné, l'intéressé acquiesce. Quelques minutes plus tard, les deux hommes quittent l'entreprise et se retrouvent à l'intérieur de la maison de Bourdon. À cet instant, Henri passe à l'offensive. « Ce n'est pas ton verre de cidre que je veux ; je viens pour savoir si ma femme se trouve ici[16]. » L'ambiance devient subitement glaciale. Très embarrassé, Bourdon s'enlise dans des explications confuses. « Elle est ici ? » s'impatiente Abraham, qui commence à fouiller les pièces du rez-de-chaussée.

Son associé tente bien de l'en dissuader mais le mari semble déterminé. Il poursuit sa quête

au premier étage en gravissant quatre à quatre les marches de l'escalier. Bourdon qui le précède semble paniqué. Sur le palier, Abraham ouvre un premier appartement. Personne. Il tente d'ouvrir la porte d'une chambre. Fermée. Comme pris de folie, l'homme d'affaires s'acharne sur la poignée en exigeant qu'on lui ouvre. À l'intérieur de la pièce, Marie-Louise est terrorisée. Elle n'a jamais senti autant de détermination dans la voix de son mari. Elle perçoit ses pas derrière la porte qui vont et viennent. Blottie près d'elle, la domestique de Bourdon, Madame Leroux, tente de la rassurer. C'est d'ailleurs elle qui l'a cachée dans cette chambre avant de fermer la porte à clé. « Je vais l'enfoncer », hurle à l'extérieur un Abraham surexcité. Bourdon, pourtant beaucoup plus fort qu'Abraham, semble incapable de calmer son associé. Au comble de la lâcheté, il se contente de répéter qu'il n'a pas la clé. Les minutes passent et la scène devient surréaliste. Abraham, comme possédé, hurle à la fenêtre qu'il a surpris sa femme chez son amant. Il invite les habitants à venir constater les faits. Lorsqu'il revient près de la porte, c'est à coups de pied et de poing qu'il tente de la faire céder. À l'intérieur, les deux femmes comprennent qu'à ce rythme-là, la porte va finir par céder. Il vaut peut-être mieux ouvrir. La servante tente de rassurer Marie-Louise à voix basse. Elle la prend par le bras et la cache dans le cabinet de toilette. Cette précaution prise, elle tourne ensuite la clé dans la serrure et laisse pénétrer l'homme d'affaires. En un instant, Abraham comprend la situation. Il passe à côté de la domestique, se dirige vers le cabinet et découvre sa femme cachée à l'intérieur. Il glisse aussitôt sa main dans la poche droite de son pantalon, en sort un revolver et appuie sur la détente à quatre reprises. À l'intérieur de la pièce, la panique est totale. Marie-Louise et la servante hurlent. Resté sur le pas de la porte, Bourdon est sous le choc. Tout à coup, il voit son associé se retourner vers lui et le mettre en joue. En un éclair, l'amant se retourne, se précipite dans les escaliers et les dévale à toute allure. Dans son dos, deux balles passent à quelques centimètres de lui. Alors qu'Abraham quitte la chambre, la domestique se précipite sur la victime, la prend dans ses bras avant de la déposer délicatement sur un lit. La vision qui s'offre à elle est épouvantable. Le visage de Marie-Louise est méconnaissable. Elle vomit du sang. Trois balles l'ont atteinte en pleine tête, une quatrième s'est logée dans son épaule. Dehors, Abraham déambule dans la rue en déclarant aux passants alertés par les coups de feu : « Je viens de venger mon honneur. Je vais me constituer prisonnier. »

À 15 heures 30, le maréchal des logis-chef, Adrien Le Bars, est de permanence à la caserne de Château-Renault. Alors qu'il vaque à ses occupations, le gendarme voit subitement débarquer dans son bureau un homme surexcité. Il s'agit d'un habitant de la commune, M. Thillier. « Je viens vous prévenir que M. Abraham vient de tirer six coups de feu sur sa femme qui est mortellement blessée et sur le nommé Bourdon, qui n'a pas été atteint. Abraham doit se trouver chez ses parents[17]. » Aussitôt, Adrien Le Bars appelle deux collègues en renfort et se rend à cheval chez le juge de paix. Les trois gendarmes préviennent le magistrat avant de l'accompagner chez les parents de l'inculpé. Arrivés sur les lieux, les hommes de loi s'approchent de la maison avant de pénétrer à l'intérieur avec la plus grande prudence. Là, ils trouvent un Henri Abraham résigné et abattu. « Je ne suis pas un assassin, explique ce dernier. Je suis un homme qui vient de venger son honneur[18]. » Aussitôt arrêté, l'homme d'affaires est conduit sur les lieux du drame avant d'être interrogé par le juge de paix. « Je déclare avoir été poussé à commettre ce meurtre par l'inconduite de ma femme. Depuis très longtemps, ses relations coupables avec Bourdon, étaient connues de tout le monde à Château-Renault […] Je regrette cependant ce que j'ai fait, mais les deux coupables, ce sont certainement eux deux, Bourdon aussi bien que ma femme[19]. » Alors qu'il confesse son crime et ses années de souffrance, son épouse agonise dans la maison de Bourdon. Lorsqu'il pénètre dans la chambre une fois son interrogatoire achevé, le juge de paix découvre l'ampleur du drame. Inconsciente, la victime gît sur le lit, en poussant de petits râles : « Henri… »

Henri Jouanneau, le médecin, arrive sur les lieux du drame et ausculte la malheureuse. Impuissant, il note dans son rapport que « la femme Abraham a reçu quatre balles : deux à droite, dans la partie moyenne de la région cervicale et très rapprochées l'une de l'autre [...] L'une de ces balles a passé en arrière de la colonne vertébrale et est venue apparaître sous la peau, au côté opposé, et à la région postéro-externe du cou [...] Il m'a été impossible de déterminer le trajet de la deuxième balle. Une troisième balle a traversé l'omoplate gauche dans la fosse sous-épineuse et pénétré dans le poumon de ce côté. Cette blessure a déterminé une hémorragie pulmonaire qui s'est traduite, le jour du crime, par un vomissement de sang abondant. Sur la tête et à gauche, au voisinage de la région pariéto-occipitale, existe un orifice [...] Il est probable que la balle s'est logée dans le lobe droit du cerveau, [...] une blessure mortelle[20]. » L'état de la victime est jugé désespéré. Trois jours plus tard, elle décède sans jamais avoir repris connaissance.

Spontanément des dizaines d'habitants viennent témoigner en faveur de l'accusé. Pendant des mois, et même pendant plusieurs années, certains ont été les témoins de cette relation que toute la ville connaissait.

Le 13 octobre, Madeleine Jauneau, 49 ans, demeurant rue Basse-Vallée à Château-Renault est l'une des premières à être entendue. Face aux gendarmes, elle déclare : « À la fin du mois d'août dernier, à 11 heures du soir, alors que j'éteignais le gaz, j'ai aperçu le sieur Bourdon qui marchait tout doucement ; arrivé en face de la maison du sieur Abraham, Bourdon a frappé à cette porte et c'est madame Abraham qui est venue lui ouvrir. Mais il est reparti aussitôt, probablement que M. Abraham était là. J'affirme aussi que plusieurs autres soirs et à la même heure, j'ai vu Bourdon s'introduire dans cette maison[21]. » Alphonsine Martin, 30 ans, la voisine directe de la famille Abraham, qui possède une maison jouxtant celle de l'accusé, ajoute : « J'avais remarqué depuis deux ou trois ans les allées et venues du sieur Bourdon et de la femme Abraham et j'affirme aussi avoir vu, mais pendant le jour seulement, Bourdon entrer seul dans la maison du sieur Abraham. Je sais qu'il entrait parfois alors que son associé était là, mais je l'ai vu aussi y aller alors que j'étais parfaitement certaine que M. Abraham était absent, car j'avais vu ce dernier partir en ville. » Les jours passent et les témoignages attestant de la relation illégitime affluent. Nombreux sont ceux qui ont assisté au va-et-vient de l'amant. Certains le jour, d'autres la nuit. Ainsi, Désirée Robin, une ménagère de 51 ans, demeurant avenue de la Gare fait la déposition suivante. « Je travaillais il y a trois ans à la fabrique de colle Froger. J'étais obligée de me lever de très bonne heure. J'ai vu trois fois à cette époque-là, Bourdon sortir, vers quatre heures trois quart du matin, de la maison Abraham[22]. » Le 29 octobre, c'est le témoignage de Louis Sachet, un garçon charretier de 32 ans, qui retient toute l'attention des enquêteurs. « Au mois de mars dernier, j'ai aperçu vers huit heures ou huit heures et demie du soir, madame Abraham qui passait et Bourdon qui venait à quelques minutes derrière elle. Comme on causait beaucoup dans le public au sujet des relations qu'ils avaient ensemble, j'ai eu l'idée de les suivre ; une fois arrivé dans le chemin de Haut-Chevrier, j'ai vu la femme Abraham se coucher par terre et Bourdon se coucher sur elle. Après m'être rendu compte par moi-même que les bruits qui couraient étaient bien vrais, je me suis en allé. Quelques jours plus tard, j'ai raconté à Bourdon que je l'avais surpris avec cette femme ; il n'a pas nié le fait, mais il m'a dit que je ne connaissais pas la femme ; je lui ai répondu que je l'avais aussi bien reconnue que lui et que c'était la femme Abraham ; il n'a pas protesté ; il m'a invité à prendre un verre en me recommandant de ne rien dire[23]. » Victoire Serreau, la femme de ménage des époux Abraham, ajoute des détails croustillants. Elle explique que les « meilleurs morceaux[24] » des plats qu'elle préparait devaient être mis de côté pour Bourdon. L'épouse portait ensuite elle-même les plats à son amant, restait en sa compagnie une ou deux heures et revenait ensuite, quelques fois avec le linge de Bourdon qu'elle dissimulait au fond du cuvier[25]. Deux semaines plus tard, elle est de nouveau entendue par la justice. « Dès que M. Abraham était parti, Bourdon arrivait chez lui ou la femme Abraham allait chez Bourdon. Quand Bourdon arrivait chez Madame Abraham, celle-ci, sous un prétexte, m'envoyait, par exemple, faire des commissions ; depuis que Bourdon avait renvoyé la fille Collin, la femme Abraham allait beaucoup plus souvent chez lui. Souvent elle se levait la première. […] Durant les trois dernières semaines qui ont précédé sa mort, la femme Abraham ne couchait plus et ne mangeait plus avec son mari ; je ne sais pas où elle mangeait[26]. »

Parallèlement à l'audition de tous ces témoins, l'une des priorités du juge d'instruction, Félix Robert, est d'interroger Édouard Henri Bourdon. Entendu à plusieurs reprises, l'amant se retrouve de nouveau sous le feu des questions du magistrat, le 9 novembre 1891 à 14 heures. Comme lors de ses premiers interrogatoires, l'homme d'affaires reconnaît sa complicité avec la victime mais rejette l'idée d'une relation amoureuse. « Depuis qu'Abraham m'avait menacé de me brûler la cervelle, je ne savais pas ce que je faisais[27]. » Il ajoute : « Je ne suis allé que deux fois chez Mme Abraham pendant que son mari n'y était pas. » Il s'explique sur les raisons de ces deux visites. « J'avais l'habitude d'aller le chercher le dimanche pour aller au cercle ou au café, il m'est arrivé deux fois de ne pas le trouver chez lui et d'y entrer pour causer avec sa femme ; ces deux fois-là, il est arrivé pendant que j'y étais, il m'a fait des reproches gentiment en me disant qu'il n'était convenable que je reste seul avec sa femme. Je ne suis jamais allé dans la maison d'Abraham avant huit ou neuf heures du matin. Je ne suis jamais allé le soir chez lui, quand il n'était pas là. » Au comble de l'indécence, il ajoute : « C'est Abraham qui m'a conseillé de faire ouvrir une petit barrière dans la palissade qui donne sur l'arrière de la gare ; il m'a donné ce conseil parce que, disait-il, la fille Collin pourrait venir m'attendre le soir, lorsque je rentrerais par la petit porte qui donne sur le boulevard. Ce boulevard n'était pas éclairé. Cette barrière a bien une serrure mais la femme Abraham n'en a jamais eu la clé et jamais à ma connaissance, elle est passée par cette barrière. » Au final, il nie presque tout en bloc : les repas apportés par sa maîtresse, les rendez-vous intimes, les allées et venues dans la nuit. Il reconnaît en revanche que « *la femme Abraham venait souvent dans la journée* » chez lui et ce, « *presque tous les jours* ». Il concède aussi avoir été embrassé par Marie-Louise Abraham au cours d'un repas, le 14 juin 1891. Excédé par ce comportement, le juge d'instruction interpelle l'homme d'affaires. « Je vous donne lecture de la déclaration d'un nommé Sachet de laquelle il résulte que ce témoin vous aurait surpris au mois de mars dernier, vers huit heures et demie du soir, couché sur la femme Abraham, dans le chemin de Haut-Chevrier. » « Ce que dit ce témoin est faux. Il est exact qu'à une date que je ne saurais préciser, il y a environ six mois, un ouvrier de la tannerie m'a raconté que la veille au soir il m'avait surpris avec la femme de mon associé, au Haut-Chevrier ; je lui ai dit qu'il s'était trompé et je lui ai même fait des reproches de dire cela ; j'ai ajouté que ce n'était pas une raison pour que je ne lui offre pas un verre de vin. » Le juge d'instruction préfère mettre fin à l'interrogatoire. Il sait que Bourdon ne lâchera rien. Avant d'achever son instruction, Félix Robert demande à rencontrer le maire de Château-Renault pour s'assurer de la bonne moralité de l'accusé. On ne sait jamais, peut-être que les habitants de Château-Renault ont voulu protéger Henri Abraham dans leurs dépositions. Le 7 novembre, il envoie les gendarme Adrien Le Bars et Marius Barthélemy prendre la déposition de Arthur Testu, chevalier de la Légion d'honneur. Sans surprise, le maire corrobore les propos des habitants de sa commune. « Le nommé Abraham a des antécédents honorables. Sa conduite jusqu'au drame du 5 octobre dernier a été exemplaire. Sa probité ne laissait rien à désirer et il était d'une très bonne moralité. Très assidu au travail, il élevait très bien ses trois enfants. Il avait à Château-Renault de très bonnes relations et était dans une situation aisée. » Les gendarmes remercient le maire avant de rédiger leur procès verbal qu'ils remettent ensuite à Félix Robert. Mi-novembre, le juge d'instruction clôt son instruction[28]. Henri Abraham est envoyé devant la cour d'assises d'Indre-et-Loire. Il devra répondre d'un meurtre et d'une tentative de meurtre. Il risque clairement une lourde de peine, peut-être pas la mort mais probablement le bagne.

Le 18 décembre 1891 c'est la foule des grands jours dans le tribunal de Tours. « Tout est comble et l'on se dispute les moindres coins. Diverses notabilités de la ville et du canton de Château-Renault, des amis de l'accusé, beaucoup de dames sont venues pour assister aux débats, qui promettent d'être émouvants. La curiosité du public est vivement surexcitée par ce drame[29]. » Dès son entrée dans le box des accusés, Henri Abraham fait plutôt bonne impression. « Un murmure sympathique[30] » accompagne son arrivée. Après la lecture de l'acte d'accusation, le président M. Belon, conseiller à la cour d'Orléans, interroge l'homme d'affaires. Les jurés prennent alors connaissance de son calvaire. Il parle du « caractère impossible » de son épouse. Certes mais le premier magistrat s'interroge. « Comment n'avez-vous pas rompu vos relations avec Bourdon[31] ? » « J'ai souffert pour mes pauvres enfants », rétorque l'accusé sans vraiment répondre à la question. Cette petite phrase provoque une véritable onde de choc dans une salle déjà presque entièrement acquise à la cause d'Abraham. « Vous avez fait des reproches à votre femme ? » « Pas beaucoup, on ne pouvait rien lui dire. Je la considérais comme une malade. » Le président évoque alors les circonstances du drame et ajoute pour conclure : « Savez-vous que votre crime est odieux. La loi excuse le mari, surprenant sa femme en flagrant délit, mais votre femme n'était pas en flagrant délit. Vous avez la certitude, depuis longtemps, qu'elle vous trompait. » Une fois encore Abraham répond sans vraiment tenir compte de la question. « Je ne pouvais pas croire qu'un homme fut aussi infâme, un homme qui me serrait la main tous les jours. » « Supposons que vous soyez excusable pour votre femme ; mais Bourdon, pourquoi le frappez-vous ? » « C'est un lâche, un misérable ! J'ai eu tout d'un coup la révélation complète de mon malheur, et j'ai perdu la tête ! Que MM. les jurés se mettent à ma place. »

Après une pause de trois quarts d'heure qui provoque une incroyable cohue, l'audience reprend avec l'audition des témoins. Onze ont été appelés pour la partie civile, douze par la défense.

Le troisième témoin appelé à la barre n'est autre que Bourdon. « Depuis huit ans, avec M. Abraham j'avais des rapports journaliers… » Assis sur son banc, l'accusé ne peut contenir sa haine. « Tu m'en as récompensé en me prenant mon honneur ! » « Vous avez eu des relations avec Mme Abraham ? » lui demande le premier magistrat. « Jamais ! monsieur le Président ! » « Vous mentez ! Les témoins vous diront que vous aviez des relations avec Mme Abraham », rétorque M. Belon. La salle assiste à une scène pour le moins rarissime dans une cour d'assises : un président qui bouscule un témoin tout en prenant la défense de l'accusé. « Lâche », crie plusieurs fois le prévenu au comble de l'énervement. M$^e$ Houssard, l'avocat de la défense, interpelle un témoin de plus en plus mal à l'aise « Avez-vous tenu, il y a deux ou trois jours, ce propos : "Vendredi[32], j'irai à la noce d'Abraham !" » « Oui, Monsieur ! » « Alors, vous êtes un lâche ! » s'emporte l'avocat sous une salve d'applaudissements. Alors que le président menace de faire évacuer la salle, Bourdon tente de se justifier. « Oui, j'ai dit cela, parce que je vois tous les jours les enfants d'Abraham sifflant et chantant. » L'avocat s'engouffre dans la faille de son adversaire « C'est une infamie !... N'avez-vous pas dit aussi : "Je serai le garçon d'honneur !" » « C'est faux ! » « Misérable, lâche ! » hurle de son côté Abraham dans une cour d'assises transformée en scène de théâtre. « Retirez-vous, votre attitude devrait être plus modeste », ordonne le président. Le reste des témoins n'apporte rien de plus au débat. Plusieurs notables et hommes d'église viennent témoigner de l'excellente moralité de l'accusé. On montre même une pétition en faveur d'Abraham avec 1 200 signatures des habitants de Château-Renault.

En débutant son réquisitoire, M. le substitut du procureur Lesconvé sait que c'est un exercice difficile qui l'attend. Il reconnaît « de puissants motifs d'excuse » à l'accusé mais établit aussi ses responsabilités. « Je ne me sens plus le courage de jeter le blâme sur la tombe de cette femme qui a été si cruellement punie. » Il rejette l'idée de l'acquittement car ce serait faire l'apologie de « la liberté du revolver. Accordez la pitié aussi large que possible mais n'allez pas au-delà », conclut le substitut du procureur.

Pour Me Houssard, la demande d'acquittement apparaît comme une évidence. « Si le jury déclarait Abraham coupable, la peine qui l'attendrait serait, au minimum cinq ans de travaux forcés ou bien, en écartant les circonstances aggravantes, cinq ans de réclusion. Le bagne ou la maison centrale pour cet homme ! Ce serait une véritable iniquité […] Abraham a droit non à la miséricorde, à la pitié ; mais à la justice. »

À 16 heures 35, les jurés se retirent dans la salle de délibération. À 16 heures 45, ils sont de retour dans le tribunal.

Dix minutes plus tard pour statuer sur la culpabilité d'un accusé ! Autant dire que le jury n'a pas beaucoup hésité. Le verdict est lu à haute voix. À la lecture du mot « acquittement », « des applaudissements frénétiques » jaillissent de la salle. Une foule d'amis se précipitent vers lui pour le féliciter. En larmes, Henri Abraham serre la main de son défenseur. La liberté l'attend à la sortie du tribunal.

En rendant un verdict négatif dans cette affaire, les jurés ont certes permis à Abraham de pouvoir élever ses enfants mais ils ont aussi donné raison à un moraliste qui disait: « Si ta femme a parjuré sa foi, lorsque tu as enduré par elle mille morts, venge ton honneur, tue-la. » [33]

# NOTES

1- Expression utilisée par Henri Abraham dans sa déposition 28 octobre 1891. Dossier de procédure.

2- Expression utilisée par Henri Abraham dans sa déposition 28 octobre 1891. Dossier de procédure.

3- Déclaration de Jean Martin lors de son interrogatoire par la gendarmerie nationale, le 13 octobre 1891. Dossier de procédure

4- Chiffre donné par Jean Martin lors de son interrogatoire du 13 octobre 1891. Dossier de procédure.

5- Propos tirés de la déposition d'Henri Abraham, 28 octobre 1891. Dossier de procédure.

6- Déclaration d'Édouard Couty, garde champêtre, 19 octobre 1891. Dossier de procédure.

7- Propos tirés de la déposition d'Henri Abraham, 28 octobre 1891. Dossier de procédure.

8- Propos tirés de la déposition d'Henri Abraham, 28 octobre 1891. Dossier de procédure.

9- Propos tirés de la déposition d'Henri Abraham, 28 octobre 1891. Dossier de procédure.

10- Propos tirés de la déposition d'Henri Abraham, 28 octobre 1891. Dossier de procédure.

11- Propos tirés de la déposition d'Henri Abraham, 28 octobre 1891. Dossier de procédure.

12- Propos tirés de la déposition d'Henri Abraham, 28 octobre 1891. Dossier de procédure.

13- Propos tirés de la déposition d'Henri Abraham, 28 octobre 1891. Dossier de procédure.

14- Déposition de Jean-Baptiste Desplats, 14 octobre 1891.

15- Propos tirés de la déposition d'Henri Abraham, 28 octobre 1891. Dossier de procédure.

16- Acte d'accusation. Dossier de procédure.

17- Procès-verbal d'arrestation du nommé Henri Abraham, 5 octobre 1891. Dossier de procédure.

18- Procès-verbal d'arrestation du nommé Henri Abraham, 5 octobre 1891. Dossier de procédure.

19- Procès-verbal d'arrestation du nommé Henri Abraham, 5 octobre 1891. Dossier de procédure.

20- Rapport du médecin Henri Jouanneau, 9 octobre 1891. Dossier de procédure.

21- Interrogatoire de la gendarmerie nationale, le 13 octobre 1891. Dossier de procédure.

22- Interrogatoire de la gendarmerie nationale, le 14 octobre 1891. Dossier de procédure.

23- Interrogatoire de Louis Sachet par la gendarmerie nationale, le 29 octobre 1891. Dossier de procédure.

24- Interrogatoire de Victoire Serreau par la gendarmerie nationale, le 10 octobre 1891. Dossier de procédure.

25- « Cuve à lessive. » *Le Petit Larousse illustré*, édition 2007, Paris ; *Larousse*, 2006, page 322.

26- Interrogatoire de Victoire Serreau par la gendarmerie nationale, le 29 octobre 1891. Dossier de procédure.

27- Interrogatoire de Édouard Henri Bourdon par le juge d'instruction, Robert, le 29 octobre 1891. Dossier de procédure.

28- Il est à noter deux éléments importants relevés dans le dossier de procédure. Il semblerait que Victorine Collin, la concubine de Bourdon, n'ait pas été interrogée. Elle aurait pu témoigner de son infidélité. Le juge d'instruction ne semble pas avoir pris la peine d'interroger le premier amant de la victime, M. Perrochon. En tout état de cause, il n'y a aucune trace d'interrogatoire de ces deux personnes clés de l'enquête dans le dossier de procédure.

29- *La Dépêche du Centre et de l'Ouest*, 19 décembre 1891.

30- Expression utilisée par le journaliste de *La Dépêche du Centre et de l'Ouest*, 19 décembre 1891.

31- *La Dépêche du Centre et de l'Ouest,* 19 décembre 1891.

32- Sous-entendu le jour du procès.

33- Citation de la défense. *La Dépêche du Centre et de l'Ouest*, 19 décembre 1891.

# LA CABANE-BAMBOU

Lundi 27 juillet 1908. Les époux Deblais s'apprêtent à fermer leur restaurant,
ou plutôt ce qu'il conviendrait d'appeler
leur cabane. Situé à Saint-Avertin sur les
bords du Cher, non loin de l'avenue Grammont, le modeste commerce fait peur à
voir. Isolé mais bien connu des ouvriers,
des pêcheurs, des journaliers et autres
marginaux, ce hangar en bois recouvert de
roseaux est tenu par un couple de personnes âgées. Les habitués appellent ce lieu
sordide la Cabane-Bambou. À l'intérieur,
« des pieux fichés en terre sur lesquels sont
clouées des planches forment des tables. Le
tout est surmonté d'un drapeau russe et de
plusieurs autres drapeaux qui furent jadis
tricolores[1]. » Malgré la vétusté des lieux,
le couple travaille plutôt bien. Une vie de

labeur leur a permis de mettre de côté de belles économies.

Il fait déjà nuit lorsque les derniers clients quittent le modeste commerce. Parmi eux se trouve un homme d'une quarantaine d'années à la figure large. Ses cheveux blonds tirés en arrière et sa longue moustache auraient de quoi faire peur si le client n'était pas un habitué des lieux. Les propriétaires le connaissent bien. C'est du moins ce qu'ils pensent. De cet homme robuste de 41 ans, les époux Deblais ne savent en fait pas grand-chose. Ils ignorent l'essentiel : son identité et sa longue carrière de voleur et de trafiquant en tout genre. Cet individu charismatique né à Niort le 18 octobre 1867 se nomme Louis Vallet. Arrivé à Tours depuis quelques jours sous une fausse identité, le Deux-Sévrien a pour le moins bourlingué. Tour à tour militaire, imprimeur, musicien, marchand, domestique de curé et employé de kermesse, Vallet est bien connu des services de police que ce soit en France ou en Belgique. Il y a encore quelques semaines il purgeait une peine de six mois de prison à Paris pour une infraction à un arrêté de séjour. Au total ce sont six condamnations qui sont inscrites sur son casier judiciaire dont une de vingt années de travaux forcés pour un vol commis en 1897.

Mais pour les époux Deblais, Vallet est un bon client qui règle ses consommations. En ce soir d'été, il est venu avec deux amis que les propriétaires n'ont jamais vus. Le premier se nomme Henri Tronçay. C'est un gamin de 18 ans à la chevelure épaisse qui exerce la profession de coupeur en chaussure. Une petite moustache brune vieillit quelque peu son visage encore innocent. Le second est plus âgé de cinq ans. Il s'agit de Marcel Bruère, un commis épicier tourangeau. À la fin de leur repas, les trois hommes se lèvent, règlent leur note et quittent les lieux en saluant les propriétaires.

Les trois hommes marchent à présent en direction de Tours. L'air serein, le visage bonhomme, Louis Vallet jubile intérieurement. En six visites à la Cabane-Bambou, il a acquis la certitude que le couple Deblais possède une petite fortune, cachée quelque part. Dès ses premières visites, madame Deblais s'est vantée de posséder quelques économies. « Je crois qu'il y a de l'argent à la Cabane[2] », lui ont d'ailleurs avoué des clients nommés Roger et Darnet. L'ensemble de ces indices l'a convaincu qu'il tenait là une opportunité exceptionnelle de s'enrichir. Seulement pour réussir, la nécessité de recruter des complices lui apparaît comme une évidence. Comment se débarrasser de deux individus même très âgés ? Et puis, il y a leur chien, une bête féroce capable de faire échouer la tentative.

Après plusieurs minutes de marche, Vallet s'arrête et se tourne vers ses camarades. « Mes petits amis, vous ne vous doutez pas qu'il y a de l'argent là-dedans[3], si vous voulez vous reviendrez demain, je les endormirais avec un narcotique. Je me charge de tout, vous n'aurez qu'à leur parler[4]. » L'ancien prisonnier leur parle de son projet avec une telle conviction que les deux gamins tombent sous le charme. Ils ne connaissent Vallet que depuis quelques jours mais ils sont convaincus que cet homme connaît son sujet. Ils s'imaginent déjà avec les billets en poche. La fortune leur tend les bras. Il leur suffit de dire oui. Sans hésiter, Tronçay et Bruère donnent leur accord. Vallet est soulagé. Après le refus de Paul Darnet, un gamin de 18 ans, il se désespérait de trouver des complices.

Impatient d'en découdre, Vallet décide de passer à l'action le lendemain à la nuit tombante. Les trois acolytes se quittent au coin de la rue du Commerce vers minuit et demi.

Le lendemain vers 19 heures, Vallet retrouve ses deux complices au café de la Bourse, dans la rue Nationale à Tours. Un nommé Percevreau est attablé avec eux. Vallet les salue, commande à boire et s'assoit. Une conversation anodine s'engage à quatre. Discrètement, Tronçay se rapproche de Vallet et lui fait part de son renoncement pour l'expédition du soir. « Il n'y en a pas pour longtemps », tempère Vallet. Quelque temps plus tard, c'est au tour de Bruère d'annoncer discrètement qu'il se retire du jeu. Percevreau assiste à ses messes basses en feignant de ne pas comprendre. À 20 heures, les quatre clients quittent les lieux. Alors que Percevreau s'éloigne, Vallet tente de reprendre la main. Avec fermeté et conviction, il explique à ses deux cadets qu'il compte vraiment sur eux. Ils n'auront qu'à faire le guet. La richesse est au bout de ce petit sacrifice. Finalement, les deux amis se laissent convaincre. Pour ne pas éveiller les soupçons, Vallet part de son côté en direction de la rue de l'Évêché. Il rejoint ses deux complices quelques minutes plus tard sur l'avenue Grammont. Vers 21 heures, les trois hommes pénètrent dans la Cabane-Bambou. « Bonjour grand'mère ! Trois menthes[5] ! » s'exclame Vallet avant de s'asseoir à une table. La vieille femme remplit les verres et s'approche des clients. Avec sa gouaille habituelle, Vallet interpelle les propriétaires et leur demande de venir prendre l'apéritif avec eux. Le couple accepte. « À votre santé ! » lance Vallet avec un grand sourire. Les regards s'échangent, les verres se vident. Des chansons sont fredonnées, le père Deblais récite « son monologue sur la guerre de 1870 et Vallet lui répond par une poésie[6]. »

Il est maintenant un peu plus de 22 heures. Les trois complices viennent d'achever leur repas. Deux bouteilles de vin rouge et quatre de vouvray mousseux, soit quatre litres et demi de vin, ont été consommées. Assis sur son banc, Marcel Bruère ne semble pas au mieux de sa forme. Les paupières lourdes, le commis épicier éprouve toutes les peines du monde à se concentrer. Bruère l'ignore mais lors de l'apéritif, il a bu par mégarde le verre qui était réservé à la femme Deblais. En allumant un cigare, Vallet avait volontairement éteint la bougie. La salle plongée dans l'obscurité, il en avait profité pour glisser une fiole de narcotique dans deux verres. Seul le vieillard a avalé le contenu de la chope qui lui était destinée. Il s'est d'ailleurs écroulé quelques instants plus tard dans un coin du restaurant. Alors que le commis épicier tente de retrouver ses esprits, Vallet passe à l'attaque. Il profite de l'inattention des propriétaires pour se glisser dans la cabane de planche qui leur sert de logement. Bruère et Tronçay observent le petit manège. Tout à coup, Vallet ressort de la cabane en faisant des gestes évasifs dans leur direction. Assis sur leur banc, les deux hommes se regardent, interloqués. Ils se lèvent et partent rejoindre leur aîné qui vient de sortir sur le chemin. « Il n'y a rien à faire, foutez tous le camp, je ne veux pas payer », leur ordonne Vallet. Aussitôt, les trois hommes s'élancent à toute allure sur le chemin en direction de l'avenue Grammont. Après une course folle de plusieurs centaines de mètres, Vallet s'arrête et se ravise. « Il faut y retourner, il y a beaucoup d'argent à gagner sans rien à craindre, nous sommes des c… de laisser filer une affaire comme celle-là[7]. » Sans s'inquiéter de ce nouveau revirement, les deux plus jeunes rebroussent chemin tout en écoutant les recommandations de Vallet. Leur chef vient d'échafauder un plan. Il va rentrer dans le débit de boisson en expliquant qu'il vient de se faire attaquer par des rôdeurs. Bruère et Tronçay devront alors entraîner le père Deblais à la poursuite des soi-disant agresseurs, pendant que Vallet se fera soigner par l'épouse. « Vous vous occupez du bonhomme, moi de la bonne femme », conclut Vallet avant de pénétrer dans le bar. Aussitôt, le bandit prend de grands airs en poussant des cris de douleur et d'indignation. Avec un certain talent, le malheureux explique qu'il vient de se faire attaquer par des individus qui rôdaient autour du bar. Pour confirmer les propos de leur chef, Bruère et Tronçay montrent d'où venaient les bandits. Surpris, monsieur Deblais sort de son commerce. « Venez donc[8] », lui demandent Bruère et Tronçay en voyant le vieillard hésiter. Le vieil homme s'approche et arrive à leur hauteur. À cet instant, Tronçay bondit sur lui en le serrant de toutes ses forces au cou pendant que Bruè-re lui assène de terribles coups de poing au visage. Le vieillard, le visage en sang, se débat de toutes ses forces mais la violence de l'étreinte est telle qu'il cesse rapidement de bouger. À cet instant, Vallet arrive en courant. « Il faut lui couper le cou[9] », lance-t-il. « Ce n'est pas la peine, il ne bouge plus », rétorquent ses deux complices qui décident de jeter leur victime dans le Cher. À cet endroit, le fleuve est profond de moins de un mètre. Avec ses blessures, le propriétaire n'a pas beaucoup de chance de s'en sortir d'autant plus qu'il est déjà peut-être mort. Vallet veut s'en assurer. Il descend le long de la berge, se saisit de la tête de la victime et l'enfonce à plusieurs reprises sous l'eau. Cachés derrière des roseaux, Tronçay et Bruère assistent à la scène.

Vallet remonte sur le chemin quelques instants plus tard. Il veut maintenant s'occuper de la femme Deblais restée seule à la Cabane-Bambou. Pour se faire ouvrir la porte fermée à clé, Vallet fait croire à la propriétaire qu'il vient d'arrêter un des prétendus agresseurs. « Ouvrez-nous, nous en tenons un », s'exclame-t-il. Sans se méfier, la vieille femme ouvre la porte et laisse les trois hommes pénétrer dans son commerce. Aussitôt son calvaire commence. Vallet la fait trébucher lourdement, se jette sur elle, la serre à la gorge en lui sommant de donner son argent. Terrorisée, la vieillarde supplie ses agresseurs. « Je vais tout vous donner, ne me faites pas de mal[10]. »

Quelques instants plus tard, les trois assassins prennent la fuite en direction de Tours par le pont de chemin de fer de Bordeaux qui traverse le Cher à côté de la Cabane-Bambou. En le franchissant, Vallet jette un rasoir taché de sang sur le talus de la voie ferrée avant d'inviter ses deux complices à venir chez lui. Au 76 de la rue du Commerce à Tours, les bandits se partagent le fruit de leur vol soit 320 francs en monnaie. Tonçay et Bruère repartent avec 95 francs[11] chacun, le reste est laissé à la disposition du chef de bande. Ce dernier n'est visiblement pas rassasié. Il veut retourner à la Cabane-Bambou car il est convaincu qu'il reste sur place une petite fortune qu'ils n'ont pas trouvée. Mais Bruère en a assez. Il décide de rentrer chez lui. Vallet et Tronçay poursuivent leur soirée dans une maison de nuit située dans la rue des Prêtres jusqu'à deux heures du matin. Auparavant, ils ont pris le soin de se débarrasser du porte-monnaie des époux Deblais en le lançant dans la Loire. Tronçay a quant à lui caché son butin dans sa cave. Vers deux heures trente, les trois assassins s'endorment avec la certitude de ne jamais être retrouvés.

À l'heure où les trois meurtriers se partagent leur butin, un homme court à perdre haleine le long du Cher, près de la Cabane-Bambou. Sa foulée est hésitante et ses cheveux ont l'air d'être mouillés. De sa bouche grande ouverte s'échappent des cris de désespoir. Vers minuit, l'individu arrive dans la rue de Grammont. M. Chabot, un garde-barrière, voit la silhouette se rapprocher de lui. Il reconnaît alors le père Deblais, le visage en sang. À 62 ans, le vieil homme est toujours en vie et ce malgré les coups, la tentative d'étranglement et de noyade. Vallet pensait l'avoir laissé pour mort dans le Cher. C'était sans compter sur l'extraordinaire courage du tenancier qui a toujours été un excellent nageur. Avec une farouche volonté, il s'est tout d'abord débarrassé du bâillon que lui avait mis Vallet avant de regagner la rive à la nage. Là, malgré les douleurs atroces, il s'est dirigé vers son commerce. À l'intérieur, le cadavre de sa femme, attaché sur une chaise, l'attendait dans une mare de sang. La malheureuse avait le cou presque entièrement tranché. Anéanti, Deblais s'est alors changé avant de prendre la direction de la rue de Grammont. Le garde-barrière, qu'il distingue à présent, est son premier confident. Malheureusement pour lui, l'employé ne le prend pas au sérieux. Il a l'habitude de voir le tenancier complètement ivre. Il conseille à Deblais de rentrer chez lui. Décidemment, le propriétaire est maudit. En rassemblant ses dernières forces, il prend la direction du centre-ville de Tours pour avertir sa fille qui prévient aussitôt la gendarmerie. Il est environ deux heures et demie du matin lorsque les autorités arrivent sur les lieux du crime. En interrogeant le vieil homme, M. Mancel, le procureur de la République, et M. Chotard, le juge d'instruction, apprennent que sa femme avait hérité d'une belle somme d'argent d'un frère décédé récemment. Le défunt était officier d'administration de 1$^{re}$ classe en retraite. Mais, pour les autorités, le plus important est ailleurs. Grâce aux renseignements de Deblais, la justice possède un portrait-robot du chef de la bande. Le propriétaire explique que son agresseur avait l'habitude de venir manger à la Cabane-Bambou. Il décrit « un individu d'une taille de 1,75 m, âgé de 35 à 40 ans, blond, cheveux courts, moustache blonde et claire assez longue, bien mis, effets propres, veston gris clair, en drap, pantalon de la même couleur, chapeau de paille, canotier grosse paille, souliers noirs très longs à bout unis[12]. » La presse est aussitôt avertie pour diffuser le signalement des assassins. Le 31 juillet 1908, *Le journal de l'Indre-et-Loire* ajoute cette information concernant les deux autres assassins. La justice recherche « deux autres individus ayant environ 1,55 m, âgés d'une vingtaine d'années, assez gros, coiffés de casquettes grises épaisses et usagées, petites moustaches brunes, assez bien vêtus de gris, souliers noirs ordinaires ». Malgré son abattement, un élément semble tourmenter M. Deblais. Pourquoi son chien, d'ordinaire si féroce, n'a-t-il rien fait pour prendre leur défense ? Il n'a même pas aboyé une seule fois. D'ailleurs, M. Audouit, le gardien du champ de courses situé à quelques centaines de mètres des lieux du drame, n'a rien entendu la nuit du meurtre. Ni les cris des victimes, ni les aboiements du chien. Même constat pour M. Château, un treillageur, qui a passé la nuit couché sur un tas de foin à moins de quatre cents mètres de la Cabane-Bambou. Étrange. De son côté, le médecin légiste constate que le corps de madame Deblais porte de nombreuses traces d'ecchymoses. Quant au coup qui lui a presque entièrement tranché la tête, il a été porté de gauche à droite. L'assassin est donc droitier. Alors que l'enquête n'en est qu'à ses premiers pas, M. Mancel, le procureur de la République, et M. Chotard, le juge d'instruction, ne sont pas totalement convaincus par le discours de Deblais. Beaucoup de questions restent sans réponses. Comment un homme aussi âgé a-t-il pu résister à l'agression qu'il dit avoir subie? Pourquoi le chien n'a-t-il pas aboyé? Si Deblais a commis le crime, il est peut-être normal que l'animal n'ait eu aucune réaction. Et puis, les enquêteurs considèrent que la quantité du sang trouvé sur les vêtements du vieil homme est particulièrement importante. Ils décident donc de garder un œil sur le propriétaire.

Avec sa centaine de francs en poche, Louis Vallet se réveille de très bonne humeur le lendemain matin. Dévoré par la faim, il se rend alors chez Tellier, un restaurateur tourangeau, accompagné de deux femmes. À la fin du repas, il règle une note de 14,50 francs. Puis, pour poursuivre cette belle journée, il se rend en taxi à Saint-Pierre-des-Corps avant de prendre la direction de Savonnières, toujours en charmante compagnie. Là, il règle les 25 francs de note au taxi. Dans un café, il écrit quelques cartes postales. En fin de journée, il prend congé des deux femmes et monte dans le train en direction de Saumur. À peine s'est-il installé dans son compartiment qu'il reconnaît une jeune femme, Jeanne Vaillant, en pleine conversation avec une autre personne. Il entreprend alors de se rapprocher d'elle mais les premiers mots qu'il perçoit le font subitement hésiter. Jeanne Vaillant parle du crime de la Cabane-Bambou. Vallet sent comme une légère défaillance au fond de lui. Il ne sait plus où poser ses yeux. Après plusieurs minutes d'échange, la discussion aborde un autre sujet. Vallet respire enfin. Lorsque le train s'arrête à la gare de Saumur, il propose à la jeune femme de l'accompagner. Cette dernière accepte. Le couple s'installe donc à l'hôtel. Si sa compagne témoigne d'une vraie joie de vivre, ce n'est pas le cas de Vallet. L'homme a perdu sa belle humeur du matin. À présent, c'est le doute qui le gagne. Lui, le beau parleur, le charmeur de service qui tirait la bonne aventure aux femmes dans une maison de tolérance de la rue des Prêtres quelques heures après le crime, est maintenant rongé par le remords. Dans son lit, il se tourne et se retourne pour trouver le sommeil. Lorsqu'il parvient à s'endormir, des soubresauts nerveux agitent son corps. Ses dents grincent inexplicablement. Jeanne Vaillant, allongée près de lui, finit par l'interpeller. Elle connaît Vallet depuis quelque temps, elle ne l'a jamais vu dans un tel état de nervosité. L'assassin fait alors une première confession à sa compagne : « Je m'ennuie, je ne suis pas tranquille. C'est à cause du crime de Tours. » Dans l'obscurité, la jeune femme comprend la gravité de cette confidence. « Qu'est-ce que cela peut vous faire ? » lui demande-t-elle en devinant déjà la réponse. « C'est que j'y ai participé. J'ai coupé le cou de la vieille[13]. »

Vallet ajoute que « les deux autres maintenaient la bonne femme[14] ». Jeanne Vaillant
est sous le choc. Elle dort à côté d'un assassin. Malgré cette épouvantable confidence,
il va pourtant falloir se rendormir.

Jeanne Vaillant ne va pas garder très
longtemps le secret pour elle. Ce témoignage conjugué à celui de M. Deblais constitue
autant d'éléments qui font avancer l'enquête à grands pas. Quelques jours plus
tard, Vallet est finalement arrêté à Saumur
par le commissaire David.

Pendant ce temps, ses deux complices
s'inquiètent de la tournure des évènements. Le lendemain du crime, ils apprennent que le père Deblais n'est pas mort.
La nouvelle les anéantit. M. Guion, un
boulanger ami de Tronçay, remarque une
agitation inhabituelle chez son camarade. « T'as donc fait quelque chose[15] », lui
lance-t-il. « Non », rétorque Tronçay. Mais
Bruère propose un marché au boulanger.
Il lui explique qu'il n'est pas l'auteur du
crime de la Cabane-Bambou mais il lui demande de prendre son argent si jamais la
police venait à l'arrêter. « Si on t'interroge, dis donc que j'ai passé ma soirée avec
toi[16]. » M. Guion, troublé, décide d'écrire

une lettre anonyme au procureur de la République pour lui faire part de ses doutes. L'étau se resserre au point qu'ils sont à leur tour appréhendés par la police. M. Nicolas, brigadier de la sûreté à Tours, est le premier à les interroger. Chacun de leur côté, Tronçay et Bruère expliquent qu'ils ne comprennent pas pourquoi ils sont ici. Mais la police dispose de tellement d'éléments que leur position devient très vite intenable. Lors du second interrogatoire, ils reviennent sur leur déclaration de la veille et avouent l'intégralité des faits. Évidemment, ils minimisent leur participation et chargent Vallet. Bruère donne même aux enquêteurs l'endroit précis où Vallet a jeté son arme. Le mardi 4 août 1908, les recherches ont lieu le long de la voie ferrée, sur la levée de la ligne de Bordeaux. Près d'un poteau télégraphique, on découvre, en face de la Cabane-Bambou, un rasoir avec une lame « complètement rouillée par le sang de la malheureuse victime[17] ». Il n'a pas plu depuis le jour du crime. Une perquisition est organisée par MM. Adam et Doyen, commissaires de police, aux domiciles de Tronçay et de Bruère. Chez le second, les agents de sûreté découvrent un pantalon taché de sang sur la jambe droite. Il semble que le propriétaire ait essayé de le frotter pour faire disparaître les taches.

Le 5 août, à 17 heures 30, Vallet est interrogé par le juge d'instruction, M. Chotard. « Tout cela, ce sont des inventions, je suis innocent, je ne suis point leur complice, je n'ai rien fait », s'énerve Vallet. « J'étais couché dans ma chambre. Je le prouverai[18]. » « Je vous amènerai des témoins qui prouveront que vous êtes sorti le jour du crime », lui répond le magistrat. « C'est bien, Monsieur, nous verrons ces témoins et ce sera très intéressant », rétorque avec assurance l'accusé. *Le journal de l'Indre-et-Loire*, qui suit cette affaire depuis la découverte du crime, restitue l'évènement à ses lecteurs : « La confrontation ne s'est terminée que vers 8 heures. Vallet ne perd nullement son assurance, et c'est en faisant de grandes phrases, qu'il maintient énergiquement qu'il est innocent. [...] Vallet se croit un homme très fort. Il fait de grandes phrases qu'il accompagne de gestes de scène d'artiste... » Le 8 août, il est de nouveau interrogé et persiste à nier les faits. M. Chotard finit par s'emporter en évoquant le témoignage compromettant du père

Deblais. « Le pauvre homme, la douleur a égaré sa raison. Je compatis à sa peine, mais je n'en suis nullement la cause[19] », explique Vallet avec de « grands gestes mélodramatiques[20] ». Le juge s'interroge. Comment se fait-il que Vallet ne soit pas sorti de chez lui pendant un jour et deux nuits consécutives. « Je suis un galant homme, je sais quels sont mes devoirs, je ne puis rien dire de plus, vous devez me comprendre. » Il fait alors introduire ses deux complices afin de confronter les trois accusés. Bruère donne alors sa version des faits. Avec Tronçay, il est resté à l'extérieur de la Cabane-Bambou. Vallet a égorgé seul la vieille femme. « Mon ami, vous avez beaucoup d'imagination, vous feriez un excellent romancier », lui rétorque Vallet.

Alors que l'enquête suit son cours, M. Deblais retourne vivre et travailler à la Cabane-Bambou. Un temps mis en cause, le vieil homme a finalement été disculpé, son témoignage ayant grandement contribué à l'arrestation des trois assassins. Le 11 août, Deblais vaque à ses occupations dans son débit de boisson. Sa fille est venue passer du temps avec lui. Elle sait son père très fragile depuis la tragique nuit du 28 juillet. Tout à coup, vers 14 heures, « une fusée allumée[21] » formant « une traînée lumineuse[22] » dans le ciel s'abat sur la Cabane-Bambou. En l'espace de quelques secondes, le débit est en feu. Deblais et sa fille n'ont même pas le temps de prendre les 400 francs en or et en argent cachés à l'intérieur. Ils sont obligés de quitter les lieux précipitamment. Deux heures plus tard, il ne reste plus rien de la Cabane-Bambou. Comment expliquer l'incendie du débit ? Acte de vandalisme ou de vengeance lié au crime ? Difficile d'y répondre. Pour M. Deblais, l'incendie de son commerce constitue un nouveau coup dur. Son assurance ne remboursera pas l'intégralité des dégâts.

Le 25 mars 1909, le procès du crime de la Cabane-Bambou s'ouvre devant la cour d'assises d'Indre-et-Loire. À midi la salle est comble pour accueillir les accusés. Lorsque Louis Vallet pénètre dans le tribunal, les spectateurs n'ont d'yeux que pour lui. Vêtu d'une veste râpée, le principal accusé « semble légèrement déprimé ». Les charges qui pèsent contre lui sont d'autant plus lourdes que Vallet était déjà présent devant les juges de la cour d'assises en décembre dernier. À cette occasion, « il fut condamné pour vol de plomb et de cuivre aux chemins de fer[23] ». Après la lecture de l'acte d'accusation, le président, M. Razouer, conseiller à la cour d'Orléans, interroge les trois accusés. Si Bruère et Tronçay reconnaissent l'agression du père Deblais, ils nient toute participation à l'assassinat. De son côté, Vallet nie tout en bloc. Comme lors de l'instruction, il affirme qu'il est resté dans sa chambre la nuit du crime. Puis vient le temps des témoins avec comme point d'orgue la déposition du mari de la victime. Lorsque M. Deblais pénètre dans le tribunal, une vive sensation se produit dans la salle. Les spectateurs savent que le témoignage du rescapé de la Cabane-Bambou s'annonce comme le moment fort du procès. Le veuf se présente à la barre et raconte au juré, avec un débit rapide et dans un discours parfois incohérent, le calvaire enduré au cours de la soirée du 28 juillet dernier. Malgré toute sa bonne volonté, le président n'arrive pas à comprendre le témoin. Il demande alors. « Reconnaissez-vous vos agresseurs ? » « Je les reconnais bien tous les trois[24]. » « Ce n'est pas moi qui suis venu ce jour-là », s'emporte

Vallet assis sur son banc. Deblais s'énerve à son tour. « Comment, ce n'est pas vous ? Mais vous avez crié "à l'assassin !" quand vous êtes revenu en vous tenant la figure : vous avez demandé à ma femme ce qu'elle avait à dîner. Je vous reconnaîtrais entre 40 000 hommes. » « Vous entendez cette déposition formelle, Vallet ? » demande le président en regardant le principal accusé. « Elle n'est pas plus formelle que ma dénégation. » Le témoignage de Deblais se poursuit. Il confirme que Vallet avait l'habitude de fréquenter son commerce. La veille

du crime, il est venu accompagné des deux autres accusés. En revenant le lendemain, ils ont même dit. « Vous nous reconnaissez bien, nous qui sommes venus hier. » Les deux plus jeunes accusés confirment. En revanche, Deblais nie s'être assoupi pendant le repas. Tronçay le contredit. « Menteur », lance le témoin. « Nous avons fait du mal à M. Deblais. Il se venge. C'est naturel », répond Bruère. Quant à la somme dérobée, l'agressé estime qu'on lui a volé 550 francs et une bague. Il explique aussi que sa femme cachait de l'argent dans la cabane mais il ignore si les bandits l'ont trouvé.

La suite du procès n'apporte rien au débat, tous les protagonistes corroborant les faits de l'instruction. Ainsi Jeanne Vaillant, la femme qui a passé la nuit avec Vallet le lendemain des faits, confirme que l'accusé lui a fait l'aveu de son crime. « Je n'ai pas commis ce crime et si je l'avais commis, je ne l'aurai pas avoué », s'énerve le principal accusé. Puis vient le tour de Mme Girault, épicière et logeuse de Vallet, qui confirme que l'accusé n'est pas resté couché dans sa chambre le jour du crime comme il le prétend. Le témoignage du médecin légiste M. Baudoin atteste de la violence de l'assassinat. « Le cou a été sectionné d'une oreille à l'autre. » « Est-il facile à un seul homme de garrotter et de tuer la femme Deblais ? » demande le président. À ce moment, le père Deblais prend la parole. Le mari de la victime s'indigne que le docteur n'ait pas dit que lui aussi « avait eu les os du cou brisés ». Les spectateurs ne peuvent s'empêcher d'esquisser un sourire devant les propos maladroits du veuf. Le premier magistrat essaye de le calmer mais le vieil homme ne l'entend pas ainsi. Il veut se faire entendre. Finalement, il finit par s'asseoir et se taire. Le légiste répond alors à la question avec la plus grande prudence. Il lui est impossible d'établir si Vallet a été aidé pour commettre son crime. En revanche, il établit que la victime s'est débattue avec force considérant les ecchymoses et les écorchures présentes sur son corps. Tronçay et Bruère ont-ils aidé Vallet à tuer la vieille femme ? Difficile de l'établir. « Nous n'avons rien vu », lâche Tronçay avant de fondre en larmes. Le président décide de mettre fin aux débats. L'audience est reportée au lendemain.

Le 27 mars 1909, la foule est aussi nombreuse que la veille aux abords du palais de justice. « À midi, les grilles s'ouvrent. Ce sont alors les mêmes bousculades, et la prise d'assaut bruyante de la salle d'audience, qui est bientôt littéralement comble[25]. » Dix minutes plus tard, les trois derniers témoins sont entendus avant le réquisitoire du procureur de la République, M. Mancel. Pour lui, il n'y a pas de doute. Ce sont bien les trois coupables qui sont assis sur le banc des accusés. S'il considère Vallet comme « l'auteur principal » de l'assassinat, il « met en doute certaines déclarations de Bruère et de Tronçay sur le crime lui-même, déclarations qui ont varié plusieurs fois et dont le flottement semble indiquer le légitime désir de ceux-ci de se décharger le plus possible sur Vallet qui, d'après eux, a tout mené et à peu près tout fait. Entre les dénégations absolues de Vallet et les déclarations contradictoires de Bruère et de Tronçay, où est la vérité? [...] Bruère et Tronçay ont assurément coopéré[26] à l'assassinat de la femme Deblais. Ils n'y ont pas assisté impassibles comme ils le déclarent. La femme Deblais, grande et forte, qui résistait, n'a pu être ligotée que par plusieurs. Elle a été égorgée à terre alors que ceux-ci la maintenaient. Il a fallu la transporter sur une chaise et il paraît impossible qu'un seul homme ait pu faire ce transport sans être couvert de sang. [...] Notons que Bruère et Tronçay appartiennent à des familles honorables. On ne saurait les mettre tout à fait sur le même pied que Vallet, mais on ne saurait non plus trouver des excuses à leur lâche attentat et à leur complicité dans l'horrible assassinat de la femme Deblais. » Il réclame contre eux « un châtiment exemplaire, mais leurs aveux, leur repentir, l'honorabilité de leurs familles l'autorisent à demander le bénéfice de circonstances atténuan-

tes, simplement pour éviter l'échafaud ».
Vallet est quant à lui présenté comme « intelligent, très instruit. Ce n'est pas une victime, ni un malheureux mais un jouisseur, vaniteux et cynique, dangereux, prêt à tout pour se procurer de l'argent. Il ne mérité aucune indulgence et il faut lui refuser les circonstances atténuantes. Pour Vallet, ce sera la mort. »

Après une suspension d'audience de dix minutes, la parole est donnée à M$^e$ Guibaud, remplaçant au pied levé de M$^e$ Rouger souffrant, défenseur de Bruère. S'appuyant sur le témoignage de M. Deblais, il explique que « la tentative de meurtre reprochée à Bruère n'est, de l'avis du défenseur, que des violences destinées à faciliter le vol. Quant à l'assassinat de la femme Deblais, Bruère n'y a pas pris part. Il débarrassait la table pendant le crime. » Il remet en cause le témoignage de la fille Vaillant qui reçut les aveux de Vallet. « Pas un autre témoin n'a affirmé que Bruère et Tronçay avaient tenu les bras de la victime. » Il reconnaît le vol que son client a « avoué dès le début » mais « on ne saurait dire s'il était prémédité ». En conclusion, M$^e$ Guibaud « fait appel à l'esprit de

justice, de bonté, de pitié et d'humanité »
des jurés. Puis c'est au tour de M$^e$ Sabourin, chargé de la défense de Tronçay, de
prendre la parole. Son client « est digne de
toute pitié. Tronçay n'a que 18 ans. Va-t-
on l'envoyer au bagne et en faire un for-
çat à jamais au ban de la société. Malgré
l'horreur du crime, cette peine n'est-elle
pas en réalité trop sévère. Tronçay n'est
pas un criminel dont il faut débarrasser la
société. Il s'est toujours montré très labo-
rieux. Les nombreux certificats fournis sur
son compte tant à Tours qu'à Paris sont
des plus élogieux. Sa famille est des plus
honorables. L'attitude que Tronçay a eue
dans cette affaire est celle de tout jeune
homme entraîné par une volonté étran-
gère plus puissante que la sienne. » Dans
un discours très éloquent, M$^e$ Sabourin insiste « sur l'influence néfaste de Vallet qui,
par sa bonne apparence, conquit vite la
confiance de Tronçay. La question de préméditation et de crime doit être écartée dès
les premiers examens. Et d'ailleurs, Vallet
a proposé non pas un crime, mais un vol.
Tronçay a avoué. Il pourrait nier comme
le fait Vallet. Nul n'aurait su son rôle. On
peut donc ajouter foi à ses déclarations. Il

n'y a pas eu non plus tentative de meurtre, Bruère et Tronçay, s'ils l'avaient voulu, seraient vite venus à bout du faible vieillard qu'est le père Deblais. » Sans eux, Vallet aurait probablement « coupé le cou au père Deblais ». La tentative d'assassinat doit aussi être écartée. Il demande en conclusion « non seulement l'application des circonstances atténuantes » mais rejette aussi l'idée d'une éventuelle condamnation « qui perdrait à tout jamais ce jeune homme ». Il évoque les « larmes et les remords de son jeune et malheureux client ». Il parle aussi du « désespoir de son honnête famille » et « de la pétition de 54 familles du quartier où habitait cette famille ».

C'est une tâche immense qui attend Me Chautemps à la reprise des débats à 17 heures. Le défenseur de Vallet entame une plaidoirie dont l'objectif ultime est d'éviter à son client la peine capitale. Alors il retrace les faits et conteste la version selon laquelle Bruère et Tronçay n'ont rien fait. « Ceux-ci ne sont pas excusables » sous prétexte qu'ils ont confessé leur crime. À l'inverse, Vallet « qui n'a rien avoué ne mérite pas le verdict de sang demandé. Ici la preuve de l'innocence résulte de l'absence de preuves de culpabilité. On ne peut condamner que s'il y a impossibilité à croire à l'innocence. » M$^e$ Chautemps semble ignorer toutes les charges qui pèsent sur son client : le sang retrouvé sur ses vêtements, les témoignages de Jeanne Vaillant, ceux des complices et du père Deblais. Il va même plus loin en affirmant que Vallet « a conservé une certaine éducation, qui le classe dans une catégorie supérieure » à celles de Tronçay et Bruère. Il remet tout en cause : les témoignages, les expertises, la date et l'heure du crime. Il interpelle les jurés en essayant de semer le doute dans leur esprit. « Comment aurait-il commis un meurtre pour le plaisir de tuer, puisque Vallet avait de l'argent ? Et son insouciance au lendemain du crime serait-elle explicable ? [...] Il existe hors de prison quelqu'un qui avait intérêt, le 10 avril, à l'incendie évidemment criminel de la Cabane-Bambou. Un doute au moins subsiste sur la culpabilité de Vallet [...] Devant un tel doute, il serait inhumain de dresser l'échafaud. La brutalité est inféconde et la société doit être douce aux malheureux égarés. » Cette plaidoirie, pleine d'allant et de conviction, s'achève sous les applaudissements du public. Assis sur son banc, Vallet « pleure à chaudes larmes[27] ».

Avant la délibération, le président demande aux accusés s'ils ont quelque chose à ajouter à leur défense. « Rien[28] », répond Bruère en secouant la tête. « Je regrette ce que j'ai fait » poursuit Tronçay. « Je suis innocent. Je m'adresse à la conscience des jurés », conclut Vallet.

À 18 heures 30, les jurés se retirent pour délibérer. À 20 heures, ils reviennent dans la salle du tribunal avec un verdict positif. Les trois accusés sont tous reconnus coupables d'assassinat avec des circonstances atténuantes pour Tronçay et Bruère. Vallet est condamné à mort, ses deux complices à vingt ans de travaux forcés. « L'arrêt est salué par des applaudissements nombreux. Quelques coups de sifflet se font entendre[29]. » Enfermé dans la cellule des condamnés à mort, Vallet explique qu'il s'attendait à ce verdict. Il n'a pas bronché lorsque le greffier a lu la sentence à voix haute. Le lendemain, comme le veut la tradition, il reçoit la visite du procureur de la République et du président de la cour d'assises. Il leur explique qu'il ne compte pas se pourvoir en cassation. En revanche, un recours en grâce est transmis au président de la République, Armand Fallières, farouche opposant à la peine de mort[30]. L'homme politique de gauche, juriste de formation, a commué toutes les peines de mort en travaux forcés à perpétuité entre la prise de ses fonctions en 1906 et 1908. Sans surprise, Armand Fallières gracie Louis Vallet, à la fin juin 1909. Toute sa vie, le condamné niera sa participation au crime de la Cabane-Bambou. Quant à ses deux complices, ils ne connaîtront pas le même sort. Si Tronçay finira bien sa vie au bagne de Cayenne, Bruère ne mettra jamais les pieds en Guyane. Peu de temps après son procès, il meurt dans l'île de Ré, au pénitencier de Saint-Martin, juste avant son transfert pour le bagne.

# NOTES

1- *Le journal de l'Indre-et-Loire*, 30 juillet 1908.

2- *Le journal de l'Indre-et-Loire*, 26 mars 1909.

3- La Cabane-Bambou.

4- *Le journal de l'Indre-et-Loire*, 26 mars 1909.

5- *La Touraine Républicaine*, 26 mars 1909.

6- *La Touraine Républicaine*, 28 mars 1909.

7- *La Touraine Républicaine*, 26 mars 1909.

8- *La Touraine Républicaine*, 27 mars 1909.

9- *La Touraine Républicaine*, 27 mars 1909.

10- *Le journal de l'Indre-et-Loire*, 26 mars 1909.

11- Somme qui équivaut à environ 300 euros en 2008.

12- *Le journal de l'Indre-et-Loire*, 31 juillet 1908.

13- *Le journal de l'Indre-et-Loire*, 27 mars 1909.

14- Propos de Jeanne Vaillant rapportés par *La Touraine Républicaine*, 27 mars 1909.

15- *Le journal de l'Indre-et-Loire*, 28 mars 1909.

16- *Le journal de l'Indre-et-Loire*, 6 août 1908.

17- *Le journal de l'Indre-et-Loire*, 5 août 1908.

18- *Le journal de l'Indre-et-Loire*, 5 août 1908.

19- *Le journal de l'Indre-et-Loire*, 9 août 1908.

20- *Le journal de l'Indre-et-Loire*, 12 août 1908.

21- *Le journal de l'Indre-et-Loire*, 9 août 1908.

22- Propos d'une jeune fille rapporté par *Le journal de l'Indre-et-Loire*, 12 août 1908

23- Expression du Journal de l'Indre-et-Loire, 26 mars 1909.

24- *Le journal de l'Indre-et-Loire*, 27 mars 1909.

25- *La Touraine Républicaine*, 28 mars 1909.

26- *La Touraine Républicaine*, 28 mars 1909.

27- Expression du journal *La Touraine Républicaine*, 28 mars 1909.

28- *Le journal de l'Indre-et-Loire*, 30 mars 1909.

29- *La Touraine Républicaine*, 28 mars 1909.

30- Dès 1902, avec l'accession au pouvoir du Bloc des gauches mais surtout en 1906 avec la victoire des radicaux et de leur président de la République Armand Fallières, la gauche tente de supprimer la peine de mort. En 1905, sur une initiative de députés socialistes, les crédits au bourreau sont supprimés mais la proposition n'est pas reconduite l'année suivante. Le 5 novembre 1906, un projet de loi visant à supprimer la peine de mort est déposé par le garde des Sceaux. Il faut attendre juillet 1908 pour que le texte soit discuté avant d'être rejeté à une large majorité, par 330 voix contre 201, le 8 décembre 1908. C'est la division de la gauche sur cette question sensible qui explique l'échec de la tentative. C'est en réalité un fait divers atroce qui fait tout basculer. Le 27 janvier 1907, à Paris, Albert Soleilland, un ébéniste, assassine et viole, Marthe Erbelding, la fillette de ses voisins et amis. Condamné à mort, Soleilland est gracié par le président Fallières, le 13 septembre 1907. Le journal, *Le Petit Parisien*, s'insurge et propose à ses lecteurs un référendum sur la peine de mort : 1 400 000 personnes participent à ce sondage avec une nette majorité (1 100 000 votants) pour le maintien de la guillotine. Pour les politiques, le message est clair. L'opinion n'est pas prête. Dans le même temps, des pétitions de jurys, de conseils généraux, de conseils municipaux sont adressées au ministère pour que la peine capitale soit réellement appliquée ; car depuis qu'il est au pouvoir, Armand Fallières a commué toutes les peines capitales en travaux forcés à perpétuité. Ce sentiment d'insécurité colporté par une presse fleurissante, appartenant à des républicains modérés, trouve aussi son origine dans un contexte social et politique trouble en France (séparation de l'Église et de l'État en 1905, révolte des vignerons du Midi en 1907, grèves ouvrières à Draveil en 1908) mais aussi à l'étranger (crainte que la révolution russe en 1905 se propage, tension franco-allemande à propos du Maroc en 1905). C'est cette peur du désordre qui explique la division de la gauche. Malgré ce climat anti-abolitionniste, Armand Fallières continue de gracier pendant toute la première partie de son mandat, soit de octobre 1905 à janvier 1909. Il se montrera plus intransigeant par la suite en refusant la grâce à une vingtaine de condamnés.

# LA SÉQUESTRÉE DE LOCHES

15 octobre 1886. À Saint-Jean-Saint-Germain, village situé au sud de Loches, la vie est d'ordinaire très calme. Les minutes qui suivent le déjeuner sont généralement propices au repos avant le retour aux travaux agricoles. Pourtant, vers 13 heures, une scène singulière sort le village de sa léthargie. Au milieu de quelques curieux, trois inconnus accompagnés de plusieurs gendarmes traversent le village. Les habitants, qui suivent le petit groupe du regard, les voient se présenter au domicile du meunier, Sylvain Bonroy, arrivé dans le village depuis quelques mois. IL vit dans sa maison avec sa femme, Augustine, et son fils, Désiré, un homme de 35 ans. Les badauds regardent le cortège s'engouffrer dans la maison. Ils ne savent pas à cet instant que

l'un des plus incroyables faits divers qu'ait connu la Touraine va éclater au grand jour. Sylvain Bonroy ouvre la porte à la délégation. C'est un homme d'une soixantaine d'années aux cheveux grisonnants. À la vue des gendarmes, le visage ovale du sexagénaire se fige. Il connaît parfaitement le motif de la visite des gendarmes. Pour comprendre son effroi, il faut remonter seize ans en arrière.

En 1870, la guerre contre les Prussiens achevée, Sylvain Bonroy, 46 ans retourne dans son pays, à Saint-Georges-sur-Cher, dans le Loir-et-Cher. En 1873, l'ancien soldat a la douleur de perdre sa belle-mère. La vieille femme, pour le moins fortunée, laisse plusieurs milliers de francs à deux successeurs : sa fille et un second héritier. Le meunier sait qu'il s'agit de la chance de sa vie. Parfaitement au fait de la cachette de la défunte, il s'empare de ses économies tout en priant son épouse de se taire. Il s'empresse ensuite d'aller cacher la petite fortune avant d'accuser le second héritier d'avoir volé l'argent liquide de la disparue. Il menace même de le dénoncer à la justice. Avec cet argent, Sylvain Bonroy achète des terres pour une valeur de dix mille francs. Son rêve de fortune est en marche. Si le meunier respire le bonheur, Augustine Bonroy semble accuser le coup. L'épouse ne supporte pas la trahison de son mari. « Rends donc cet argent à ces malheureux qui en ont bien plus besoin que nous[1] », supplie-t-elle son époux. Mais, Sylvain Bonroy n'en a que faire. Il se moque de la dépression de son épouse tout comme de l'indignation de certains villageois qui prennent connaissance du vol. En conflit avec plusieurs habitants de Saint-Jean-Saint-Germain, le meunier est pris en grippe. Son stock de paille est brûlé. Aussitôt Bonroy accuse un voisin, un nommé Auguste Coutreau, propriétaire à Saint-Georges-sur-Cher. Le villageois est arrêté. Il passe seize jours à la prison de Blois avant de prouver qu'il n'était pas dans le village ce jour-là. À Saint-Georges-sur-Cher, les habitants sont persuadés que c'est Bonroy lui-même qui a mis le feu à son tas de paille pour faire accuser ceux qui savent tout de l'origine de sa fortune. Les rumeurs vont bon train. On accuse même le meunier d'avoir tué le nouveau-né de sa femme en l'étouffant. Dans un tel environnement, la dépression d'Augustine ne s'arrange pas, bien au contraire. En 1873, sa situation devient même désespérée. Un jour, elle tente de se suicider en se jetant dans un bief situé à peu de distance de sa maison. C'est son fils, Désiré, qui dans un magnifique acte de courage parvient à sauver sa mère de la noyade. Après cet évènement, les Bonroy décident de placer Augustine à l'asile des aliénés de Blois. Le 25 octobre, la femme est auscultée par des médecins. Leur diagnostic est terrible. « La malade est atteinte d'aliénation mentale caractérisée par une obtusion profonde de l'intelligence avec délire de persécutions, hallucinations, et un état hypermaniaque avec anxiété[2]. » Ils ajoutent que l'alimentation est « difficile » et l'état physique jugé « mauvais ». Augustine Bonroy ressort de l'asile trois semaines plus tard, le 12 novembre 1873, « dans le même état, sur la demande de sa famille ». Pendant treize ans, la malade reste aux côtés de son mari et de son fils. Pour eux, l'enfer est permanent. La malade, capable d'avoir quelques minutes de lucidité par jour, est soudainement prise de pulsions. Elle se saisit des objets qu'elle trouve sous sa main puis les jette sur les personnes qui se trouvent près d'elle. Plusieurs fois, le tison brûlant de la cheminée traverse la pièce, heureusement sans dommage. Dans leur village, la situation devient compliquée. La famille Bonroy part s'installer près de Loches, à Saint-Jean-Saint-Germain, plus précisemment dans une maison à Saint-Germain.

Face à lui, des gendarmes et trois hommes bien habillés le regardent sévèrement. Le trio se présente. Il s'agit de M. le procureur de la République, de M. le juge d'instruction et de M. Levrault commis greffier. Ils expliquent au propriétaire qu'ils désireraient voir sa femme car la rumeur publique l'accuse de la séquestrer. À l'annonce de l'accusation, le meunier devient blême. Il s'exécute et conduit ses invités au premier étage. La délégation monte les quatorze marches. Là, après avoir ouvert une lourde porte, les hommes pénètrent dans une petite pièce obscure semblant servir d'antichambre. La fenêtre a été complètement bouchée. À l'autre bout de la pièce se trouve une autre porte menant à un vestibule. Plus les magistrats se rapprochent de l'ouverture et plus l'odeur devient épouvantable. Ils doivent notamment enjamber un canal obstrué par des excréments et par de l'urine. Bonroy se saisit d'une clé et ouvre la porte. La suite, c'est le juge d'instruction qui le note dans son rapport : « Nous trouvons madame Bonroy derrière la porte accroupie les cheveux en désordre et complètement nue, masquant des excréments qu'elle paraît déposer de préférence en cet endroit. Interrogée sur le point de savoir si elle veut sortir et manger, elle chausse ses sabots, se met en devoir de traverser la première pièce en marchant accroupie. Descendue à la cuisine, elle se chauffe et mange. » Un des gendarmes, le brigadier Louis Morisset, ajoute dans son rapport : « Nous avons trouvé une femme complètement nue accroupie sur du foin et dans un état de malpropreté indescriptible[3]. » L'homme parle « d'une odeur infecte causée par les excréments de cette malheureuse et le manque absolu d'air », le tout dans une pièce plongée dans la plus grande obscurité. Madame Bonroy est visiblement enfermée dans cette pièce depuis des mois. Des dizaines de clous plantés à l'envers ont été placés sur la porte pour éviter qu'elle ne tape sur la porte.

Lorsque les gendarmes demandent à Sylvain Bonroy de les suivre, l'homme prend peur. Profitant d'un moment de flottement, le meunier échappe à ses gardes du corps et prend aussitôt la direction de l'Indre. Les gendarmes comprennent rapidement que l'homme a l'intention de se jeter à l'eau pour se donner la mort. Plus rapide, les forces de l'ordre parviennent à le maîtriser avant le drame. Dans le même temps, la pauvre victime est emmenée à l'hospice de Loches pour y être soignée.

Augustine est auscultée par des médecins. Lorsqu'ils pénètrent dans la chambre de l'hospice pour la première fois, ils la trouvent « accroupie dans son lit, les membres inférieurs dans un état de flexion si prononcé que les cuisses sont immédiatement appliquées sur le ventre et la poitrine ». Les docteurs s'approchent et examinent la patiente. Dans leur rapport, ils écrivent : « Les genoux sont incapables de reprendre leur position normale. Les membres inférieurs sont amaigris. Leurs muscles atrophiés contrastent par leur aspect avec le reste du corps qui ne présente pas d'amaigrissement notable. La malade ne présente aucune plaie ni aucune contusion. »

Pendant vingt et un jours, les médecins examinent la malade. Ils remarquent que les fonctions vitales ne sont pas atteintes. La femme se nourrit bien, n'a pas de fièvre et se laisse soigner sans le moindre souci. Elle est jugée « assez docile ». Au point de vue mental, « elle n'a qu'un souvenir vague des conditions de son existence antérieure ». Lorsque les médecins viennent la voir le quatrième jour, la situation n'est plus la même. Ils notent dans leur rapport : « La malade entre dans une période de haine et d'agitation extrême. Elle déchire et met en pièces tout ce qui se trouve dans ses mains, essaie de faire une corde en linge déchiré afin de s'étrangler, menace de se jeter par la fenêtre, profère des injures les plus grossières, se vit en proie à Belzébuth. Pendant cette période, les hallucinations se succèdent et tout en variant de formes présentent un caractère terrifiant. » Son agitation est telle, que le personnel médical est obligé de lui mettre la camisole de force. Elle cesse aussi de s'alimenter. « Elle parvient à déchirer avec ses dents un bout de ses jupons, crache à la figure des personnes qui la visitent, leur jette ses sabots à la tête. »

Quant à déterminer l'influence de la séquestration sur sa folie et de sa dégénérescence physique, les médecins restent prudents car ils n'ont trouvé aucune lésion sur la victime. De plus, elle pouvait s'étendre et se tenir debout dans le réduit qui lui servait de chambre. Seule l'atrophie musculaire pourrait résulter de sa longue période de captivité même si cette dernière peut aussi s'expliquer « par la longue période pendant laquelle la malade a gardé cette attitude ». La séquestration n'a pour les médecins que peu influencé l'état physique et mental de la malade qui était déjà aliénée en 1873. « Nous ajoutons même qu'en raison de la déchéance cérébrale et de l'état de démence, les privations ont dû être moins sensibles et moins perçues par la malade qu'on pourrait le supposer. La séquestration n'est pas la cause de l'attitude prise par la malade, cette attitude a été prise sous l'influence d'idées délirantes. Cette station accroupie a donc été voulue par la malade et est devenue définitive par l'habitude. » En revanche, les médecins expliquent que « la séquestration a été nuisible par le manque d'air, de lumière et d'exercice ».

Le jour de la découverte de la séquestrée, le mari est interrogé. « Vous êtes inculpé d'avoir séquestré votre femme[4] », lui
lance le juge d'instruction. Sylvain Bonroy
tente de se justifier : « En 1840, ma femme
fut atteinte de la fièvre typhoïde[5] d'une
manière extrêmement grave. Néanmoins,
à part la longueur de sa convalescence, elle
ne donna pas de signes de perte de ses fa-
cultés jusqu'en 1872 ou 1873. Elle perdit
tout à coup la mémoire et devint furieuse
au point de battre sa mère. D'accord avec
nos deux familles, je la plaçai dans l'établissement d'aliénés de Loir-et-Cher. Sur
l'invitation de M. le Directeur de cet établissement, je retournai la chercher, elle
avait refusé de prendre de la nourriture et
maltraitait les gens préposés à son service.
À partir de ce moment, elle ne reprit point
ses occupations et elle n'a pas cessé d'être
folle. Je l'attachai avec une longue chaîne
adaptée à une ceinture en toile. Ce moyen-
là ne réussit pas longtemps, elle se mit à
déchirer les couvertures, les draps. En
1879-1880, je la renfermai dans un cabinet
éclairé par une fenêtre qui était garnie de
barreaux de fer. Elle ne demeurait dans cette
pièce que lorsque mon domestique et moi

sortions. Le reste du temps, elle demeurait auprès du feu avec le reste de la maison et elle couchait avec moi. Depuis 1883, je ne l'habille plus et je la tiens enfermée dans un cabinet où elle reste jour et nuit. Elle est dans le cabinet que vous venez de visiter depuis dix mois, date de mon installation à Saint-Jean. » « C'est vous qui avez fait faire le petit cachot où votre femme est en ce moment-ci séquestrée ? » « Oui monsieur. C'est moi. » « Vous avez dû comprendre que votre femme était exposée sinon à mourir du moins à souffrir beaucoup du froid sans feu et sans vêtement ? » « Son état maladif lui met le sang en mouvement à tel point qu'elle n'a jamais froid et ne s'enrhume jamais. » « La privation d'air, de jour assurée par la porte pleine et l'absence d'une fenêtre vous prévenait que votre femme ne pourrait vivre complètement dans ce réduit. » « J'ai arrangé cela pour qu'elle ait moins froid. » Le juge insiste et tente de déstabiliser le prévenu : « Les clous nombreux, la pointe tournée du côté de l'intérieur dont est garnie la porte de cette prison démontrent une grande cruauté de votre part. Pourquoi les avez-vous ainsi disposés ? » « Ma femme fait un potin[6] à tout casser. J'ai voulu de cette façon l'empêcher de faire du bruit. »

Puis c'est au tour de la bonne de Bonroy d'être entendue. Au service de la famille depuis huit ans, Marie Desmaison, 47 ans, explique qu'elle était parfaitement au fait de l'existence de la séquestrée et qu'il lui était très difficile de s'en occuper. Si elle a accepté de travailler dans cette famille, c'est parce que les Bonroy ont accepté que son fils reste à ses côtés à la mort de son mari. Elle poursuit en évoquant les vêtements de la victime. « Elle les déchirait en tellement petites miettes que je les ai jetés au feu[7]. » Le juge l'interpelle au sujet « des traitements donnés à Madame Bonroy ». « Les trois premières années, Madame Bonroy attachée au lit avec une chaîne et une ceinture ne donnait que peu d'inquiétude. S'étant mise à tout déchirer, nous l'avons mise dans un cabinet un peu plus grand que celui où elle se trouve actuellement ; on l'a encore un peu habillée ; on a bientôt cessé de le faire parce qu'elle déchirait tout. » La bonne ajoute que ses patrons ont décidé de déménager en début de l'année 1886. Ils ont quitté Saint-Germain pour s'installer à Saint-jean.

Le but était de trouver une pièce adaptée à Auguste Bonroy. « Dans quelles circonstances et quand a-t-on amené Madame Bonroy dans la prison qu'elle occupe ? » « Le cachot avait été préparé. M. Bonroy et son fils ont amené Madame Bonroy. J'avais apporté à Saint-Germain une chemise, un caraco et un jupon, plus une couverture. Ces messieurs l'ont habillée avec les vêtements et enveloppée d'une couverture. Il était huit heures et demie ou neuf heures vers le vingt décembre dernier. Depuis cette époque, nous ne lui avons pas remis de vêtements. » Le juge est sous le choc. La femme n'a donc pas été changée depuis dix mois. « Comment était-elle nourrie ? » « Comme nous, c'est moi qui lui donnait des aliments ; en mon absence c'était M. Bonroy. » « Sait-on à Saint-Jean l'existence de Madame Bonroy. » « Monsieur Liard, ancien meunier, sait que Madame Bonroy est ici. La femme B. le sait également. » Le juge clôt l'interrogatoire et ordonne l'arrestation de la domestique pour complicité de séquestration.

Deux jours plus tard, c'est au tour du fils de Madame Bonroy d'être arrêté par les gendarmes. âgé de 34 ans, Désiré Bonroy est prévenu pour complicité de séquestration sur la personne de sa mère. Face au juge d'instruction, il tente de se justifier. « Oui je le savais[8]. Quand elle était à Saint-Germain, elle n'était pas toujours en état de nudité. Lorsqu'elle se trouvait nue, il n'était pas possible de lui donner la liberté de s'offrir aux regards du public, c'est pour cela que nous l'enfermions. Tous les essais que nous avons faits pour la vêtir et la tenir aussi chaudement n'ont pu aboutir. Un jour nous lui avons confectionné deux chemises avec une étoffe que nous avons doublée. On a muni chacune de ces chemises d'une étoffe de laine par-dessus et de baleines[9] aux manches. Ces baleines étaient destinées à laisser peu de prise pour que ma mère ne les déchirât pas avec ses mains et ses dents. Rien n'y a fait. C'est alors que tout ce que nous lui mettions se trouvant presque immédiatement réduit en miettes nous avons résolu de ne plus l'habiller. Toutefois à Saint-Germain, lorsque l'humidité ou le froid se faisaient sentir, nous ne manquions pas de mettre à sa disposition des vêtements et des couvertures. Je l'ai vue s'en servir. Le cabinet dans lequel elle était placée et qui donnait dans la chambre de mon père renfermait le four que l'on chauffait toutes les semaines et quelquefois plus souvent. La fenêtre de ce cabinet était garnie d'un contrevent plein à l'intérieur et à l'extérieur de tout le foin qu'on avait pu entasser entre la boiserie de la fenêtre et les barreaux de fer. Il est certain que ce cabinet n'était pas froid. » À écouter Désiré Bonroy, sa mère vivait dans un petit nid douillet. Il tente une nouvelle fois de justifier son emprisonnement. « La liberté, il n'est pas facile d'en donner. J'avais deux filles constamment dans la maison. M'était-il possible de les laisser avec une mère dans quelque partie de la maison que ce fût, notamment au foyer de la cuisine, sans les exposer à être victimes de ses fureurs. Un domestique exclusivement attaché à sa personne eût été trop coûteux. » À ces mots, le juge ne peut s'empêcher de penser aux déclarations de M. Auguste Coutreau qui lui avait parlé du vol de dix mille francs de son père. Le fils ajoute : « Soyez assuré qu'elle n'a pas été malheureuse à part ses souffrances morales que nous avons amplement partagées. » Le juge lui parle alors des clous plantés dans le bas de la porte et qui pouvaient blesser sa mère. « Ce n'était pas pour la blesser mais en la piquant un peu, cela l'obligeait à ne pas frapper cette porte et faire de la sorte un bruit qui s'entendait à près de cent mètres dans le voisinage. Ma mère éprouvait un tel besoin de frapper dans cette porte qu'elle s'ingénia à tortiller des poignées de foin et à baisser les clous avec ce foin tortillé de manière à pouvoir faire autant de bruit qu'avant l'apposition des clous. » Le juge en a assez entendu. Il ordonne l'arrestation du jeune Bonroy qui est immédiatement conduit en prison.

Les auditions de témoins se poursuivent notamment dans l'Indre. Le 14 novembre, le juge de paix du canton de Châtillon, Léopold Bussy, auditionne Alexandre Durand, 34 ans, qui fut le domestique de la famille Bonroy entre 1879 et 1882. L'employé apporte plusieurs éléments intéressants. Il reconnaît que sa patronne était prise de folie mais il ajoute que « son mari prenait toutes les précautions voulues pour éviter de la contrarier. Le sieur Bonroy la faisait chauffer près de la cheminée quand elle était raisonnable. Mais quand ses accès de folie la prenaient, il ne pouvait plus être maître d'elle. Il était obligé de la porter dans ses bras ou de la renfermer dans sa chambre. [...] Le Sieur Bonroy avait tous les soins possibles pour sa femme. Lorsqu'il arrivait, de suite il s'empressait d'aller voir si rien ne lui manquait. Quant au fils Bonroy, il s'en occupait moins[10]. » Il confirme aussi que la domestique et sa belle-fille lui confectionnaient des vêtements très solidement cousus mais que cela ne l'empêchait pas de les déchirer en quelques jours. Quant à l'aspect physique de la malade, le domestique corrobore les premières constatations de l'enquête. « Il est à ma connaissance que cette pauvre femme était toujours accroupie même quand elle marchait ; elle avait beaucoup de peine à s'asseoir sur une chaise. »

À Loches, Constant Frappier, un voisin de la victime, explique que les Bonroy étaient « des gens riches » et que la malade « n'a été vue que par un très petit nombre de personnes à Saint-Germain et qu'aucune ne l'a vue à Saint-Jean[11]. » Puis c'est au tour d'Eugénie Bonroy, la femme du fils Bonroy. Mariée depuis une dizaine d'années, elle explique que sa famille a été très réticente à donner son consentement pour le mariage. Dans la communauté villageoise, il n'est pas de très bon ton de donner sa fille en mariage à une famille où vit une aliénée. « Il fut entendu que je ne serai pas chargée du soin à lui donner et que même je pourrai ne point habiter la maison. Je ne la vis pas une seule fois durant les premiers mois. » Elle parle ensuite du quotidien et des deux ou trois premiers mois à Saint-Germain plutôt encourageants. À cet instant, « il fut possible de la vêtir et de la laisser au milieu de la famille le jour et une grande partie de la soirée ». La belle-fille de 28 ans explique que les crises de folie sont devenues plus violentes à la naissance de son deuxième enfant. « Son état s'empira sensiblement. Elle nous jeta un tison en flammes dans les jambes et nous dûmes la priver de sortir. Malgré les précautions qui furent prises de chemises doublées, elle déchirait tout ce dont nous la couvrions. C'est alors qu'on cessa de la vêtir. Tout ce que je dis là, c'est pas pour dire, "je ne soignais pas ma belle-mère". Je crois qu'il lui reste encore une douzaine de chemises et deux robes[12]. »

Auguste Coutreau est de nouveau interrogé. Témoin privilégié du vol des dix mille francs de sa belle-mère en 1873, le propriétaire de Saint-Georges-sur-Cher réitère ses premières accusations. Cette fois, il donne le nom de la personne flouée lors de l'héritage. Il s'agit de Jules Villemouy que Bonroy accusa du vol de l'héritage en argent de la défunte. « Madame Bonroy ressentit un tel chagrin des agissements de son mari qu'elle en perdit la tête vers 1873[13]. » Savez-vous autre chose lui demande le juge. « Oui monsieur. En 1863, lorsque Désiré Bonroy fit sa première communion, madame Bonroy fut en état de grossesse. L'enfant ne fut pas déclaré. Le père Bonroy le fit disparaître. C'est du moins ce que disaient les voisins notamment sa cousine germaine, Annie Villemouy, et Marie Béquin, femme de Jules Villemouy. » Face à ces accusations sans preuve qui ressemblent à une vengeance, le juge reste prudent. « Vous n'avez rien à ajouter ? » lui demande-t-il. Le témoin se lance dans une nouvelle accusation. Il parle de ses seize jours de prison à la suite de l'incendie qui se déclara chez Sylvain Bonroy. Il accuse cette fois Bonroy d'avoir brûlé sa propre paille pour le faire accuser. « Est-ce tout ? » insiste le magistrat quelque peu agacé. « Je ne connais plus rien », conclut le témoin qui signe sa déposition avant de quitter la pièce.

Le 7 décembre 1886, Sylvain Bonroy et son fils Désiré pénètrent dans le tribunal de la cour d'assises. La domestique, Marie Desmaison, un temps mise en cause par le juge d'instruction, a finalement bénéficié d'une ordonnance de non-lieu. Après le tirage au sort des jurés et la lecture de l'acte d'accusation, Sylvain Bonroy est interrogé. « Vous reconnaissez avoir enfermé votre femme », lui lance rapidement le président Ducoudray, conseiller à la cour d'Orléans. « J'ai bien été forcé de l'enfermer, elle voulait se détruire ; jamais je n'ai eu l'intention de la faire périr. » « L'accusation ne vous reproche point cela, mais simplement de l'avoir enfermée ; vous auriez dû l'envoyer aux aliénés. » « Je puis vous assurer que ma femme était bien soignée, personne n'est capable, sans torturer, de la traiter autrement que je l'ai fait ; si je l'avais aussi maltraitée que vous me le dites, elle ne serait plus bien portante comme elle est. » « Oh ! ne parlons pas de sa santé, on n'a pas voulu amener cette malheureuse à l'audience pour ne pas donner au public et au jury le spectacle de son état effrayant. » Le mari se défend. « C'est sa maladie qui l'a amenée dans cet état-là ! » « C'est votre défense. » « Je ne dis que la vérité. » « En somme, depuis 1883, vous avez tenu votre femme enfermée sans vêtements, dans un réduit obscur où vous la laissiez couchée sur ses excréments ? » « Je ne pouvais pas faire autrement. » « Lorsque les gendarmes sont venus délivrer votre pauvre femme, après avoir pénétré dans son réduit, ils ont dû se retirer suffoqués. » « Oh ! Monsieur le président, si ça avait été si sale, comment aurait-elle vécu ? » « Mais aussi les médecins ont été étonnés qu'elle eût survécu à ces mauvais traitements. » « Jamais je ne l'ai maltraitée. » Le ton monte entre les deux hommes. « Vous aviez garni la porte de clous pour l'empêcher de frapper et d'appeler au secours. » « Elle réveillait tous les voisins. » Dans l'auditoire, la foule ne peut cacher sa stupéfaction.

La presse se fait l'écho de cette affaire incroyable. Elle écrit. « Bonroy fils est ensuite interrogé, il répond avec la même tranquillité, la même insouciance que son père ; tous deux ne paraissent même pas soupçonner l'horreur du crime qu'on leur reproche[14]. »

« Nous avons toujours donné à ma mère les soins nécessaires » argumente Désiré Bonroy. Le président Ducoudray s'impatiente. « Comment ! Vous appelez les traitements que vous lui faisiez subir, les soins nécessaires ! » « Bien sûr, je ne croyais pas que nous faisions mal, si j'avais su être poursuivi pour séquestration, je n'aurais pas fait tout ça ; je ne connaissais pas la loi. » « Vous n'aviez pas besoin de connaître la loi pénale ; il y a de ces sentiments dictés par la loi naturelle qui sont au cœur de tous, surtout au cœur d'un fils. » Les accusés encaissent le coup au milieu des murmures d'approbation de la salle du tribunal.

Le président demande ensuite à ce que le premier témoin soit introduit. Tour à tour le brigadier, un gendarme, le docteur Boureau de Loches et la domestique confirment les constations de l'instruction. Le médecin explique ainsi que « la séquestration a pu influencer légèrement sur l'état physique de la femme Bonroy mais non sur son état mental ». La domestique déclare « qu'il était impossible de tenir la femme Bonroy vêtue ou de lui donner des soins de propreté ».

C'est au tour du maire de Saint-Jean-Saint-Germain d'être entendu car même si les Bonroy n'habitaient dans le village que depuis quelques années, la responsabilité morale des autorités locales est clairement engagée. L'homme se défend. Il dit qu'il « n'a jamais rien vu ni entendu dire que la femme Bonroy était séquestrée ; s'il avait su ce qui se passait, il aurait fait son devoir de maire ». Au total, vingt témoins défilent à la barre apportant plus ou moins d'éclairage sur l'affaire. Puis vient le temps du réquisitoire de M. le procureur de Saint-Urbain. Nullement convaincu par les arguments du père et du fils, le magistrat « supplie le jury de frapper les deux accusés ».

Me Houssard, avocat des Bonroy, entame une plaidoirie émouvante. Il « retrace les longues souffrances des deux accusés ; il les montre honnêtes travailleurs, menant pendant longtemps une vie de famille exemplaire[15] ». Il en vient ensuite aux faits reprochés. Pour le défenseur, « il n'y a point là l'horrible crime de séquestration ». Il achève son plaidoyer par un chaleureux appel à la clémence. En regagnant sa place,

M<sup>e</sup> Houssard sait qu'il vient de faire mouche. Dans le tribunal, les spectateurs et les jurés ont du mal à cacher leur émotion. Après une dernière intervention du président et des accusés, le jury se retire pour délibérer. Les heures passent. Pour les deux accusés, l'attente est interminable. Leur avocat tente de les rassurer. Une longue délibération montre que les jurés hésitent, que leur avis n'est pas tranché sur la question de la culpabilité. C'est même plutôt bon signe pour la défense.

Finalement vers 20 heures, le jury fait son retour dans la salle d'audience. Le verdict est lu à haute voix. Sylvain Bonroy est reconnu coupable de séquestration sur sa femme mais bénéficie de circonstances atténuantes. Il est condamné à quatre années d'emprisonnement. Désiré, le fils, est déclaré innocent.

# NOTES

1- Déclaration de M. Auguste Coutreau, propriétaire à Saint-Georges-sur-Cher, 3 novembre 1886. Dossier de procédure.

2- Procès-verbal n° 31 provenant de l'asile des aliénés de Blois, 14 novembre 1886.

3- Procès-verbal de gendarmerie constatant la séquestration de la nommée Lebert Augustine.

4- Premier interrogatoire de Sylvain Bonroy, 15 octobre 1886, jour de la découverte de la séquestrée. Dossier de procédure.

5- « La fièvre typhoïde est une septicémie à point de départ intestinal avec migration secondaire vers la circulation sanguine par le biais du réseau lymphatique. C'est une pathologie de transmission oro-fécale dont le réservoir est constitué par des sujets malades ou des porteurs sains chroniques. La transmission peut être interhumaine par contact direct avec une personne infectée, ou indirect par consommation d'aliments contaminés lors de leur préparation par une personne malade (ou porteuse saine) ou par consommation d'aliments (coquillages, fruits de mer, légumes crus) contaminés par de l'eau souillée par des matières fécales. » Source : http://www.sante.gouv.fr

6- Faire du bruit, du vacarme.

7- Interrogatoire de Marie Desmaison, 15 octobre 1886, jour de la découverte de la séquestrée. Dossier de procédure.

8- Premier interrogatoire de Désiré Bonroy, 18 octobre 1886. Dossier de procédure.

9- « Lame ou tige flexible en métal, en matière plastique, pour tendre un tissu, renforcer une armature. » *Le Petit Larousse illustré* 2007, Paris ; *Larousse*, 2006, p. 137.

10- Déclaration du témoin Alexandre Durand, 10 novembre 1886. Dossier de procédure.

11- Déclaration du témoin Constant Frappier, 15 novembre 1886. Dossier de procédure.

12- Déclaration du témoin Eugénie Bonroy, 15 novembre 1886. Dossier de procédure.

13-
Déclaration du témoin Auguste Coutreau, 15 novembre 1886. Dossier de procédure.

14- *Le journal de l'Indre-et-Loire*, 8 décembre 1886.

15- *Le journal de l'Indre-et-Loire*, 9 décembre 1886.

# LE CRIME DE SAINT-PATRICE

À Saint-Patrice, petit village de 1 100 habitants situé à trente kilomètres au sud-ouest
de Tours, la vie est d'ordinaire très calme.
Pourtant, à y regarder de plus près, il se passe quelque chose d'anormal en ce dimanche
matin 9 octobre 1898. Il est à peine plus de
7 heures et demie. Un vieillard court à perdre haleine derrière l'église du village. Cet
homme, aux yeux hagards et terrifiés, est un
habitant de la commune. Il se nomme Clément Chéreau. À 70 ans, ce journalier vient
de connaître la plus grosse frayeur de sa
vie. Le villageois est porteur d'une nouvelle
épouvantable qui va profondément marquer
l'histoire de Saint-Patrice.

La veille, rien ne laisse présager le
moindre drame. Dans cette magnifique

vallée bordée d'un coteau et surplombée d'un plateau boisé, les villageois jouissent d'un superbe cadre de vie. L'ambiance y est paisible et agréable. À Saint-Patrice, les agriculteurs vivent essentiellement de la culture de céréales et de la vigne. Parmi tous ces habitants majoritairement composés de paysans, vit un homme dont la réputation dépasse largement les frontières du village. Il s'agit de l'abbé Fleurat. À presque 82 ans, le curé est une figure emblématique de Saint-Patrice. Il faut dire que le vieil homme exerce sa fonction dans le village depuis près de 67 ans. Installé dans la commune le 18 octobre 1831, l'abbé Fleurat est un personnage hors du commun. « Bon et charitable[1] », l'homme est apprécié pour sa gentillesse et sa générosité. En un demi-siècle, l'abbé s'est forgé une extraordinaire réputation d'humaniste, sa porte étant « bien connue de tous les malheureux de la contrée[2]. » À n'importe quelle heure du jour et de la nuit, le prêtre tend la main aux plus démunis. À ce caractère généreux, l'abbé Fleurat ajoute un esprit curieux et ingénieux. Passionné de découvertes scientifiques et d'industrie mécanique, le vieil homme « se plaît à imaginer mille combinaisons[3] ». Ainsi, « pour suppléer à la fatigue des bras obligés de pomper l'eau nécessaire à l'arrosage de ses plates-bandes et de son potage[4] », l'abbé s'est fabriqué une véritable roue hydraulique, mue par une petite chute. Cette ingénieuse trouvaille, installée sur le ruisseau qui borde l'arrière de sa maison, lui permet de monter l'eau et de la déverser dans des bassins creusés de ses mains. Cette ressource précieuse lui garantit de belles récoltes. Dans le village tout le monde concède que le jardin du curé est l'un des plus beaux de Saint-Patrice.

En cet après-midi du 8 octobre 1898, l'abbé est occupé à charrier des pierres devant la porte du presbytère, son lieu d'habitation situé à une vingtaine de mètres de la nouvelle église dont il est séparé par une place. Depuis quelques années, le curé réside dans la vallée après avoir longtemps célébré l'office sur le sommet du coteau du village, dans l'église datant du XIe siècle. Très attaché à ce lieu, le curé s'est résigné à l'abandonner pour suivre la majorité des habitants venus s'installer, quelques kilomètres plus bas, dans le bassin de la Loire. Occupé à sa tâche particulièrement éprouvante, le vieil homme relève subitement la tête. Un homme avance dans sa direction. L'abbé le regarde avec insistance pour tenter de mettre un nom sur ce visage. Peine perdue. Il ne l'a jamais vu auparavant. L'homme est pour le moins impressionnant : la cinquantaine, de grande taille avec un corps d'une excessive maigreur. Avec sa barbe grisonnante, ses « sourcils très marqués et son regard dur[5] », l'individu a de quoi inquiéter. La conversation s'engage et rapidement, l'inconnu se propose d'aider le curé dans sa tâche. L'étranger est très efficace. Il ne lui faut que quelques minutes pour transporter les pierres près du puits situé dans le jardin du presbytère. L'abbé est ravi. Pour remercier ce passager providentiel, il décide de lui offrir à boire. Les deux silhouettes disparaissent donc à l'intérieur de l'habitation de l'abbé. L'homme est visiblement impressionné par le lieu de résidence de l'ecclésiastique. Il ne cesse de jeter des regards dans tous les recoins du presbytère. Une fois installé dans la cuisine autour d'une table avec un verre de vin, il explique au curé qu'il vit avec son épouse dans une roulotte. Ils se sont établis en début d'après-midi sur la place de l'église. Après quelques minutes, l'abbé raccompagne son invité. D'un naturel très inquiet[6], l'abbé est à présent rassuré. Il n'y avait pas de quoi avoir peur car cet étranger lui a rendu un fier service. Il a bien mérité les huit sous de récompense.

Quelques heures plus tard, l'abbé Fleurat quitte son logement pour rejoindre l'église. Il est environ 18 heures 30 lorsqu'il pénètre dans l'édifice religieux pour célébrer le Rosaire[7]. Louise Robillard, sa servante, est restée au presbytère pour débarrasser la table après le repas de son maître. L'abbé doit revenir dans une demi-heure, il faut que tout soit propre. Alors qu'elle vaque à ses occupations, la domestique sursaute. Elle vient d'entendre un bruit sourd à l'étage. La femme sort de la cuisine, se retrouve dans le couloir et tend l'oreille. Cela ressemble à des bruits de pas. Elle écoute de nouveau. Pas de doute, quelqu'un semble déplacer des objets dans la chambre de l'abbé. Terrifiée, la servante maudit le mauvais sort. C'est bien sa chance, elle qui n'occupe cette fonction que depuis une semaine. En se mettant au service d'un curé, elle pensait enfin être en sécurité après avoir vécu des années difficiles avec un mari dépensier, alcoolique et violent.

Prenant son courage à deux mains, la bonne se munit d'une bougie, enlève ses sabots et entreprend de monter les escaliers qui mènent à l'étage. Arrivée sur le palier, elle avance tout doucement vers la chambre du curé. Elle passe devant une pièce de réserve et tend l'oreille : rien. Angoissée, elle avance de nouveau. Elle est à présent devant la porte de la chambre du curé. Elle saisit la poignée et la tourne doucement. La porte s'ouvre. L'obscurité est totale. Il faut maintenant qu'elle pénètre dans la pièce. Elle a comme un mauvais pressentiment car ce sont bien des bruits de pas qu'elle a entendus tout à l'heure. Elle en est à présent certaine. Il y a donc forcément quelqu'un dans cette pièce. Tout en tendant le bras avec sa bougie, la femme inspecte la chambre. Soudain, alors qu'elle parvient à la hauteur de la tête du lit, un individu de grande taille se jette sur elle et lui plante deux coups de couteau en pleine tête. La servante hurle de douleur. Une lutte s'engage entre les deux êtres. Louise a beau se débattre au sol, elle sent à présent les mains de son agresseur se resserrer autour de son cou. Avec l'énergie du désespoir, elle parvient dans un ultime sursaut à se dégager. Dans la chambre, la bougie projetée au sol à moins de un mètre de la servante, émet une petite flamme qui permet de distinguer les objets et les silhouettes. Mme Robillard, étendue sur le parquet, a juste le temps d'apercevoir le bras armé de son agresseur s'abattre sur elle. Elle pousse un dernier cri avant de succomber d'un coup de marteau qui lui brise le crâne.

C'est une maison calme qui attend l'abbé Fleurat à son retour. Le vieil homme se met vite à l'abri car des trombes d'eau s'abattent sur Saint-Patrice. À présent au sec, le curé referme vite la porte et dépose son parapluie ouvert et ruisselant dans l'entrée. Il s'engage alors dans le couloir et disparaît à gauche dans la cuisine. Mme Robillard n'est pas là. En attendant son retour, l'abbé traverse la pièce, ouvre une porte et s'installe dans la salle à manger située à droite de l'entrée. Il s'assoit à son bureau et, aidé de sa loupe, commence à lire son bréviaire pour préparer la fête de la Maternité de la Sainte Vierge, prévue pour le lendemain matin. Après dix minutes de lecture, l'abbé relève la tête. La maison semble bien calme. Étrange. Louise ne donne aucun signe de vie. Il recule son siège, se saisit de la lampe placée sur le bureau et entreprend de trouver sa servante en prenant la direction du couloir.

Dans la lingerie située en face de la salle à manger, l'assassin se redresse et retient son souffle. Caché derrière le mur de la cloison, l'homme, en penchant de temps à autre la tête, a observé tous les faits et gestes du curé depuis quinze minutes. Après avoir tué la bonne, il est descendu au rez-de-chaussée et s'est dissimulé dans la pièce située au fond du couloir à droite. Le vieil homme n'est plus qu'à quelques mètres de lui. La lumière de sa lampe est à présent nettement visible aux abords du couloir. Caché dans l'obscurité, le meurtrier resserre ses mains autour de sa barre de fer. Il attend encore quelques secondes et jaillit de sa cachette, face au curé. Effrayé, l'abbé lâche sa lampe qui se brise au sol et s'éteint. Avant d'être plongé dans l'obscurité, l'assassin a juste le temps de frapper deux fois sa victime à la tête. Le vieillard s'écroule sans un mot. Mort ou pas… L'agresseur ne le sait pas. Plongé dans le noir, il est littéralement pris de panique car, dans la confusion, il s'est débarrassé de son arme. Sa victime est peut-être en train de lui échapper.

Il se maudit. Dans l'obscurité la plus totale, commence alors une interminable quête d'un objet susceptible d'éclairer le couloir. L'homme agite ses mains sur les murs avec frénésie, pénètre dans la cuisine et finit par trouver une lampe sur la table qu'il s'empresse d'allumer. En revenant sur les lieux du crime, ses yeux croisent le parapluie de l'abbé resté ouvert à l'entrée de la salle à manger. En toute hâte, il s'en saisit, casse le manche, se rapproche alors du corps de la victime qui ne bouge pas, cramponne la tête de l'abbé d'une main et, de l'autre, lui plante le manche de parapluie dans la bouche.

L'agresseur est soulagé. Cette fois, il sait qu'il ne craint plus rien. Il fait demi-tour dans le couloir et ouvre une porte donnant sur le jardin, une ouverture qui se trouve à l'opposé de l'entrée principale. Sur le seuil, l'homme agite sa lampe dans l'obscurité. Quelques secondes plus tard, une silhouette apparaît dans la nuit. Il s'agit d'une femme de petite taille et plutôt boulotte. Elle fait le guet depuis que l'assassin est entré par effraction dans la maison. Les criminels sont en fait les voyageurs installés depuis peu sur la place de l'église.

Pour comprendre les circonstances du drame, il faut revenir en fin d'après-midi, vers 17 heures. L'homme de grande taille qui vient de quitter le curé pénètre comme un fou dans la roulotte où l'attend sa femme. Très agité, il lui explique qu'il a aidé l'abbé à charrier des pierres pour la restauration d'un puits. Pour le remercier, l'abbé l'a invité à boire du vin avant de lui donner huit sous. Il poursuit ses explications et tente de convaincre sa femme. L'opportunité de dévaliser le vieux est unique. Il évoque l'âge avancé du curé, l'intérieur très agréable de la maison, une échelle placée sous un hangar et le vin si bon qu'il en aurait bien bu davantage. Rapidement, l'homme échafaude un plan. Il va falloir profiter d'une absence du curé pour pénétrer dans le presbytère. Quant à la servante qu'il a aperçue furtivement, il faudra faire avec, ou plutôt sans. À peine entré, l'homme ressort de la roulotte très excité à l'idée de se remplir les poches. Il referme la porte de la voiture et part se promener autour du baptistère. Il doit repérer les lieux pour que son plan soit sans faille.

À 18 heures 30, l'homme retourne à la roulotte. Son épouse, allongée sur le lit, est assoupie. Toujours très énervé, il explique qu'il vient de voir le curé sortir de chez lui et entrer dans l'église. Il faut y aller maintenant. L'abbé doit probablement faire sa prière du soir. Aussitôt, les deux complices traversent la place de l'église sous une pluie battante. Avec l'obscurité et ce temps épouvantable, ils sont sûrs de ne croiser personne. Tout au long du court trajet, l'homme explique ce qu'il compte faire. Il a tout prévu. Par le portillon donnant sur la place de l'Église, les complices s'engouffrent à toute allure dans la propriété de l'abbé et se cachent sous la charmille[8]. Ils restent là, sans bouger, deux minutes. Tout en observant la maison, l'homme poursuit ses explications. L'idéal serait de pénétrer dans le presbytère sans alerter la servante. Lors de sa longue sortie de fin d'après-midi, il ne l'a pas vue sortir. D'ailleurs dans la nuit tombante, une lumière lointaine provenant de l'intérieur de la maison indique qu'il y a bien quelqu'un dans le presbytère. Nullement dérangé par cette présence, l'homme se dirige vers le hangar. Sa visite de l'après-midi lui a permis de repérer une grande échelle qu'il compte placer sur la façade pour pénétrer dans une pièce du premier étage. Seulement, lorsqu'il la fixe le long du mur, il se rend compte qu'il manque plus de un mètre pour atteindre la fenêtre. L'échelle est trop courte. Dans l'urgence, l'homme essaie de trouver une solution. Subitement, une idée lui vient. Il va se servir des pierres qu'il a charriées avec le prêtre pour les déposer sous les pieds de l'échelle. L'installation est très instable. Sur la terre gorgée d'eau, la femme essaie de maintenir l'échelle en équilibre. Avec beaucoup de précaution, l'homme pose ses pieds sur les premiers barreaux et se hisse jusqu'à l'extrémité de l'échelle. Il est à plus de quatre mètres de hauteur. Là, avec un couteau, il parvient à faire « sauter[9]… une partie de la vitre à la hauteur de l'espagnolette ». Le carreau enlevé, il glisse sa main de l'autre côté de la vitre, se saisit de la poignée et ouvre la fenêtre. Dans un violent effort, il s'arc-boute avec les mains sur l'entablement[10] de la fenêtre, prend appui sur le cintre[11] de celle du rez-de-chaussée et parvient à sauter dans la pièce plongée en pleine obscurité. Rapidement, l'homme fouille dans ses poches. À travers le tissu de ses vêtements, il sent notamment le marteau et la petite barre de fer qu'il a pris au cas où... De son pantalon, il tire une boîte d'allumettes, en sort une avant de la craquer. La petite flamme jaune lui permet de mieux cerner l'environnement dans lequel il se trouve. Il regarde autour de lui. Il est dans une chambre, probablement celle du curé. Sans perdre de temps, il se lance aussitôt à la recherche d'objets précieux. Seulement sa technique montre rapidement ses limites. Les allumettes ne sont pas vraiment adaptées à la situation. Obligé de fouiller d'une main, le cambrioleur passe son temps à maintenir un semblant de lumière dans la chambre quand il ne se cogne pas aux meubles. Soudain, des bruits de pas se font entendre. Pas de doute, quelqu'un monte les escaliers. Il ne peut s'agir que de la bonne. Elle a dû l'entendre car ses bruits de pas semblent hésitants. L'homme doit impérativement trouver une solution. Dans l'urgence, le cambrioleur se retourne, regarde autour de lui et improvise une cachette dans le petit cabinet situé à la droite du lit de l'abbé c'est-à-dire face à la porte. À présent il ne bouge plus. Tout juste serre-t-il le couteau qui lui a servi à pénétrer dans la chambre. L'éventualité du passage à l'acte s'est transformée en quasi-certitude. La domestique va entrer dans la chambre. Dès lors, il sait qu'il va devoir la tuer. Lorsque la poignée se met à tourner et que la porte s'ouvre, la silhouette de la servante apparaît. C'est une femme d'une soixantaine d'années, plutôt « maigre et sèche[12] » avec des cheveux blancs tirés en arrière. Patiemment, il la laisse pénétrer dans la pièce pour ne pas qu'elle fasse demi-tour, avant de se précipiter sur elle et de lui planter son couteau dans la tête. La victime a juste eu le temps de crier « Mon Dieu[13] ! » avant de s'écrouler. Il se jette alors sur elle, tente de l'étrangler avant de la frapper avec son marteau en pleine tête. Ses esprits retrouvés, l'assassin ne reste que quelques secondes dans la pièce. Il doit descendre au plus vite au rez-de-chaussée pour se cacher et surprendre le curé. Il dévale alors les escaliers, traverse le couloir et se dissimule dans la lingerie à quelques mètres de son bureau. Là, il est certain de surprendre le curé lorsqu'il passera tout à l'heure.

À l'extérieur, la femme du truand fait le guet avec inquiétude. Elle ne sait absolument rien de ce qui est en train de se jouer à l'intérieur. Lorsque la porte du jardin s'ouvre, de longues minutes après le départ de son mari, son cœur bat la chamade. Que va-t-elle trouver à l'intérieur du presbytère ? Alors que son mari agite sa lampe dans la nuit, elle s'avance avec prudence. Il est hors de question qu'elle pénètre dans la maison. Son époux l'invite à entrer mais en voyant le cadavre du curé dans le couloir, elle recule et prend peur[14]. Elle va continuer de faire le guet. C'est déjà beaucoup.

Très irrité, l'assassin entreprend de fouiller le presbytère seul. En quelques minutes tout le rez-de-chaussée est passé au crible. Mais la fouille est décevante. Sans perdre de temps, l'homme s'engouffre dans l'escalier. Dans les chambres à l'étage, la quête devrait être meilleure. Il pénètre dans celle du curé et entreprend de fouiller le bureau de travail du défunt. En ouvrant un tiroir, il tombe sur des documents « entortillés[15] ». En les défaisant, des pièces d'or, d'argent et des billets apparaissent au grand jour. Il y a ici entre 300 et 400 francs. À quelques mètres de lui, gît le corps de la domestique baignant dans une mare de sang. Dans les chambres voisines, il trouve 40 francs et un titre de rente. Revenu au rez-de-chaussée, il entreprend de fouiller le cadavre du curé. Comme un vautour, l'assassin touche le corps de sa victime, la retourne et s'empare de tout ce qui l'intéresse. Il jette l'étui à lunettes, la boîte d'allumettes mais s'empare avec frénésie de la montre, de la bourse, de la chaîne du vieil homme et d'une petite croix qu'il place aussitôt dans son porte-monnaie. La fouille morbide achevée, le criminel dépose la lampe près du cadavre et s'enfuit par la porte du jardin. Dans sa fuite, l'homme ne se préoccupe pas de sa complice. Chacun s'enfuit de son côté. L'assassin se jette dans le ruisseau. Dans le courant glacial, il se lave à grande eau en insistant surtout sur les pieds et les mains encore pleins de sang. Il nettoie aussi ses vêtements qui paradoxalement n'ont pas été souillés malgré la sauvagerie des deux crimes. Une fois lavé, il plonge dans l'eau le couteau, le marteau et la barre de fer qu'il a pris soin de ne pas laisser sur place. De retour à la roulotte, le mari retrouve sa complice déjà assoupie. Là, il cache les différentes armes du crime mais certaines sont encore tachées de sang. Les deux criminels s'endorment ensuite, à moins de cent mètres du lieu du forfait.

À quatre heures du matin, la porte de la roulotte s'ouvre subitement. Dans le village, personne ne voit l'homme en sortir discrètement. Dans la nuit noire, il traverse la place de l'Église et longe le ruisseau qui borde le jardin du curé avant d'atteindre un petit mur de barrage. Là, il s'engage sur la route du chemin de fer. Sa tête s'agite. Il regarde de tous côtés. S'il s'est levé de si bonne heure, c'est pour cacher son magot. Il ne peut garder tous ces objets dans sa voiture. Si on l'accuse du crime, les enquêteurs ne trouveront rien de compromettant dans sa roulotte. Il a lavé ses vêtements et les différentes armes du crime, il va maintenant cacher les derniers indices. Il pourra revenir chercher les objets de valeur dans quelques jours, quand les esprits se seront apaisés. Après plusieurs minutes de marche, il repère tant bien que mal un champ de vignes bordé de deux arbres. L'endroit lui semble intéressant. Le voleur se met alors à quatre pattes et creuse avec ses mains dans la terre trempée. Dans cette cache improvisée, il dépose les pièces, les billets et les différents effets de son vol. Il en garde tout de même une partie avec lui, notamment plusieurs louis d'or. Alors que le jour n'est pas encore levé, il fait demi-tour et retourne se coucher auprès de sa femme.

Au petit matin, une dizaine de personnes sont déjà présentes devant l'église de Saint-Patrice. Il y a des sœurs et quelques villageois venus célébrer la fête de la Maternité de la Sainte Vierge. Les femmes discutent entre elles. Les visages sont soucieux. Le curé n'est pas là. Ce n'est pas dans ses habitudes car le vieil homme est d'ordinaire très matinal. Les villageois patientent. Une demi-heure passe. Un petit groupe décide d'aller au presbytère pour tirer la sonnette située à l'entrée de l'habitation de l'abbé. Rien. Certains insistent, d'autres appellent. Toujours rien. Clément Chéreau, journalier de la commune, se trouve parmi les villageois. Lui non plus ne cache pas son inquiétude. La veille, il est venu voir le curé. Les deux hommes avaient décidé de se revoir ce matin pour parler des vendanges du curé. « Passez donc par le ruisseau. Peut-être est-il arrivé malheur[16] », lui suggère une des femmes présentes. L'homme s'exécute, passe derrière le presbytère, pousse la porte qui donne sur le ruisseau près de la charmille et pénètre dans le jardin du curé. Aussitôt, le journalier est surpris par la présence d'une échelle le long de la façade. Que fait-elle ici ? Il sait très bien que ce n'est pas sa place, lui qui travaille de temps à autre pour l'abbé. Tout en avançant, le vieil homme est surpris par deux autres détails. La fenêtre du premier étage est ouverte tout comme la porte d'entrée. Cela ne laisse rien augurer de bon. Un autre point attire son attention. Une forme noire est allongée tout près de la porte. Clément Chéreau ne parvient pas à la distinguer clairement mais plus il avance et plus son esprit comprend ce qu'il va découvrir. En arrivant devant les petits escaliers, le journalier est pris de stupeur. À 70 ans passés, il n'a jamais vu quelque chose d'aussi épouvantable. Il est face à une vision d'horreur. Devant lui, le corps du curé est « allongé, la face en avant et baignant dans une mare de sang[17]. » Clément Chéreau fait demi-tour et s'empresse de prévenir les villageois. Il court et hurle en même temps. À bout de souffle, il arrive sur la place de l'Église et explique, en quelques mots, ce qu'il vient de voir. « Ah ! Quel malheur ! M. le curé a été assassiné[18] ! » Les villageois sont sous le choc. Certains crient, d'autres partent prévenir les autorités. Quant à Clément Chéreau, il demande à quelques habitants de l'accompagner sur les lieux du crime. Le vieil homme, entouré de sœurs, des époux Vigné et d'autres villageois, retourne sur les lieux du crime. La vue du cadavre de l'abbé produit une impression épouvantable. Les femmes s'enfuient. Seuls M. Vigné et Clément Chéreau poursuivent ce douloureux périple. Ils enjambent le corps du vieil homme et pénètrent dans la maison avec la quasi-certitude de trouver le cadavre de la domestique. Le presbytère est dans un désordre indescriptible : certains meubles sont renversés, d'autres ont été fouillés. Toutes les portes, à l'intérieur de la maison, sont ouvertes. En accédant à l'étage, les deux villageois se trouvent face à une nouvelle vision d'horreur. Dans la chambre du prêtre, ils découvrent le corps de Louise Robillard, étendu sur le sol. Les deux hommes décident de ne pas s'attarder plus longtemps et font demi-tour.

À 9 heures, les gendarmes de Langeais arrivent sur les lieux du crime. Prévenus par le maire de Saint-Patrice, les trois hommes de la brigade à cheval dressent un premier état des lieux. Ils auditionnent M. Vigné et Clément Chéreau. L'enquête commence. Elle est confiée au juge d'instruction M. Cador. Le magistrat, accompagné du procureur de la République de Chinon, arrive au presbytère en début d'après-midi. Il est environ 15 heures. Avec l'aide du garde champêtre du village, M. Cador remarque des traces de pas dans le jardin. Le sol a été rendu très meuble par la pluie. Dans la plate-bande longeant la maison, là où l'échelle a été installée, deux marques de chaussures sont nettement visibles. Pour le magistrat instructeur, « ces empreintes ont été laissées sans aucun doute… par les auteurs du crime.[19] » Il demande immédiatement à « les faire recouvrir d'une planche pour les prélever ensuite plus exactement[20] ».

Il poursuit ses investigations à l'intérieur du presbytère, avant d'interroger les voisins de l'ecclésiastique. Personne n'a rien vu des circonstances du drame. Les derniers témoins ont aperçu le vieil homme vers 18 heures 30, au moment où il se rendait à l'église. Face au juge, les villageois ne cachent pas leur incompréhension. Ils sont sous le choc, car le curé était aimé et respecté dans le village, il n'avait pas d'ennemis. Pour le magistrat, ces propos confirment ses premières impressions. L'abbé n'a pas été massacré par vengeance ou par haine : l'assassin en voulait à son argent. La cupidité est le mobile du crime. En fin de matinée, le magistrat auditionne un couple de roulottiers qui campait sur la place de l'Église le soir du drame. Les gendarmes perquisitionnent la voiture des époux. En vain. Le magistrat les laisse repartir.

Même s'ils n'ont rien vu du drame, plusieurs villageois expliquent avoir remarqué deux personnes roder derrière le jardin de l'abbé, près de la voie ferrée, la veille du crime. Les deux individus sont connus. Ils se nomment Célestin Robineau et René Gaudry. Ils habitent à trois kilomètres de Saint-Patrice à Ingrandes-de-Touraine. Aussitôt le magistrat se met en route. Il sait qu'une enquête se joue parfois dans les premières heures qui suivent le crime. Arrivé dans le village, il perquisitionne personnellement au domicile de Célestin

Robineau et interroge le suspect. Pendant ce temps la gendarmerie effectue le même travail chez René Gaudry, son beau-père. La fouille et l'audition des deux hommes ne donnent rien d'intéressant. Ils ont par ailleurs un solide alibi.

En soirée, le juge retourne à Saint-Patrice pour donner ses instructions. À une heure du matin, l'homme part se coucher. Le lendemain dès 8 heures, le magistrat est au travail pour poursuivre ses interrogatoires. Les villageois lui expliquent que le curé n'était pas fortuné. Selon eux, il « devait avoir en sa possession la somme de deux cent francs environ[21]. » Le juge demande alors aux gendarmes de poursuivre les recherches entamées la veille dans la maison du curé. Soudain, les enquêteurs l'appellent. Dans la chambre du défunt, ils viennent de trouver un billet de cent francs et plusieurs pièces d'or et d'argent. La somme, cachée derrière un rayon de livres, est estimée à 360 francs. Le magistrat est satisfait. Le criminel n'a pas dérobé tout l'argent que possédait la victime. Il retourne à ses interrogatoires.

Les habitants de Saint-Patrice lui livrent à présent deux nouveaux noms : Alexandre

Legros et Adolphe Coquelin. Ils jouissent
« d'une réputation des plus suspectes[22]. »
Comme la veille, le magistrat se déplace en
personne au domicile des deux suspects situé à deux kilomètres à Saint-Michel-sur-
Loire. Mais la piste est rapidement aban-
donnée. « Les recherches demeurent sans
résultat et les deux individus soupçonnés
fournissent sur l'emploi de leur temps des
indications, qui immédiatement contrô-
lées, sont reconnues exactes[23]. » Alexandre
Legros et Adolphe Coquelin sont relâchés.
L'enquête du juge Cador piétine. Elle est à
présent confiée au juge Varé.

Le magistrat de Chinon reprend les premiers éléments établis par son prédécesseur. Il y a dans les premiers pas de l'instruction des preuves matérielles intéressantes
comme les empreintes laissées dans le sol
mais le juge sait qu'il lui manque l'essentiel : un signalement de l'assassin. De retour à Saint-Patrice, le magistrat entame
une nouvelle série d'interrogatoires. Il y a
forcément quelqu'un dans le village qui a
vu quelque chose. Dans son bureau, le juge
reçoit Victorine Aubert, une ménagère de
61 ans demeurant dans le village. La femme
se confie. Elle explique : « Dans la journée,

comme j'habite sur la place, j'avais vu des roulottiers qui étaient campés sur la place : un homme et une femme. ». Plus tard, elle ajoute : « J'ai vu un individu qui avait sa roulotte… causer avec le curé dans le courant de l'après-midi, sans pouvoir préciser l'heure. Il a rentré des pierres. Je l'ai toujours vu seul[24]. » Le juge Varé prend ce témoignage très au sérieux. Il se souvient que son prédécesseur avait donné l'autorisation au couple de roulottiers de repartir après la perquisition. En les laissant prendre le large, le magistrat se demande si l'instruction n'a pas commis une erreur. Au stade de son enquête, le juge Varé a acquis la conviction que l'assassin ne peut être un habitant de la commune. Le prêtre était ici une icône. Aucun habitant n'aurait pu lui faire de mal. Non. L'assassin est forcément un étranger. Le magistrat donne donc l'ordre à la gendarmerie de rechercher ces deux roulottiers.

Alors que les autorités poursuivent l'enquête, le village de Saint-Patrice enterre ses deux martyrs, le jeudi 13 octobre à 9 heures. La cérémonie présidée par l'archevêque de Tours, Mgr Renou, rassemble plusieurs centaines de personnes. L'église de Saint-Patrice, qui n'a jamais connu pareille affluence, est bien trop petite pour accueillir toutes les personnes désirant rendre un dernier hommage au curé et à sa domestique. Des personnalités sont aussi présentes. Il y a là, M. Lemesle, le président du conseil général et maire de Saint-Michel-sur-Loire, ainsi que le comte de Castellane.

Depuis le crime, les deux amants diaboliques n'ont pas été inquiétés. La presse les a d'ailleurs rapidement disculpés. Le mercredi 12 octobre, *La Touraine Républicaine* balaye les éventuelles suspicions. « D'autre part, une roulotte habitée par deux ambulants, le mari et la femme, a stationné pendant deux jours à Saint-Patrice mais ces deux individus n'ont pas été inquiétés, ayant

démontré d'une façon péremptoire qu'ils n'étaient pour rien dans la perpétration du crime[25]. » Malgré l'ampleur du choc provoqué par le double assassinat et les moyens mis en œuvre par les autorités, les époux ont préféré rester dans la région. Le lundi, deux jours après le crime, les amants diaboliques arrivent à la Guignière, un petit village situé à cinq kilomètres à l'ouest de Tours et à trente de Saint-Patrice. Ils s'installent dans une auberge et demande au patron un journal « pour y lire le compte rendu de l'assassinat de Saint-Patrice[26] ». Pour régler sa note, l'homme ouvre son porte-monnaie et laisse entrevoir des louis d'or au fond de sa bourse. L'aubergiste est surpris. Comment un couple aussi peu fortuné peut-il posséder une telle somme sur lui ? Étrange. Les amants quittent la Guignière et se rapprochent de Saint-Patrice pour assister à l'enterrement des victimes. Sur le chemin, les gendarmes les arrêtent. Ils sont à quelques kilomètres de Saint-Patrice.

Si la première perquisition n'avait rien donné, celle-ci, plus approfondie, se révèle intéressante. Dans la roulotte, les gendarmes retrouvent un couteau avec des traces de sang, une barre de fer fraîchement lavée et grattée ainsi que des vêtements tachés. Lorsqu'ils fouillent le porte-monnaie du suspect, les hommes de loi en sortent une petite croix qui ressemble étrangement à celle qui a été arrachée au chapelet du curé. Le couple est aussitôt arrêté et interrogé.

Le juge Cador écoute tout d'abord le mari. Il se nomme Louis Lehmann. Il est âgé de 53 ans. Aux questions du magistrat, le roulottier répond par la négative. Il n'est pour rien dans cette histoire. La croix ? Et bien oui, il était présent au moment du crime mais il n'a rien fait. Avec sa femme, ils ont fait le guet mais sans toucher aux deux victimes. Il connaît les deux assassins. Ils se nomment Henri Maurer et M. Delong. M. Cador n'est pas du tout convaincu. Il fait sortir Lehmann et demande à son épouse de s'asseoir. La femme s'appelle Henriette Peltié. Elle est née le 18 mars 1843. Elle est de trois ans plus âgée que son mari. La femme confirme les dires de Lehmann mais le juge n'est pas dupe. Il sait qu'il tient là les coupables. Le jeudi soir, il les inculpe pour assassinats et vol.

Quelques jours plus tard, les renseignements qui lui parviennent confirment que le couple présente un profil inquiétant. Louis Lehmann est né à Paris dans le cinquième arrondissement en 1845. Il entre à l'assistance publique à l'âge de 12 ans. Les hommes qui l'accueillent sont surpris par cet enfant. « Son état intellectuel est douteux[27] » mais il est jugé « inoffensif ». Le 17 août 1863, il entre à l'asile de Blois puis est transféré dans d'autres établissements à La Roche-sur-Yon, à Villejuif, dans l'Oise et dans le Vaucluse. En 1885, il s'évade. L'inquiétude est grande car son état psychologique s'est dégradé. Faible d'esprit, il souffre d'« idées de persécution hallucinatoires…, de craintes imaginaires ». Ses médecins parlent à son sujet « d'aliénation mentale… Il est atteint de délires mélancoliques, et est incapable de gagner sa vie. » Les docteurs demandent à ce que le fuyard soit réintégré au plus tôt. Lehmann est repris mais il s'évade de nouveau, quatre fois en tout. Lorsqu'il est libre, le fuyard s'adonne à la boisson avec excès et dort peu. Épuisé, il revient parfois de lui-même ou entouré des gendarmes. Ses fugues peuvent durer deux jours ou plusieurs mois. À partir de 1885, aucune évasion n'est notée à son sujet. Son état s'améliore. Le 30 juillet 1887, l'asile lui délivre un certificat de sortie. À la fin de l'autorisation, on peut lire au sujet de Lehmann. « Au traitement des aliénés… d'origine alcoolique dont il est aujourd'hui complètement guéri. Peut être mis en liberté ». Les médecins ne l'abandonnent pourtant pas dans la nature. Lehmann est toujours suivi… par la force des choses. Même s'il a trouvé du travail, l'homme boit plus que de raison. Il revient de temps à autre voir les docteurs. Face à eux, il parle peu et paraît sombre. En 1891, les différents établissements psychiatriques qui le suivent perdent définitivement sa trace. Lehmann est âgé de 46 ans. Il mène alors une vie de vagabond, ce qui lui vaut quatre condamnations entre 1892 et 1897. Son état mental ne se dégrade pas. Lorsqu'il trouve du travail, ses patrons sont plutôt satisfaits de lui. En 1895 à Chaumont, il fait la connaissance d'Henriette Peltié, veuve de M. Bruneau. La femme, née à Fontenay-le-Comte en Vendée, est aussi une marginale, plusieurs fois condamnée pour vol, mendicité et vagabondage. De mœurs légères, Henriette Peltié vit de la vente de papier à lettres et « du produit de la mendicité et de la prostitution[28] ». Très complices, les deux amants, « unis et parfaitement heureux[29] », s'installent dans une roulotte et voyagent pendant trois ans à travers la France.

Le 18 octobre 1898, dix jours après le double crime, Louis Lehmann se morfond dans sa cellule. Il sait qu'il ne va pas pouvoir tenir sa position très longtemps car l'étau s'est considérablement resserré autour de lui. Sa femme l'a tout d'abord lâché en l'accusant du crime. Elle a même prétendu avoir été menacée d'un couteau avant d'accepter de faire le guet. Puis, le juge lui a parlé des empreintes de pieds trouvées dans le jardin. Elles correspondent exactement aux siennes. À cela s'ajoute la petite croix arrachée au cadavre du curé, trouvée sur lui, ainsi que les traces de sang relevées sur le couteau.

En fin d'après-midi, il éprouve subitement le besoin de parler. Il appelle le gardien-chef et lui explique ce qui s'est vraiment passé dans la soirée du 8 octobre. Le juge Varé et le procureur de la République sont prévenus. À 17 heures, il arrive à la maison d'arrêt et reçoit l'accusé. « Je préfère vous dire toute la vérité », explique-t-il au magistrat. « Je n'ai pas de complices. bVoici comment les choses se sont passées[30]. » Soulagé, Lehmann raconte sa rencontre avec le curé, l'idée du crime qui lui vient alors, l'effraction grâce à l'échelle, l'assassinat de la bonne suivi de celui du curé. Il explique aussi que sa femme l'a accompagné pour fouiller le corps du défunt ainsi que le presbytère. C'est elle qui a gardé l'argent et qui l'a caché.

Le lendemain, Lehmann est de nouveau entendu. Il réitère ses accusations à l'encontre de son épouse. Le juge d'instruction demande à ce que l'on fasse entrer Henriette Peltié. La femme s'assoit et déclare : « Je ne sais pas comment le crime a été accompli. J'ai seulement tenu l'échelle pour laisser monter Lehmann dans la chambre du curé. Lui seul est monté. Nous étions seulement tous les deux… Pendant que Lehmann accomplissait le crime, je faisais le guet mais je ne suis pas entrée du tout dans la maison du curé, je n'ai pas pris d'argent et n'ai rien caché[31]. » Le magistrat se tourne alors vers Lehmann et lui demande de donner sa version des faits. « Ma femme est entrée, je l'affirme, dans la maison pour fouiller et c'est elle qui a caché l'argent. » Lehmann a tout juste le temps de finir sa phrase que sa femme se précipite sur lui « pour le battre ». « C'est faux, hurle-t-elle, je n'ai ni volé ni caché l'argent. » Tant bien que mal, les gendarmes parviennent à la contenir. Retenue par les forces de l'ordre, la femme ne peut supporter d'entendre son mari la trahir de la sorte. Pourtant calmement, Lehmann confirme ce qu'il vient de dire. « Je l'affirme, c'est elle qui a caché l'argent après avoir fouillé dans la maison. » Le juge en a assez entendu. Il demande à ce que l'on reconduise les deux amants dans leur cellule respective.

Le lendemain, Lehmann est interrogé une nouvelle fois. Il est un peu plus de 15 heures lorsqu'il pénètre dans le bureau du juge d'instruction. « Pourquoi m'avoir déclaré que Delong et Maurer étaient avec vous[32] ? » lui lance le magistrat. « Parce qu'à ce moment-là, je ne voulais pas dire que c'était moi. Nous étions convenus avec ma femme de rejeter la culpabilité sur ces deux individus… » « Pourquoi avez-vous, dans vos interrogatoires précédents, prétendu que votre femme vous avait aidé à fouiller et avait caché l'argent ? » poursuit le juge. « Je voulais la charger parce qu'elle me chargeait en disant que j'avais voulu lui donner un coup de couteau. » Profitant de ces confidences, le magistrat insiste : « Vous souvenez-vous où vous avez caché l'argent et les autres objets volés ? » « Je suis allé les cacher vers 4 heures du matin, il faisait noir », rétorque Lehmann. « J'ai tout d'abord longé le ruisseau jusqu'au petit mur de barrage, puis suis allé sur la route du chemin de fer et c'est le long de cette route, dans les vignes, du côté des deux arbres que j'ai dû cacher tout ce que j'avais pris chez le curé. » Le 11 novembre, les deux inculpés sont interrogés une dernière fois. L'interrogatoire ne révèle rien de nouveau. Les enquêteurs ne sont jamais parvenus à localiser l'endroit où Lehmann avait caché l'argent.

Le 25 mars 1899, Louis Lehmann et Henriette Peltié sont traduits devant la cour d'assises de Tours. La foule est très nombreuse pour assister au procès des monstres de Saint-Patrice. Face aux jurés, Lehmann adopte la même attitude qu'en fin d'instruction en expliquant son double crime dans les moindres détails. Lorsqu'on lui demande de reproduire le geste qu'il fit pour achever le curé avec son parapluie, l'accusé ne se démonte pas. « C'est avec la paume[33] », lance-t-il au docteur Foucher tout en simulant le geste. « Un frisson d'épouvante » passe alors dans l'assistance « tant la réponse et le geste de Lehmann indiquent un horrible sang-froid ». Pour défendre Lehmann, son avocat, M^e Faye, joue la carte de l'irresponsabilité et de la folie. Selon lui, son client ne peut répondre de ses actes car son aliénation mentale est réelle. Seulement tous les médecins et spécialistes qui se succèdent à la barre expliquent que l'accusé avait bien toute sa tête au moment du crime. Il a certes été malade, il y a plusieurs années, mais il est à présent guéri. Il doit répondre de ses actes. En fin de journée, le président lève la séance.

L'audience reprend le lendemain matin. « Dès 7 heures, une foule que l'on peut estimer au moins à un millier de personnes, et qui grossit de minute en minute, stationne devant les grilles du Palais qui sont gardées par des factionnaires[34]. » Soudain « un mouvement se produit. Les portes de la salle s'ouvrent à deux battants. On se précipite, on s'engouffre, on s'empile presque. »

Une fois le calme revenu, le président donne la parole au ministère public. C'est le chef du parquet et procureur de la République, M. Dagallier, qui soutient l'accusation. Son réquisitoire est implacable. Il demande la plus lourde des sanctions à l'égard de Lehmann : la peine de mort. La thèse de l'irresponsabilité, il la démonte avec une formule toute simple. Lehmann a tué pour voler, cela prouve qu'il savait ce qu'il voulait et qu'il était donc parfaitement conscient de ses actes. Sa responsabilité est établie. Pour conclure son réquisitoire, M. Dagallier s'adresse aux jurés et s'écrie : « L'œuvre des magistrats est terminée, la vôtre commence[35]. »

Vient le tour de la plaidoirie de Me Faye. La mission de l'avocat de Lehmann est des plus ingrates. Comment peut-on éprouver le moindre sentiment de compassion pour un être aussi cruel et cupide ? Me Faye s'attelle à sa tâche avec beaucoup de conviction et d'ardeur. « Aux terribles évocations du ministère public, je tremblais comme vous trembliez, je frissonnais comme vous frissonniez », lance le défenseur. Il pose ouvertement la question. Doit-on condamner cet homme qui a eu le malheur de naître avec une tare héritée d'un père et d'une mère alcooliques ? Doit-on s'étonner que Lehmann soit tombé dans la même déchéance que ses parents ? Non. Ce goût pour l'alcool, il l'avait dans le sang car « jusqu'à l'âge de 25 ans il n'eut que deux jours de liberté ; cette période de sa vie

s'écoula tout entière dans les asiles d'aliénés. Où aurait-il pu prendre le goût de la
boisson? » Pour Me Faye, Lehmann est en
quelque sorte une victime. Il faut lui accorder des circonstances atténuantes. « C'est
un fou dangereux, enfermez-le ! » tempête
l'avocat, conscient de jouer un jeu dangereux.

Henriette Peltié est défendue par
Me Houssard. Le juriste est un habitué
des dossiers difficiles. Huit ans plus tôt,
en 1891, il fut l'avocat de Charles Londais
auteur d'un double assassinat atroce à
Tauxigny. Le garçon de 18 ans fut reconnu
coupable et guillotiné. À première vue, sa
tâche semble bien plus simple aujourd'hui
car la responsabilité de sa cliente semble
nettement moins engagée que celle de l'assassin. Le défenseur ne manque pas de le
signaler. Il explique que sa cliente « n'a
pris qu'une part accessoire au crime[36] ». Il
ajoute : il faut que « les jurés laissent tomber sur elle un peu d'indulgence, un peu de
pitié. Son intelligence a toujours été très
faible et c'est peut-être à cette faiblesse
qu'il faut attribuer
   la facilité de ses mœurs ». Et puis, Henriette Peltié connaissait-elle les desseins

criminels de son mari? Ce n'est pas établi. Peut-être pensait-elle que les intentions de Lehmann se limitaient au vol? L'avocat demande donc au jury de ne retenir que la complicité de vol.

Le jury et la cour se retirent. Trois quarts d'heure plus tard, les jurés font leur retour dans le tribunal. Quarante-cinq minutes, c'est très rapide. Cela veut dire que les membres du jury n'ont pas hésité longtemps pour prendre leur décision. Surtout pour Lehmann ! L'assassin est reconnu coupable des deux crimes avec préméditation et guet-apens. Les jurés ne lui accordent aucune circonstance atténuante. Louis Lehmann est condamné à la peine de mort. Sa complice bénéficie de circonstances atténuantes. La cour lui inflige une sanction lourde: les travaux forcés à perpétuité. Alors que la salle accueille ce verdict dans un silence glacial, les deux amants sont reconduits dans leur cellule. Si Lehmann se montre particulièrement calme, Henriette Peltié est prise d'une terrible crise d'angoisse. Convaincue qu'elle a été condamnée à la sanction suprême, elle ne peut cacher sa joie lorsqu'on lui apprend qu'elle va partir pour Cayenne pour le restant de ses jours. « J'espère être plus heureuse là-bas que je ne l'ai jamais été », lâche-t-elle alors. À cet instant, elle ne se doute pas que c'est un vrai cauchemar qui l'attend en Guyane. Quant à Lehmann, il part rejoindre sa compagne après un décret du 18 mai 1899 du président de la République, Émile Loubet, qui commue sa peine en travaux forcés à perpétuité.

# NOTES

1- *La semaine religieuse de la ville et du diocèse de Tours*, 33e année, samedi 15 octobre 1898, page 453.

2- *La semaine religieuse de la ville et du diocèse de Tours*, 33e année, samedi 15 octobre 1898, page 453.

3- *La semaine religieuse de la ville et du diocèse de Tours*, 33e année, samedi 15 octobre 1898, page 453.

4- *La semaine religieuse de la ville et du diocèse de Tours*, 33e année, samedi 15 octobre 1898, page 453.

5- Dossier d'instruction. Rapport médico-légal sur Louis Nicolas Lehmann datant du 3 décembre 1898.

6- « Le vénérable curé était très peureux, souvent il répétait à ses confrères qu'il avait toujours peur d'être assassiné et il ajoutait à ceux qui riaient à ses craintes : vous verrez que je mourrai de mort violente. » *La Touraine Républicaine*, 14 octobre 1898.

7- « Chapelet formé de quinze dizaines de petits grains (pour les Ave) séparés par des grains plus gros (pour les Pater). » Dictionnaire encyclopédique de la langue française. Le maxi dictionnaire, édition de la Connaissance, 1997, page 976.

8- « Allée plantée de charmes. » Petit Larousse illustré, Paris ; édition Larousse, 1983, page 186.

9- Interrogatoire de Louis Lehmann du 19 octobre 1898. Dossier de procédure criminelle.

10- « Couronnement mouluré d'un meuble, d'une porte, d'une fenêtre etc. » *Petit Larousse illustré*, Paris ; 1983, édition *Larousse*, page 368.

11- « Courbure intérieur d'un arc ou d'une voûte. » Petit Larousse illustré, Paris, 1983, édition Larousse, page 206.

12- *La Touraine Républicaine*, 12 octobre 1898.

13- Interrogatoire de Louis Lehmann du 19 octobre 1898. Dossier de procédure criminelle.

14- Il s'agit de la version de Henriette Peltié qui affirme ne pas être entrée dans le presbytère.

15- Terme utilisé par Louis Lehmann dans le procès verbal de constat du 18 octobre 1898. Dossier de procédure criminelle.

16- Interrogatoire de Clément Chéreau du 10 octobre 1898.

17- Interrogatoire de Clément Chéreau du 10 octobre 1898.

18- Interrogatoire de Clément Chéreau du 10 octobre 1898.

19- Procès-verbal de constat du dimanche 9 octobre 1898 dressé par le juge d'instruction M. Cador.

20- Procès-verbal de constat du dimanche 9 octobre 1898 dressé par le juge d'instruction M. Cador.

21- Procès-verbal de constat du lundi 10 octobre 1898 dressé par le juge d'instruction M. Cador. Par ailleurs, 200 francs en 1898 représentent aujourd'hui environ 700 euros.

22- Procès-verbal de constat du lundi 10 octobre 1898 dressé par le juge d'instruction M. Cador.

23- Procès-verbal de constat du lundi 10 octobre 1898 dressé par le juge d'instruction M. Cador.

24- Interrogatoire de Victorine Aubert. Lundi 10 octobre 1898.

25- *La Touraine Républicaine*. Mercredi 12 octobre 1898.

26- *La Touraine Républicaine*. Vendredi 14 octobre 1898.

27- Pièce d'information provenant de l'Administration générale de l'Assistance à Paris. Dossier de procédure.

28- Pièce de renseignements. Commissariat de police de Tours. Dossier de procédure.

29- Dossier d'instruction. Rapport médico-légal sur Louis Nicolas Lehmann datant du 3 décembre 1898.

30- Procès-verbal du procureur de la République datant du 18 octobre 1898. Dossier de procédure.

31- Interrogatoire de Lehmann datant du 19 octobre 1898. Dossier de procédure.

32- Interrogatoire de Lehmann datant du 20 octobre 1898. Dossier de procédure.

33- *La Touraine Républicaine*. Lundi 27 mars 1899.

34- *La Touraine Républicaine*. Mardi 28 mars 1899.

35- *La Touraine Républicaine*. Mardi 28 mars 1899.

36- *La Touraine Républicaine*. Mardi 28 mars 1899.

# LE PETIT ENCAISSEUR
# DE LANGEAIS

À 25 ans, Maurice Doucet n'est pas un homme comme les autres. À un physique très agréable, ce natif de Tours ajoute une situation professionnelle pour le moins enviable. Tous les matins, ce fils d'instituteur, à l'allure élégante et aux traits fins, s'assoit derrière son bureau pour traiter des dizaines de dossiers. À Lisieux, dans le Calvados, Maurice Doucet exerce la profession de clerc pour le compte d'un huissier, M<sup>e</sup> Mary. Lorsque le soir arrive, la journée de l'employé ne fait que commencer. Avec sa maîtresse, Berthe Congnet, il profite de la vie. Restaurants, achat de voitures et d'objets luxueux rythment la vie des amoureux. Un train de vie qui ne correspond pas vraiment au salaire de clerc d'huissier ; car derrière ses allures de gentil garçon, Maurice Doucet cache un lourd secret, un secret qui va le mener à sa perte.

Lorsqu'il devient clerc à Lisieux en 1912, le Tourangeau comprend qu'il peut aisément compléter ses revenus en détournant de l'argent. À cette époque, son patron se nomme M⁰ Hubert. Lorsque l'huissier cède son étude à M⁰ Mary quelques mois plus tard, l'employé a déjà dérobé 3 500 francs. La passation de pouvoir n'éveille pas les doutes de son nouveau patron. Au contraire, Doucet amadoue l'huissier dans un terrible jeu de séduction. Derrière son discours empreint de certitude et de confiance, le clerc accélère la cadence de ses vols. Les semaines passent et les sommes détournées atteignent des proportions incroyables. En octobre 1913, ce sont près de 24 000[1] francs qui manquent dans les caisses de l'étude de M⁰ Mary. Cette fois, l'huissier n'est pas dupe. Seulement, lorsqu'il prend conscience de l'ampleur du vol, Doucet est déjà parti depuis longtemps. Le 1ᵉʳ novembre 1913, le clerc, recherché par la justice, prend la direction de Paris. Il y reste plusieurs semaines sous une fausse identité espérant ainsi se faire oublier. En échange d'un loyer quotidien de 2,50 francs, il s'installe notamment à l'hôtel, au 33 rue Meslay puis au 29 rue d'Amsterdam. De temps à autre, il revient à Lisieux, « dissimulé sous un costume de lieutenant d'infanterie [...] acheté sur le marché du Temple[2] ». Là, il retrouve Berthe Congnet. Les retrouvailles sont certes chaleureuses mais n'offrent plus le piquant des mois passés. Le couple est complètement ruiné. Le 1er janvier 1914, Doucet rend visite au père de sa maîtresse, Louis Congnet, un ouvrier tanneur demeurant à Lisieux. L'homme de 58 ans vit en concubinage avec Marie Poret, une veuve de neuf ans plus jeune que lui. La classe et l'élégance naturelle de Doucet contrastent avec la misère et la crasse du foyer Congnet. Louis Congnet n'est d'ailleurs pas très regardant sur la provenance de l'argent qui entre dans les caisses de la famille. Il sait pertinemment que ses trois filles jouissent « d'une moralité plus que douteuse[3] », mais il n'en a que faire. Il a besoin de cette manne financière provenant de « la débauche[4] » pour nourrir les cinq bouches de son foyer. L'arrivée de Doucet dans son superbe costume militaire provoque une certaine excitation dans le clan Congnet. Parfaitement au fait des activités illégales de l'ancien clerc d'huissier, le couple voit en ce beau jeune homme une sorte d'aventurier, capable de les sortir de la misère. Au 10 de la rue d'Orival, on a d'ailleurs prévu de lui demander le prêt d'une petite somme. Après tout, Louis Congnet peut bien lui demander ce service.

Seulement lorsque Doucet s'assoit à la table familiale, les nouvelles ne sont pas très bonnes : de la fortune dérobée au nez et à la barbe des huissiers Hubert et Mary, il ne reste plus que cinquante centimes. La nouvelle sidère l'auditoire. Mais l'escroc a un plan : il explique à ses hôtes qu'il compte dépouiller l'encaisseur d'un autre huissier de Lisieux, M$^e$ Bisson. Il suffira juste d'attendre l'employé à un endroit propice pour lui dérober la recette de sa journée. La famille Congnet trouve l'idée séduisante. La veuve, Marie Poret, propose même une solution à Doucet. Pour faire le guet, il pourra emmener le fils de son premier mariage, Robert Poret, un gamin de 16 ans. L'adolescent, qui a successivement exercé les métiers de garçon de course et de chiffonnier, a l'habitude de rendre des services. L'affaire est conclue. Mais quelques jours plus tard, Doucet doit se rendre à l'évidence. Son plan a échoué. Lorsque l'encaisseur est passé près de lui, il n'a pas eu assez de courage pour l'assaillir. Affronter un homme physiquement n'est pas chose facile ! Il doit trouver une autre solution. L'ancien clerc décide alors de retourner « soustraire des traites chez M$^e$ Mary, afin de pouvoir « opérer le recouvrement de ces valeurs.[5] » Aidé de Robert Poret, Doucet pénètre en pleine nuit dans l'étude de l'huissier. Il connaît parfaitement les lieux. En quelques minutes, le voleur met la main sur les valeurs convoitées et s'enfuit à toutes jambes avec son complice. Dans la journée, avec une audace incroyable, le clerc, son complice et sa maîtresse se rendent chez les particuliers encaisser l'argent correspondant aux traites dérobées. L'opération, qui les conduit jusqu'à Argentan[6] dans l'Orne, est un formidable succès. Sans se méfier, les habitants de Lisieux, impressionnés par la prestance de Doucet, lui remettent l'argent qu'ils doivent à l'huissier. L'escroc est aux anges. Il tient là sa nouvelle stratégie. Il décide donc de retourner dévaliser son ancien patron. Au total, Doucet, aidé de son jeune complice, pénètre à quatre reprises chez M$^e$ Mary. Les risques sont considérables. Ainsi, un soir, le voleur parvient à passer par la cave de l'huissier. Alors qu'il s'apprête à ouvrir une porte donnant accès à l'étude, l'escroc s'arrête et tend l'oreille. Il y a encore quelqu'un dans les locaux. C'est probablement M$^e$ Mary. Calmement, Doucet plonge la main dans ses poches et en tire un revolver. Si l'huissier a la mauvaise idée de s'aventurer dans sa cave, il saura l'accueillir. Après de longues minutes d'attente, le silence est total. M$^e$ Mary est bel et bien parti. Aussitôt, le bandit sort de sa cachette, pénètre dans le bureau et dérobe les actes désirés. Il repart aussi vite qu'il est venu sans éveiller les soupçons. Quelque temps plus tard, le voleur est accueilli en héros chez les Congnet. En grand seigneur, il partage son butin avec sa maîtresse, Louis Congnet et sa concubine. Après l'euphorie vient le temps de la réflexion car il semble évident que Doucet ne pourra pas multiplier les incursions nocturnes chez M$^e$ Mary sans se faire prendre. Il faut donc trouver une autre solution. Le père prend alors la parole. Il explique qu'il faudrait « voler une somme assez considérable[7] » pour acheter un fonds de commerce qui permettrait de faire vivre toute la famille. L'idée est séduisante, encore faut-il la réaliser. Plongé dans ses pensées, Doucet revient soudainement à lui. Et s'il retournait en Indre-et-Loire, sa région natale ? Il connaît très bien les lieux. Avant de s'installer à Lisieux, il a travaillé pour le compte de la banque de M. Lance, un escompteur de Langeais. Il connaît les habitudes des encaisseurs. Seulement, pour rendre le projet plus sûr, il devra assassiner sa victime. En supprimant ce témoin gênant, Doucet est persuadé de réussir son coup. Autour de la table, tout le monde l'approuve. Seul le jeune Robert Poret est absent.

Le 14 mars 1914, à 4 heures du matin, Doucet prend la direction de Tours. Il arrive à destination dans la journée. Revêtu de ses habits d'officier, il profite de son après-midi pour effectuer quelques achats, dont un pantalon qu'il se fait livrer dans sa chambre dans l'après-midi. Le lendemain, Robert Poret arrive à son tour. Avec le consentement de sa mère et de Louis Congnet, il a été convenu que l'adolescent serait le complice de Doucet. C'est pourtant le père de famille qui devait être le complice du forfait, mais le clan a préféré renoncer. Plus « dégourdi[8] » et plus alerte, le gamin, qui ignore tout du projet criminel, a été préféré au dernier moment. Sur le quai de la gare, l'adolescent est accueilli par les paroles chaleureuses et réconfortantes de son aîné. Les deux complices prennent alors la direction de l'hôtel de Nantes, où Doucet s'est fait enregistrer sous le nom de Tellier. Avec son costume militaire, l'escroc se fait passer pour un lieutenant du 31e régiment d'infanterie. En arrivant dans l'établissement, Robert Poret est sous le choc. Il n'a jamais rien vu d'aussi beau !

En revanche, pour les clients de l'hôtel, le contraste est saisissant. Les regards s'attardent sur ce couple étrange : un militaire élégant et un garçon à « l'aspect campagnard[9] ». Physiquement, tout les oppose. Avec son mètre soixante-dix, son visage allongé et ses traits fins, Doucet est l'antithèse de son compagnon. Gras et emprunté, Poret ne dépasse pas le mètre cinquante-trois.

Après s'être changé, abandonnant au passage sa tenue militaire au profit d'un complet sombre, Doucet explique à son complice la teneur du plan. C'est à cet instant que le gamin prend pleinement conscience de la mission qui l'attend. Il devra faire le guet pendant que Doucet supprimera l'encaisseur. Cette fois, il n'est plus question d'un simple vol mais bien d'un assassinat. Lorsqu'il a quitté sa mère ce matin, il n'était pas du tout question d'un homicide mais d'un simple service en échange d'une belle récompense. Après un moment de panique, Poret retrouve son calme. Doucet est quelqu'un de confiance, il le connaît depuis si longtemps. Il se remémore alors l'époque où il venait passer des moments agréables au domicile de Doucet et de Berthe Congnet, rue Bouteiller à Lisieux. C'était le temps de l'abondance et des grosses dépenses. Depuis cette époque, le gamin est en adoration devant son aîné. Il se félicite aussi d'avoir une « demi-sœur » capable de séduire des hommes aussi charismatiques. Avant Doucet, Berthe a longtemps vécu avec un médecin parti depuis s'installer aux États-Unis. Pour le gamin de Lisieux, Berthe Congnet et Maurice Doucet sont des exemples. Le contrat qu'on lui propose est l'occasion rêvée de pénétrer de plain-pied dans leur monde fait de luxe et d'aventure.

Au cours de l'après-midi, Doucet décide de louer des vélos pour rallier Planchoury, situé à quelques kilomètres de Langeais. Il espère y rencontrer M. Lance, le patron de la banque. Doucet connaît ses habitudes, il sait que le banquier, qui visite des particuliers au cours de ses journées, se promène souvent avec de grosses sommes d'argent. Les deux complices parcourent donc les 30 kilomètres en direction du sud-ouest du département. Sur leur route, à Saint-Patrice, à Saint-Michel et à Planchoury, ils interrogent plusieurs personnes pour s'enquérir « des tournées d'encaissement et des heures probables de la venue de M. Lance ou de son commis[10] ». Alors que la nuit gagne la campagne, ils doivent se rendre à l'évidence, le banquier ne viendra pas aujourd'hui. Épuisés et déçus, ils regagnent le soir même leur chambre d'hôtel à Tours. Le lendemain dans l'après-midi, ils remontent sur leur bicyclette et empruntent le même chemin que la veille. Seulement, cette fois, Doucet décide de se rendre dans les locaux de la banque, à Langeais. Il espère y récolter des informations précieuses sur les habitudes des encaisseurs. Une heure et demie plus tard,

Doucet et Poret arrivent devant la banque. L'ancien employé dépose son vélo, pénètre dans l'établissement et en ressort quelques instants plus tard avec un léger sourire au coin des lèvres. Tout en pédalant, Doucet explique à son complice que c'est probablement l'associé de M. Lance qu'il va falloir rechercher. Il s'agit d'un garçon de 15 ou 16 ans qui se nomme Gisors. Il effectue une tournée à Mazières-de-Touraine, un village situé à moins de dix kilomètres de Langeais. Si l'escroc a changé de cible, c'est notamment parce que le patron est parti effectuer une tournée plus lointaine du côté de Gizeux[11] ; et puis près de Mazières, il y a le petit bois de la Bruyère où il sera facile de passer à l'acte.

À toute vitesse, les deux cyclistes prennent la direction du nord. À 17 heures, ils arrivent à destination. L'endroit est idéal. La campagne est déserte et la nuit tombante constitue un formidable atout pour surprendre l'encaisseur. Pour l'amadouer, un scénario diabolique a été élaboré : Doucet explique à son complice qu'il faudra interpeller le garçon pour qu'il les aide à regonfler la roue d'un de leurs vélos. Là, les deux assassins devront attirer l'encaisseur dans

le bois avant de le tuer. Pour impression-
ner son jeune complice, Doucet brandit
un revolver et sort de sa poche une corde.
Dans le bois, l'excitation est à son comble ;
mais les minutes passant, l'euphorie laisse
la place à l'ennui et au découragement.
Une heure s'écoule et Gisors n'est toujours
pas en vue. Cachés derrière l'orée des premiers arbres, les deux complices discutent
pour passer le temps. Tout à coup, un bruit
de bicyclette les fait sursauter. Aussitôt,
Doucet et Poret se précipitent hors du bois
pour passer à l'action. Mais à peine sont-
ils sortis de leur cachette que la stupeur
les stoppe net dans leur élan. L'encaisseur
tant espéré n'est pas là. En revanche, ce
sont bien deux gendarmes à vélo qui passent devant eux en les dévisageant. Tout
penauds, les deux complices rebroussent
chemin comme si de rien n'était.

À 18 heures 30, le jeune Narcisse Gisors longe les abords du bois de la Bruyère.
Sur son vélo, le garçon âgé de 16 ans n'est
pas des plus rassurés. Cela fait pourtant
maintenant trois ans qu'il travaille pour
M. Lance. Cette route, il la connaît par

cœur. Néanmoins, l'adolescent ressent une certaine inquiétude. Soudain, une voix provenant de la lisière du bois le fait sursauter sur son vélo. Il regarde fixement devant lui. Il ne rêve pas : ce sont bien deux silhouettes qu'il distingue, cachées derrière les arbres. Aussitôt, Gisors interpelle ces inconnus en criant. Son cœur bat la chamade. Qui sont ces étrangers qui se dissimulent dans la pénombre ? Apeuré, l'adolescent tente de dévisager l'homme qui lui barre la route tout en lui parlant calmement. Surpris par cette familiarité, l'encaisseur réfléchit. Il connaît cette voix. Tout à coup, son visage s'illumine. Cette allure et ce timbre sont ceux de Maurice Doucet, son ancien collègue. « Merde, je croyais que c'était deux individus qui voulaient m'arrêter[12] », explique Gisors rassuré par la présence de son ancien camarade. « Mais non, répond Doucet ; mon vieux aide-nous donc à réparer », lui lâche l'intéressé en désignant sa bicyclette placée dans un chemin d'exploitation.

Tout à coup, une lumière, accompagnée d'un bruit de moteur, déchire la pénombre et illumine la route. Les trois hommes se retournent et regardent une voiture s'avancer vers eux. Le véhicule ralentit avant de s'arrêter à leur hauteur. Alors qu'ils tentent de dissimuler leur visage, les deux bandits pestent contre ce nouveau coup du sort. Gisors se rapproche de la voiture et reconnaît aussitôt le boulanger de Saint-Laurent, M. Bernard. La conversation s'engage. Le commerçant qui a reconnu le jeune encaisseur lui propose de le raccompagner jusqu'à Langeais. L'adolescent remercie mais refuse l'invitation. « Je serai plus vite arrivé à bicyclette[13] », explique-t-il à M. Bernard qui disparaît quelques instants plus tard. Alors qu'il appuie sur l'accélérateur, le commerçant se demande pourquoi Doucet ne l'a pas salué…

L'encaisseur se retourne alors vers les deux cyclistes, descend de son vélo et les accompagne dans l'allée séparant la forêt en deux parties distinctes. Doucet désigne alors la roue de sa bicyclette dégonflée. Sans se faire prier, le garçon passe à l'action. Penché sur son ouvrage, Gisors commence à réparer la roue de son ancien collègue. Dans son dos, Doucet et Poret hésitent. S'ils veulent passer à l'action, c'est maintenant. Mais comme en 1913 lorsqu'il avait prévu de s'en prendre à l'encaisseur de Lisieux, l'ancien clerc manque de courage. À côté de lui, son complice trépigne d'impatience. Il ne comprend pas pourquoi son aîné ne profite pas de la situation pour éliminer Gisors. Après plusieurs secondes d'hésitation, l'employé de banque se relève d'un coup. Fier de lui, il montre de la main le vélo, désormais en parfait état de marche. Aussitôt, le gamin remonte sur sa bicyclette, salue les deux hommes et s'éloigne sur le chemin. Incapable de bouger, Doucet regarde Gisors s'éloigner sans réagir. Soudain, un bruit étrange sort l'homme de sa torpeur. La bicyclette de l'encaisseur vient de dérailler. Consterné par le manque de courage de son aîné, Poret le prie de réagir. Aussitôt, Doucet s'élance en direction de l'enfant et lui passe la corde autour du cou en la serrant le plus fort possible. Projeté au sol, Gisors se débat de toutes ses forces. « Je m'en doutais, je te retrouverai », crie-t-il en balançant à la face de Doucet un terrible coup de pied. Alors que l'encaisseur essaie d'échapper à l'étreinte de son bourreau, Poret lui maintient fermement la bouche fermée pour l'empêcher de respirer. Après plusieurs secondes d'une lutte sans merci, l'encaisseur cesse de s'agiter. Pour maquiller son crime, Doucet a tout prévu. Avec l'aide de son complice, il traîne le cadavre de l'adolescent sur soixante-quinze mètres. Arrivés au pied d'un sapin savamment repéré, Doucet et Poret resserrent avec une extrême violence la corde autour du cou de l'enfant. Alors qu'il s'agite autour du cadavre, les deux assassins ne se doutent pas, à cet instant, qu'ils sont observés. Là, à quelques mètres d'eux, un jeune homme de Mazières, Armand Despeignes les observe dans la pénombre. Tout à coup, Doucet relève la tête et plante son regard dans celui du témoin. Terrorisé par cette vision d'horreur, Despeignes détale aussi vite que possible. Nullement troublés, Doucet et son complice poursuivent leur macabre besogne. Pour camoufler leur forfait, les deux assassins décident d'utiliser la corde à laquelle la victime est toujours attachée. Doucet la lance par-dessus les branches du sapin, la tire de toutes ses forces et regarde le corps de sa victime s'élever dans les airs. Les criminels attachent la corde et entreprennent la fouille du cadavre.

Quelques minutes plus tard, les complices repartent sur leur bicyclette avec leur butin en poche. Assis sur son vélo, Doucet savoure son succès en passant la main de temps à autre sur le butin dérobé. Il ignore pourtant qu'il vient de se faire flouer par son complice. Dans la fouille, Poret, qui devait remettre l'intégralité du vol à son aîné, est parvenu à dérober un porte-monnaie contenant 840 francs en pièces d'or. Le gamin est allé plus loin en subtilisant des billets de banque dans les poches mêmes de Doucet.

De retour à son hôtel à Tours, Doucet fait les comptes. Sous les yeux ébahis de son complice, il étale les fruits du vol et entreprend de le chiffrer : 4 700 francs. La somme est rondelette. Elle devrait permettre de faire vivre le clan pendant quelques mois.

Le lendemain matin, les deux meurtriers quittent l'hôtel. Ils passent une partie de la journée ensemble à acheter quelques objets avant de prendre le train pour Paris où ils se séparent. Poret part pour Lisieux où il doit remettre 450 francs à Berthe Congnet. Il arrive à destination vers 21 heures. Aussitôt, il se rend chez sa mère et son beau-père à qui il laisse 150 francs. Sur le chemin, l'adolescent a pris le temps de s'arrêter pour acheter un superbe réveil à sa mère. Dans la famille Congnet, c'est le début d'une longue période de fêtes. De son côté Doucet mène grand train à Paris. Pendant plusieurs semaines, l'assassin de Langeais parcourt le pays en passant à Saint-Sulpice-Laurière, au Blanc, à Châtellerault, à Blois, à Tours avant de revenir à Paris.

Le soir même du crime, M. Lance, le patron de Gisors, très inquiet de ne pas le voir rentrer, entame des recherches. Il se rend chez le père de l'enfant et, avec lui, entreprend de faire le parcours de son encaisseur en voiture. En vain. Tous les clients qu'ils rencontrent, confirment que le jeune est bien passé les voir et qu'il est reparti sans le moindre souci. Étrange ! Après plusieurs heures de recherche M. Lance décide de se rendre à la gendarmerie. Là, le brigadier qui le reçoit lui conseille de revenir le lendemain car l'obscurité rendrait vaines les recherches. Dès lors, aux petites heures du jour, les gendarmes, M. Lance et quelques villageois entreprennent de retrouver le jeune Gisors. Après quelques heures de recherches, c'est un villageois qui retrouve le corps de l'adolescent. Lorsque les gendarmes arrivent sur les lieux du drame, ils comprennent rapidement les circonstances de la mort de l'encaisseur. Ils ne sont nullement troublés par la pitoyable mise en scène du criminel qui a essayé de faire croire à un suicide. Les enquêteurs découvrent ainsi un cadavre pendu à un arbre avec les jambes liées par de la ficelle à la hauteur des genoux, les mains attachées dans le dos et la figure ensanglantée.

Dans les environs, la nouvelle se répand comme une traînée de poudre. La consternation des habitants de Cleré, Mazières et Langeais est totale car le jeune Gisors jouissait de l'estime de tous. La presse est atterrée et joue sur la corde sensible des lecteurs. « L'émotion dans le pays, on le comprend, est très vive. La famille Gisors, dont le père est ouvrier agricole, est très estimée dans le pays. Le défunt, qui avait un petit frère de huit ans plus jeune que lui, était également très aimé de tous ceux qui le connaissaient. La douleur de ses parents fait peine à voir[14]. »

Dans ce climat de réprobation, l'enquête progresse à grands pas. De nombreux témoignages spontanés sont livrés aux enquêteurs. Tous parlent de deux personnages ayant circulé dans le pays depuis plusieurs jours. Le boulanger de Saint-Laurent, M. Bernard, est l'un des premiers à être entendus. Il explique aux autorités qu'il a vu la victime en compagnie de deux hommes, la veille, à la nuit tombante, à la propriété dite « la Bruyère » à quelques centaines de mètres de l'endroit où l'encaisseur a été assassiné. Parmi eux, se trouvait Doucet. L'autre était très jeune. Selon lui, il devait être 18 heures 20. Puis vient le tour du jeune Despeignes qui explique avoir surpris deux hommes affairés autour d'un troisième. Sur les renseignements du témoin, il décide de se rendre à l'endroit indiqué. Arrivés dans la forêt, les gendarmes retrouvent la bicyclette de la victime. Plus loin, c'est la sacoche, vidée de son contenu, qui est découverte.

Malgré l'horreur du drame, les enquêteurs sont plutôt satisfaits de leur journée. Grâce aux témoignages, ils disposent d'un nom et d'un signalement intéressant. La presse relaie d'ailleurs ces informations. *« L'un d'eux serait âgé de 20 à 25 ans, d'une taille de 1 mètre 70 à 1 mètre 75, il était vêtu d'un pardessus noir et coiffé d'un chapeau de feutre noir ; l'autre plus petit ne mesurant guère que 1 mètre 55, âgé de 16 ans environ, coiffé d'une casquette, portait un complet veston, nuance foncée. Tous deux étaient à bicyclette, l'une des machines a été louée à Tours. Au surplus, M. Bernard aurait reconnu l'un des criminels qui ne serait pas un inconnu pour lui[15]. »*

En début d'après-midi, le procureur de la République, le juge d'instruction de Chinon et son greffier arrivent sur les lieux du crime. L'ordre est alors donné aux docteurs Camus et Legave, de Langeais, de procéder à l'autopsie du cadavre. Quelques heures plus tard, les médecins rendent leurs conclusions. Selon lui, le garçon serait mort en raison de coups violents portés à la tête. Gisors était probablement mort lorsqu'il a été pendu. Détail macabre : la corde avait été serrée avec une telle force que le diamètre du cou ne mesurait plus que six centimètres. Les médecins constatent aussi que le sillon tracé par la corde sur le cou était horizontal. C'est selon eux la preuve que la victime a été étranglée, car la trace est très différence lorsqu'il s'agit d'une pendaison.

Moins d'une semaine après le crime, la presse divulgue le nom du suspect.

« L'assassin du malheureux petit encaisseur de Langeais est un homme nommé Maurice Doucet, âgé de 25 ans, et dont la famille est très honorablement connue en Indre-et-Loire. Il fut autrefois employé à la banque Lance [...]. Il y a environ deux mois, Doucet, qui préméditait depuis longtemps son coup, avait été vu dans la contrée de Langeais où, un jour, en compagnie d'une jeune et jolie élégante de notre ville, il s'était rendu. On suppose qu'à ce moment, le coup rata. Pourtant, l'ancien employé de la banque Lance était très au courant des habitudes des encaissements et connaissait admirablement le pays où il devait opérer[16]. » Le journal ajoute : « Son complice est un gamin de 14 à 15 ans à l'aspect campagnard qui, dans cette affaire, n'a été qu'un instrument docile dans les mains de l'auteur principal de cet abominable crime [...]. Le jeune gamin qui l'accompagnait semblait n'être jamais sorti de son village. »

Pour Robert Poret, l'aventure se termine le vendredi 20 mars. L'adolescent est arrêté en soirée par la police de Lisieux. Emmené au palais de justice de la ville, le prévenu passe rapidement aux aveux. Il explique aux enquêteurs qu'il n'a fait que le guet dans cette tragédie. Le 22 mars, les autorités décident de le transférer au parquet de Chinon. Solidement escorté, le gamin embarque dans un train à la gare de Lisieux. Les voyageurs regardent avec étonnement le jeune prisonnier monter dans le compartiment accompagné de deux gendarmes. Parmi les curieux se trouve Doucet. L'homme décide de se cacher avant de partir pour Bayeux chez Charles Congnet, le frère de sa maîtresse.

Le reste du clan est aussi arrêté. Berthe Congnet, Louis Congnet et la mère de Robert Poret sont aussi inculpés pour complicité et recel. Pendant ce temps, un mandat d'arrêt est lancé contre Maurice Doucet sous l'inculpation d'assassinat suivi de vol. Une description physique très précise est envoyée aux quatre coins de la France. En vain : l'assassin est introuvable ! D'ailleurs, la presse ne cache pas son pessimisme. « On craint que le misérable n'ait réussi à gagner la frontière[17]. » C'est donc par le plus grand des hasards que les enquêteurs mettent la main sur Doucet quelques semaines après le crime. Sur le champ de courses de Saint-Cloud, ce sont des agents de la Sûreté, attirés par le lorgnon en or d'un joueur, qui font le rapprochement avec le signalement de l'assassin.

Le 18 juin, trois mois après l'épouvantable crime de Langeais, Maurice Doucet et l'intégralité du clan Congnet sont traduits devant la cour d'assises de l'Indre-et-Loire. Le public est évidement très nombreux à l'ouverture des portes. Alors que les plus chanceux s'engouffrent dans le palais de justice, les regards des premiers arrivés sont aussitôt attirés par les objets qui encombrent la table des pièces à conviction. Il y a là le manteau roulé du petit encaisseur, sa bicyclette ainsi que deux valises. Peu avant midi, la cour fait son entrée dans le tribunal, suivie des accusés.

À peine Doucet apparaît-il à la vue de l'auditoire que certains hurlent déjà: « À mort ! » Sa riposte ne se fait pas attendre. « Ta gueule ! » leur rétorque l'accusé la main en porte-voix. Dans la salle l'agitation est à son comble. Le président Roussel exige aussitôt le retour à l'ordre en fustigeant le prévenu. « Qu'il me foute la paix et je resterai tranquille ! » lance Doucet le visage blême. À la lecture de l'acte d'accusation, la salle retrouve son calme. La longue description des faits est l'occasion pour le public de mettre un visage sur les sept accusés ; car le parquet a décidé de traduire l'ensemble de la famille Congnet devant la cour d'assises. Robert Poret est parmi eux. Habillé d'un complet foncé sur un col blanc, le gamin semble très calme. Derrière lui, Berthe Congnet, la maîtresse de Doucet, tente de se cacher. Toute de noir vêtue, la jolie jeune femme semble très émue. À côté d'elle sont assis la veuve Poret, le père Congnet, leur fils, Charles Congnet, 32 ans, et sa femme Louise Duhors, âgée de 28 ans. Mais c'est incontestablement Maurice Doucet qui est le plus observé. « Vêtu d'une jaquette bleue, gilet gris à rayures, pantalon foncé, bien rasé, bien coiffé[18] », il semble faire moins que son âge.

L'homme est interrogé. « Doucet, vous m'écoutez ?[19] » lui lance le président troublé par l'attitude désintéressée de l'accusé. « Oui, oui, j'écoute ; d'ailleurs il y a longtemps que je connais tout cela. » Je reprends depuis le début : « Vous êtes né aux Hermites ; votre père était instituteur ? » « Non, je n'ai pas de père. » « Parlons

sérieusement. Votre père était instituteur. »
« Je vous dis que non, mon père est mort. »
« Voyons, tâchons de raisonner sérieusement, c'est dans votre intérêt. » « Oh ! Je
m'en fous pas mal. » Le président préfère
passer à autre chose.

Il évoque alors l'existence de Doucet
après son service militaire, son travail à la
banque de M. Lance et son entrée au service de l'huissier M$^e$ Hubert à Lisieux. Il évoque alors les vols qui ont continué lorsque
M$^e$ Mary a repris l'étude. « Ah ! M$^e$ Mary
ignore absolument ce que j'ai volé », s'exclame l'accusé avec une volubilité extrême.
« Il n'y a que moi qui le sais. M$^e$ Mary dit
que j'ai volé 16 000 francs, pas du tout, j'ai
dérobé 24 000 francs. Oh ! avec complai-
sance, je ne travaille pas pour rien. » Puis
le magistrat parle du crime de Langeais. Il
explique que Doucet a longtemps pensé
que M. Lance serait la victime idéale. Le
prévenu confirme. « Je lui aurais fracassé
le crâne. » Dans les rangs, l'attitude in-
croyablement agressive de l'accusé provoque une véritable agitation. Pour finir, le
magistrat insiste, comme pour mieux accabler l'accusé, sur la grande moralité de
la famille Doucet. « Ma famille, explique le

prévenu, elle me dégoûte ; tenez, j'aurai dû commencer à tuer le père et la mère. » « Je n'insisterai pas pour que vous en parliez », lui rétorque avec fermeté le magistrat. « S'ils étaient là, je les écraserais comme rien du tout. D'ailleurs si je suis venu tuer à Langeais, c'est que j'avais une raison, car il ne manquait pas d'encaisseurs à tuer en France. Mais je voulais apporter le déshonneur chez mes parents. » Puis c'est au tour du jeune Robert Poret d'être entendu. Le garçon, moins défiant que son aîné, explique qu'il a été averti au dernier moment de son départ pour la Touraine. Le magistrat lui demande ce qu'avait décidé Doucet. « Qu'on irait chez Lance pour prendre des traites. »

Alors que le premier magistrat interroge les différents accusés, Doucet multiplie les gestes et les paroles de défi comme pour mieux recentrer les débats autour de sa personne. Il sort son mouchoir, s'essuie le front, le replie soigneusement avant de le replacer dans la poche de son veston. Le public l'observe. Quelques minutes plus tard, il se plaint ouvertement de la chaleur, enlève son faux col ce qui provoque l'hilarité générale de l'auditoire. Doucet sourit.

Il s'amuse. Le public guette ses gestes et ses interventions. Il se délecte de ses paroles. Ainsi, au cours des débats, Doucet explique qu'une fois le crime accompli, il se rendit avec son complice à Paris. Là, il plaça l'adolescent dans les bras d'une femme galante. Doucet jubile. Il éclate de rire en regardant un Robert Poret tout aussi ravi.

Les heures passent sans apporter d'avancée notable sur les circonstances du drame. Tour à tour, Berthe Congnet, Louis Congnet et sa maîtresse protestent de leur innocence. Pourtant, le jeune Robert Poret explique que Louis Congnet était au courant de l'homicide. Le vieil homme proteste. « Le petit ment », répond avec fermeté l'accusé. « S'il m'avait dit tout cela, je l'aurais conduit au bureau de police. » Dans les rangs du public « cette déclaration ne trouve que des sceptiques[20] ». Quant à la mère de l'adolescent, elle explique qu'elle ne sait rien. « Et vous ne vous êtes pas enquise de savoir d'où provenait cet argent ? » lui lance le président, en évoquant la remise d'une partie du butin par son fils. « Non, monsieur. » Le magistrat n'est pas convaincu. La maîtresse de Doucet, Berthe Congnet, ne semble pas non plus au-dessus de tout soupçon. On a retrouvé chez elle de l'argent envoyé par Doucet entre un porte-manteau et la tapisserie.

Il poursuit et explique la fuite de Doucet qui décide de se réfugier chez le frère de sa maîtresse, Charles Congnet. Il y couche une nuit avant de repartir le lendemain matin. « Si je suis arrêté, tu garderas tout », lui dit alors Doucet en lui remettant 4 000 francs. Aussitôt Charles Congnet prend la parole. « Je n'ai pas eu de soupçons, car ma sœur m'avait dit que la famille de Doucet était très bien. » « Elle s'était salement trom-pée », rétorque Doucet au milieu des rires. Le premier magistrat poursuit. Pour lui, « Charles Congnet a accepté l'argent dans l'espoir de l'employer à l'acquisition d'un terrain, sans s'occuper de la provenance de la somme que lui remettait Doucet[21]. » Il est donc possible que sa femme ait aussi été au fait de l'origine de cet argent.

Puis vient le temps des experts et des témoins. Le docteur Giraud qui a ausculté Doucet présente ses conclusions aux jurés. Pour lui, l'accusé est d'une intelli-gence moyenne. « Au point de la sensibilité morale, Doucet est inférieur, vaniteux, animé de sentiments qu'on peut qualifier d'étranges.

Doucet est responsable. Cependant, il y a des circonstances qui peuvent atténuer sa responsabilité, c'est sa sensibilité, son manque d'affection, et sa vanité, qui se traduisit par l'achat d'un costume. » Le médecin parle ensuite du jeune Poret. « C'est un menteur effréné ; sa responsabilité morale est atténuée ; son jeune âge d'ailleurs justifie cette atténuation. »

En fin de journée le père de la victime fait son entrée dans le tribunal. À peine a-t-il le temps d'ouvrir la bouche qu'il se fait insulter par Doucet. « Tais-toi, menteur ! » « S'il y a quelqu'un que vous devez respecter, c'est le père de votre victime. Si vous continuez, je vous fais sortir de l'audience », s'écrie le magistrat. « Faites-moi sortir, car je vais faire un scandale », lui rétorque l'accusé au comble de la défiance. À cet instant « une clameur formidable » retentit au fond de la salle : « À mort ! brigand ! bandit ! assassin ! »

Des commerçants des alentours de Langeais viennent ensuite déposer à la barre. Mme Arrault, débitante de boisson à Saint-Patrice, explique avoir vu Doucet quelques jours avant le crime. Il posait des questions concernant la tournée des encaisseurs. Le boucher de Langeais, Jean Martin, corrobore ces déclarations. Mme Chasles, épicière à Planchoury, ajoute que Doucet était accompagné de Poret. Doucet disait qu'il « serait très heureux[22] » de voir Gisors.

Le lendemain, à l'heure où les plaidoiries débutent, les nombreux spectateurs étouffés par la chaleur pesante regardent un Doucet toujours aussi sûr de lui. Les journalistes présents pour relater le procès ne supportent plus « sa mimique gouailleuse et son continuel et agaçant rictus ». Ils ajoutent : « Une seule chose le soutient et l'anime. C'est sa prodigieuse vanité [...] Il a en effet le premier rôle dans un spectacle passionnant. Il jette crânement sa tête en enjeu pour quelques heures de réclame fiévreuse [...] En attendant qu'il ne soit plus que la loque humaine que sont ses pareils devant le châtiment suprême, il va rester jusqu'au bout le fanfaron et grotesque fantoche qu'il s'est ingénié à nous montrer pendant les séances des assises.[23] »

Le 19 mars 1914, à midi et demi, la cour et les accusés font leur entrée dans le tribunal. Doucet, qui se sait épié par la foule, se signale une nouvelle fois en crachant « dans ses mains qu'il frotte ensuite avec énergie[24] » comme pour se donner du courage.

Le substitut du procureur de la République, M. Raynaud, débute sa plaidoirie avec force. Il rappelle les circonstances du drame et compare les deux assassins à des « scélérats[25] ». Aussitôt, un soupir de Doucet, accompagné d'un rire moqueur, interrompt les propos du magistrat. Sans y prêter attention, M. Raynaud poursuit sa plaidoirie en rappelant les vols à Lisieux et ses relations avec Berthe Congnet, « une ivrogne et une prostituée[26] » qu'il considère coupable de complicité. « Si c'est pas malheureux », lance une nouvelle fois le principal accusé. L'homme de loi poursuit. Il évoque le manque d'argent et l'envie de faire un gros coup, le tout avec la complicité du père Congnet. Même si ce dernier « nie avec un parfait cynisme », l'avocat général est persuadé de sa responsabilité. « Il faut le frapper avec sévérité [...] car c'est lui qui dirigeait Doucet dans ses entreprises criminelles », lance avec fermeté le magistrat. Puis vient le tour de la « mère Poret, une ivrognesse invétérée » qui a reconnu « avoir reçu beaucoup d'argent de son fils Robert Poret » mais en stipulant qu'elle en ignorait la provenance. « Menteur ! Menteur ! », murmure la vieille femme sur son banc sous les rires moqueurs de Doucet. Pour l'avocat général, les autres accusés « pourront bénéficier de quelques excuses ». M. Raynaud se tourne ensuite vers le principal accusé et après l'avoir qualifié de personnage « vaniteux, égoïste et jouisseur » réclame à son sujet la plus grande sévérité. « C'est cela, amenez tout de suite Deibler[27] ici », lance l'assassin au comble du défi.

Quant à Poret, son jeune âge et l'influence néfaste de son entourage constituent autant de circonstances atténuantes qui, selon l'avocat général, doivent le mettre à l'abri de la sanction suprême. « Le réquisitoire se termine par une émouvante péroraison dans laquelle l'honorable substitut, après avoir évoqué le souvenir de la malheureuse petite victime, réclame justice non seulement au nom des parents du petit Gisors, mais aussi au nom de la société tout entière[28]. »

M. Raynaud se rassoit et laisse la place à l'avocat de Doucet, Me Richault. Alors qu'il entame une défense pour le moins délicate, l'accusé se lève et prend la parole. « Pardon, monsieur le Président, est-ce

mon avocat ou moi qui vais parler? [...]
Je veux entendre ce que vous allez dire. »
« Alors taisez-vous », lui rétorque son défenseur en le menaçant de l'exclure du tribunal. « Bon, je me tairai, dit Doucet. Et
puis après tout, pour ce que ça va servir ! »
Après cet incident, l'avocat commence sa
délicate intervention en reprochant à la
presse d'avoir présenté son client comme
un être cynique. S'appuyant ensuite sur
certains points du rapport médical, « il
s'efforce avec talent de faire entrer dans
la conviction des jurés, la certitude de l'irresponsabilité de son client » tout en faisant appel à leur pitié. Il ajoute que Doucet
aurait au cours de l'instruction montré le
plus vif repentir. Près de lui, l'accusé s'agite en silence pour le contredire. L'avocat
achève sa plaidoirie en implorant de nouveau la pitié des jurés.

L'avocat de Poret, M<sup>e</sup> Grignon, qui lui
succède après vingt minutes de suspension d'audience, essaie d'expliquer que
son client a été victime d'une très mauvaise éducation. Une mère alcoolique et
prostituée, des enfants laissés à l'abandon
et nourris par les passants, un beau-père qui
lui ordonne d'aller demander de l'argent à

Doucet: tel fut l'environnement que connut Poret depuis qu'il est né. Pour M^e Grignon, il faut voir dans cet entourage nauséabond, l'explication première de sa participation au crime. Il ajoute que l'enfant a toujours été lâche, il a d'ailleurs plusieurs fois hésité avant de se lancer dans la criminalité. « Parfaitement ; j'approuve M^e Grignon », confirme Doucet. Pour finir, l'avocat demande tout simplement l'acquittement tout comme M^e Guibaud, le défenseur du père Congnet et de sa fille Berthe. Si le premier n'a jamais été condamné, la seconde a tout de même été la compagne d'un médecin pendant neuf ans. Autant de gage d'une excellente moralité qui justifie l'abandon des poursuites. Le défenseur s'emporte lorsqu'il évoque les difficultés financières de sa cliente. Dans ces conditions, « qu'y a-t-il d'étonnant à ce qu'elle ait accepté quelque argent provenant de son amant. Mais elle, pas plus que son père, n'a connu le crime ; il est possible qu'ils aient commis des légèretés, des fautes, mais ils sont déjà en prison préventive depuis trois mois, n'est-ce pas suffisant[29] ? »

Puis vient le tour de M^e Bonnichon, défenseur de la mère Poret. Il reconnaît

volontiers que la mère de Poret n'a « assurément pas accompli son devoir maternel
dans toute sa rigueur, mais est-elle bien
responsable de cet oubli des devoirs d'une
mère ? Non, la femme Poret, qui fut mère
de sept enfants, est restée veuve avec cinq
enfants. Son salaire était de deux francs par
jour. Que pouvait-elle faire avec ce salaire
minime ? Elle s'endetta et fut expulsée de
son logement. C'est alors que mère et enfants couchèrent dans la rue. Puis Congnet
offrit asile à la famille et devint peu après
l'amant de la femme Poret. » L'avocat poursuit sa démonstration. « Voila les faits qui
ont précédé le crime de Langeais. Où voit-
on que la mère Poret en fut la complice. On
l'inculpe de complicité parce qu'elle a aidé
son fils à s'habiller le jour où il partit pour
Tours. Mais le petit Poret, s'il savait qu'il
s'y rendait, ignorait – Doucet l'a déclaré
– dans quel but. Et alors comment la mère
l'aurait-elle su ? » Il poursuit avec conviction : « Rien dans les faits de la cause ne
prouve la complicité de la femme Poret.
Elle a cru que l'argent rapporté par son
fils n'était que des bribes des prodigalités
de Doucet. La femme Poret a été impru-
dente. A-t-on le droit de lui reprocher son

imprudence? Si elle a accepté, c'est qu'elle croyait que Doucet, "Monsieur" Doucet, était fils de bonne famille, un homme riche. » Sur son banc, Doucet salue le défenseur et sa cliente à l'évocation de son nom. L'avocat conclut : « Je demande donc l'acquittement. » Charles Congnet est ensuite entendu. Les charges qui pèsent sur lui sont moins graves puisqu'on l'accuse d'avoir hébergé Doucet pendant sa fuite. Il aurait aussi accepté une somme d'argent de ce dernier, un pécule dont il affirme ignorer la provenance. Son avocat, Me Nicot, insiste sur la très bonne réputation de son client ; un homme qui rêvait de faire construire une maison. « Congnet accepte le billet de 1 000 francs qui lui est offert mais sans connaître la provenance », explique le défenseur. « Charles Congnet croyait que Doucet était riche, il a pensé qu'il pouvait accepter cet argent. Puis quand il a su quelle était l'origine de cette somme, il a remboursé le peu qu'il avait déjà dépensé. N'est-ce pas là, l'acte d'un honnête homme ? » L'acquittement est demandé.

La dernière plaidoirie est celle de la femme de Charles Congnet. Me Thuillard, son avocat, présente une épouse modèle. Les renseignements sur elle sont « excellents ». « On la poursuit comme complice du crime de Langeais, parce qu'elle n'a dénoncé ni la visite de Doucet, ni le dépôt qu'il a fait entre les mains de son mari. Sans doute, elle a caché la somme lorsque la police vint arrêter son mari, mais elle a déclaré qu'elle avait agi sans réfléchir. S'il y a de sa part une légère peccadille, n'est-elle pas assez punie par la prévention et sa comparution à cette audience. Aussi son acquittement s'impose[30]. »

Avant les délibérations, le président donne une dernière fois, la parole aux accusés. Doucet se lève et prend la parole. Il explique que les personnes jugées avec lui sont toutes innocentes, même Poret qu'il reconnaît avoir entraîné au crime. « Dans ces conditions, je réclame pour moi la peine de mort ; si je ne suis pas condamné à la peine capitale, j'estime qu'il n'y a plus de justice. » Au milieu des exclamations, le président clôt les débats. À 18 heures 15, les jurés se retirent pour délibérer.

Il est un peu plus de 20 heures lorsque le jury fait son retour dans le tribunal. La délibération a duré moins de deux heures, un temps très court pour se prononcer sur la culpabilité de sept accusés. Les jurés n'ont donc pas beaucoup hésité.

La lecture du jury commence. Sans surprise, Doucet et Poret sont reconnus coupables avec des circonstances aggravantes. Le père Congnet, sa maîtresse, Charles et Berthe Congnet, innocentés sur la question de la complicité, sont, en revanche, déclarés coupables de recel. Charles bénéficie de circonstances atténuantes. Quant à sa femme, les jurés la déclarent non coupable. « Merci, messieurs », lâche, très émue, la prévenue. Les autres accusés sont introduits dans le tribunal pour prendre connaissance du verdict. Commence alors une période de trouble. La plupart des accusés ne comprenant pas les réponses aux questions de l'acte d'accusation lu par le commis-greffier, M. Fournier, se tournent vers leurs avocats. Dans cette confusion, Doucet s'emporte. « Il y en a assez ! Tâchez de faire du bon travail[31] », lance-t-il aux magistrats qui se retirent pour prononcer les peines. Pendant la suspension d'audience, Doucet s'amuse. « Il se passe le tranchant de la main sur le cou avec un air de satisfaction. » Doucet et Poret, qui ne sont séparés sur leur banc que par un gendarme, rient aux éclats. À 20 heures 50, la cour rentre en audience. L'arrêt de la cour est alors lu « dans un silence impressionnant[32] ». Doucet est condamné à la peine de mort. Aussitôt, l'ancien clerc de notaire reproduit le geste du couperet qui lui tombe sur le cou. Poret est condamné à vingt ans de détention dans une maison de correction. Le père Congnet écope de dix ans de travaux forcés, Berthe Congnet de cinq ans de bagne tout comme la mère de Poret. Charles Congnet est condamné à trois ans de prison. Alors que Doucet s'emporte à nouveau, le président ordonne son expulsion au milieu des applaudissements de l'auditoire. « Vive le jury ! Bravo le jury[33] ! » crie une foule satisfaite du verdict.

Le 17 juillet 1914, alors que l'Europe s'apprête à basculer dans l'horreur de la Première Guerre mondiale, une foule considérable s'est déplacée pour assister à l'exécution de Maurice Doucet. Plusieurs journaux, comme *La Dépêche du Centre et de l'Ouest*, ont préféré ne pas annoncer dans leur édition de la veille la mise à mort de l'assassin. En vain. À 2 heures du matin, ce sont des milliers de personnes qui se sont amassées autour du dispositif de sécurité installé par les forces de l'ordre. Pour le contourner, certains ont grimpé dans des sapins et des échelles.

Profondément endormi dans sa cellule, Doucet ignore tout de l'agitation qui gagne les alentours de la prison. La guillotine, quant à elle, a été érigée devant les portes de l'établissement, sur la chaussée nord du boulevard Béranger. Vers 3 heures, « MM. Marcombes, le procureur de la République ; Raynaud, substitut ; Henry, juge d'instruction ; Sainson, greffier, accompagnés de M. le docteur Héron, médecin de la prison, et de M. Richaud, avocat[34] », pénètrent dans la cellule du condamné. « Doucet, votre pourvoi a été rejeté », lui annonce solennellement le procureur de la République. « J'en n'ai pas fait », rétorque le prisonnier en se réveillant. « L'heure de l'expiation a sonné », ajoute M. Marcombes. « Je m'en doutais, j'ai entendu parler hier le directeur de la prison ; en l'écoutant, j'ai compris. J'ai dit à M. Dicot mon gardien : ce sera pour demain. » Tout en répétant plusieurs fois qu'il s'en doutait, le condamné à mort s'habille, accepte le verre de rhum que le gardien chef lui propose avant de s'isoler quelques instants avec l'aumônier. En sortant de la prison, il déclare à un des gardiens qui l'accompagnent : « Au revoir M. Chabrier [...] ou plutôt adieu. » La suite, le journal *La Dépêche du Centre et de l'Ouest* s'en fait l'écho dans son édition du 18 juillet. « À 3 heures 15, les gendarmes à cheval viennent se placer des deux côtés de la guillotine, en lui tournant le dos. À ce moment, la foule veut rompre les barrages ; une terrible bousculade se produit ; les cuirassiers sont obligés de manœuvrer pour refouler le public. Quelques minutes après, on entend de grands cris dans le jardin de la prison. C'est Doucet qui arrive, porté par les aides, car ses entraves l'empêchent d'avancer. Dans l'obscurité, on aperçoit seulement une grande tache blanche : c'est la figure et le cou de Doucet qui apparaissent au-dessus de la large échancrure de la chemise. Plus il avance, plus les cris qu'il profère deviennent distincts. Le voici à la porte de la prison :

« Adieu les amis, crie-t-il, à mort Tours ! à mort Tours ! Bonjour les amis, les amis ! »

On entend compter un, deux puis un grand cri, une sorte de hurlement :

« Ah ! »

« Un coup sourd, comme une sorte de ronflement : justice est faite, il est exactement 3 heures 21. » M. Deibler, l'exécuteur des hautes œuvres, vient d'actionner le tranchant de sa lame sur la tête d'un assassin qui n'est apparu au public que 39 secondes. Le cadavre est aussitôt embarqué dans un fourgon avant de partir pour le cimetière pour « un simulacre d'inhumation[35] ».

Avec la mort de Doucet, l'histoire du crime de Langeais connaît une partie de son dénouement. Pour les complices de l'assassin, le calvaire ne fait que commencer. La fille Congnet, la maîtresse de Doucet, et la veuve Poret sont envoyées à la prison de Rennes. En terre bretonne « elles montrent une attitude humble et soumise[36] ». De son côté, le père Congnet, condamné à dix années de travaux forcés, passe quelque temps à la forteresse de Saint-Martin dans l'île de Ré avant de s'installer pour de longs mois dans le bagne de Cayenne en Guyane. Poret, le jeune complice de Doucet, est transféré à la colonie pénitentiaire d'Eysses dans le Lot-et-Garonne. À sa majorité, il sort de l'établissement pour effectuer son service militaire, avant de retourner en prison pour purger le restant de sa peine.

À l'heure où la société pense que les exécutions doivent être montrées aux citoyens pour les dissuader de commettre l'irréparable, beaucoup pensent en ce début de XXe siècle que le crime trouve son origine dans les gènes de l'assassin. Il y aurait ainsi un « criminel-né[37] » comme le soutient le populaire criminologue Cesare Lombroso, chef de file de l'école italienne. Ses émules sont nombreux dans le monde entier. Alors, on mesure et on dissèque les dépouilles des condamnés à mort pour trouver une explication rationnelle au crime. C'est peut-être pour percer ce mystère que le docteur Wolf, directeur de l'École de médecine de Tours, demande le cadavre de Doucet, la veille de son exécution. Sa requête est acceptée, la famille du condamné à mort ayant refusé de récupérer le corps du défunt.

# NOTES

1- Chiffre donné par Maurice Doucet à son procès. La justice parle de son côté d'une somme de 16 000 francs. 24 000 francs de 1913 équivalent aujourd'hui à 72 000 euros.

2- *La Dépêche du Centre et de l'Ouest*, 18 juin 1914.

3- *La Dépêche du Centre et de l'Ouest*, 18 juin 1914.

4- Louis Congnet utilisera ce mot lors de son procès. *La Dépêche du Centre et de l'Ouest*, 18 juin 1914.

5- *La Dépêche du Centre et de l'Ouest*, 18 juin 1914.

6- La distance entre Lisieux et Argentan est de 60 kilomètres.

7- *La Dépêche du Centre et de l'Ouest*, 18 juin 1914.

8- Expression utilisée par le journal *La Dépêche du Centre et de l'Ouest*, 18 juin 1914.

9- Expression utilisée par le journal *La Dépêche du Centre et de l'Ouest*, 21 mars 1914

10- *La Dépêche du Centre et de l'Ouest*, 18 juin 1914.

11- La distance entre Langeais et Gizeux est de 23 kilomètres. Pour effectuer ce parcours à vélo, il faut compter au minimum 1 heure.

12- Propos de Doucet à son procès. *La Dépêche du Centre et de l'Ouest*, 18 juin 1914.

13- *La Dépêche du Centre et de l'Ouest*, 19 mars 1914.

14- *La Dépêche du Centre et de l'Ouest*, 19 mars 1914.

15- *La Dépêche du Centre et de l'Ouest*, 19 mars 1914.

16- *La Dépêche du Centre et de l'Ouest*, 21 mars 1914.

17- *La Dépêche du Centre et de l'Ouest*, 27 mars 1914.

18- *La Dépêche du Centre et de l'Ouest*, 18 juin 1914.

19- *La Dépêche du Centre et de l'Ouest*, 18 juin 1914.

20- *La Dépêche du Centre et de l'Ouest*, 20 juin 1914.

21- *La Dépêche du Centre et de l'Ouest*, 20 juin 1914.

22- *La Dépêche du Centre et de l'Ouest*, 20 juin 1914.

23- *La Dépêche du Centre et de l'Ouest*, 20 juin 1914.

24- *La Dépêche du Centre et de l'Ouest*, 20 juin 1914.

25- *La Dépêche du Centre et de l'Ouest*, 20 juin 1914.

26- *La Dépêche du Centre et de l'Ouest*, 20 juin 1914.

27- Deibler est l'exécuteur des hautes œuvres en France.

28- *La Dépêche du Centre et de l'Ouest*, 20 juin 1914.

29- *La Dépêche du Centre et de l'Ouest*, 20 juin 1914.

30- *La Dépêche du Centre et de l'Ouest*, 20 juin 1914.

31- *La Dépêche du Centre et de l'Ouest*, 20 juin 1914.

32- *La Dépêche du Centre et de l'Ouest*, 20 juin 1914.

33- *La Dépêche du Centre et de l'Ouest*, 20 juin 1914.

34- *La Dépêche du Centre et de l'Ouest*, 18 juillet 1914

35- Expression utilisée par le journal *La Dépêche du Centre et de l'Ouest*, 18 juillet 1914

36- *La Dépêche du Centre et de l'Ouest*, 18 juillet 1914

37- Le livre du criminologue italien, Cesare Lombroso, *Le Criminel-né*, connaît un immense succès à la fin du XIXe siècle.

# LA SOUPE AUX CHOUX

18 septembre 1911. 19 heures 30. Pierre Gaby vaque à ses occupations dans sa ferme. Soudain le cri d'une femme provenant du dehors le sort de ses pensées. Le cultivateur se précipite vers l'entrée et ouvre la porte. Dans la pénombre, il reconnaît aussitôt sa voisine, Éléonore Cottreau, une femme brune de 30 ans. Paniquée, elle lui annonce que son père est sur le point de mourir. « Il est tombé au bas du lit[1] », hurle-t-elle.

Aussitôt, Pierre Gaby appelle Daniel Manteau, son domestique, et prend la direction du domicile de la famille Cottreau, situé à Mougon. La maison est distante de la sienne de plusieurs centaines de mètres. Lorsqu'ils pénètrent dans la chambre de M. Cottreau au premier étage, Pierre Gaby et Daniel Manteau ne peuvent s'empêcher de retenir leur respiration. L'odeur qui se dégage de la pièce est épouvantable. Allongé sur son lit, le père Cottreau, 62 ans, ne respire plus. Son visage marqué et jaunâtre semble figé de douleur. Assise près de lui, son épouse, Jeanne, 63 ans, paraît résignée. Sous le choc, les deux hommes constatent le décès de leur voisin qui paraissait pourtant en bonne forme la veille.

En rentrant chez eux, Pierre Gaby et Daniel Manteau ne peuvent s'empêcher de penser qu'avec le décès du mari, l'ambiance à la maison des Cottreau sera peut-être enfin plus calme ; car à Mougon, petit hameau de la commune de Crouzilles dans le sud-ouest de l'Indre-et-Loire, personne n'ignore que M. Cottreau est en conflit permanent avec sa femme et sa fille. Depuis des années, des scènes violentes éclatent régulièrement. Entre, l'alcoolisme du père, « la méchanceté[2] » de son épouse et « la conduite irrégulière[3] » de la fille, le foyer Cottreau est l'un des plus animés du village. Mais depuis quelque temps, les relations se sont considérablement dégradées. Très complices, les deux femmes ne cachent plus leur haine du patriarche.

« Il ne crèvera donc pas ![4] », se sont-elles exclamées il y a peu devant plusieurs témoins. Violenté, le vieil homme a même porté plainte il y a quelques jours contre sa fille auprès du parquet de Chinon.

Le lendemain, M. Chausseraye, employé de la voie sur la ligne de Port-Boulet, passe devant la maisonnette des époux Cottreau. Comme à son habitude, il salue Jeanne. La vieille femme s'approche et lui apprend alors la terrible nouvelle. Son mari est mort hier soir de façon foudroyante. Elle ajoute que c'est la « purgation qu'il avait prise[5] » quelques jours plus tôt qui explique probablement ce décès. Sous le choc, M. Chausseray réconforte la femme avant de s'éloigner.

Quelques minutes plus tard, une voiture se gare devant la maison du défunt. Un homme, parfaitement habillé, en descend, une petite valise à la main. Les deux femmes sont là pour l'accueillir et le conduire dans la chambre du défunt. Il s'agit du docteur Deschand, le médecin de l'île-Bouchard. Alors qu'il s'approche du cadavre, Jeanne Cottreau lui explique que son mari est décédé la veille au soir, probablement parce qu'il s'est purgé avec du sel. Le médecin esquisse un sourire. On ne meurt pas d'une purge au sel. Il passe ensuite un long moment à ausculter le défunt sans parvenir à déterminer les causes de la mort. Étrange. Il n'ignore pas que Cottreau avait un fort penchant pour l'alcool mais le décès semble si soudain. Et puis il y a cette odeur si incommodante qui se dégage de la pièce et du cadavre. Après mûre réflexion, il se tourne vers les deux femmes et leur explique qu'il ne peut pas leur donner le permis d'inhumer. Selon lui, il y a beaucoup trop de zones d'ombre. Une enquête devra être ouverte pour déterminer les causes de la mort. Avant de quitter les lieux, il regarde Éléonore dans les yeux et lui lance. « N'avez-vous pas empoisonné votre père ? » « Il a lui-même pris quelque chose mais je ne sais pas quoi », se défend-elle aussitôt.

À peine le médecin quitte-t-il la maison des Cottreau que les deux femmes se précipitent chez le garde champêtre. Tout en lui montrant une fiole de mort aux rats qu'elles disent avoir trouvé dans une haie en face de la chambre du père Cottreau, elles lui expliquent que le défunt avait des envies suicidaires. « Il a dû s'empoisonner[6] », affirment-elles. Après avoir avalé le poison, il a probablement jeté la bouteille de sa fenêtre. Le garde champêtre les regarde, quelque peu circonspect. Comment peuvent-elles avoir la certitude qu'il y avait du poison à l'intérieur puisque la bouteille est propre ? Qui l'a nettoyée ? Pas elles, selon leurs dires. Alors qu'elles regagnent leur domicile, Jeanne et Éléonore ignorent que cette précipitation ne joue pas en leur faveur. Dans la soirée, le docteur Deschand a finalement délivré un permis d'inhumer mais en stipulant que les causes de la mort étaient inconnues. Si les femmes n'avaient pas parlé d'empoisonnement

au garde champêtre, il n'y aurait probablement jamais eu d'enquête. Au début du XXe siècle, les médecins n'ont pas toujours l'explication rationnelle au décès d'une personne âgée. Qui plus est alcoolique.

Avec l'aveu des femmes Cottreau, la machine judiciaire se met en route. L'autopsie pratiquée sur le défunt révèle que l'absorption d'une « pâte phosphorée Steiner[7] », appelée communément mort aux rats, est à l'origine de la mort. Les médecins et les experts découvrent « des quantités considérables de phosphore, suffisantes non seulement pour occasionner la mort, mais pour l'entraîner rapidement[8] ». Des villageois interrogés parlent aux enquêteurs de la mésintelligence qui régnait au domicile des Cottreau. Certains affirment que le défunt était maltraité, d'autres ajoutent qu'il avait bien acheté de la mort aux rats. Aucun n'évoque en revanche ses envies suicidaires.

Rapidement, les soupçons des enquêteurs se portent sur la mère et la fille. Une perquisition est pratiquée à leur domicile et aux alentours. Après quelques minutes de fouille, un enquêteur trouve de la vaisselle cassée portant encore quelques morceaux de choux et un pot de sel dans le fossé bordant la route menant à la maison des Cottreau. Dans les placards de la maison, ils découvrent de la vaisselle avec les mêmes motifs que ceux trouvés dans le fossé. « Ce plat a été cassé accidentellement par le père Cottreau », expliquent-elles. « Le plat se trouvait sur la table. Le père Cottreau était tombé sur cette table, peu solide, dont un pied s'était rompu[9]. » L'analyse des restes de la vaisselle se révèle fort intéressante. Dans leur rapport, les experts affirment que le sel est celui utilisé en cuisine. Il est absolument inoffensif. En revanche, c'est bien de la mort aux rats qu'ils découvrent sur la vaisselle et dans les restes de choux. Des traces bleues, caractéristiques de la pâte phosphorée Steiner, sont même visibles à l'œil nu.

Deux jours après la mort suspecte du père Cottreau, le gendarme Millet interroge les deux femmes. Ces dernières expliquent au Maréchal des logis que le vieil homme était alité depuis le 11 septembre. M. Millet fronce les sourcils. Étrange. M. Lavergne, l'adjoint au maire de Crouzilles, lui a confié ce matin qu'il avait vu le défunt le 11 septembre. L'ouvrier agricole s'était rendu à la mairie pour lui demander un certificat de bonne vie et mœurs afin de l'envoyer au parquet de Chinon. M. Cottreau est allé ensuite à Chinon déposer plainte contre sa fille. Elles expliquent ensuite que le sel trouvé est celui utilisé par le défunt pour se purger. Quant à la présence de mort aux rats dans l'assiette et dans les restes de choux, c'est selon elles, le vieil homme qui en a mis dans son potage. Il s'est suicidé en mangeant une soupe empoisonnée.

Aux yeux de la justice, cette thèse semble fragile car l'empoisonnement par le

phosphore se manifeste par des vomissements abondants. Il semble étrange que les
voisins, appelés quelques instants après
la mort de Cottreau, n'aient pas trouvé
la moindre trace de vomis. En revanche,
Pierre Gaby et Daniel Manteau ont parlé
d'une odeur épouvantable qui régnait dans
la chambre du défunt. Et si les femmes
avaient enlevé les déjections de Cottreau
pour cacher toutes traces d'empoisonnement; car dans un premier temps, elles
ont parlé d'une mort naturelle. Il a fallu
que le docteur Deschand les soupçonne
pour qu'elles évoquent l'idée d'un suicide
par empoisonnement. D'ailleurs, les deux
femmes, interrogées séparément, divergent
sur plusieurs points de leurs déclarations.
Jeanne, l'épouse, affirme que son époux
n'a pas vomi. Sa fille, en revanche, déclare
que son père « jetait lui-même par la fenêtre, à l'aide d'une pelle, les matières qu'il
rendait[10]. » « Elles soutiennent aussi que
Cottreau est mort sans donner de signes
apparents de souffrance, alors que l'empoisonnement par le phosphore occasionne
des douleurs violentes. » Pourquoi avoir
nié la douloureuse agonie du défunt? Et
puis si Cottreau s'est suicidé, qui a lavé la

fiole contenant le poison puisque les deux femmes nient l'avoir fait ? Le défunt ? C'est peu probable. Les enquêteurs n'imaginent pas le vieil homme prendre le soin de laver sa petite bouteille de poison quelques minutes après avoir bu sa soupe.

Pour la justice, il y a suffisamment d'éléments pour envoyer Jeanne et Éléonore devant la cour d'assises pour empoisonnement. Le 22 décembre 1911, encadrées de trois gendarmes, elles prennent place sur le banc des accusés. Les journalistes découvrent alors deux paysannes, parfaites incarnations du monde rural en ce début de XX$^e$ siècle. Vêtue d'un long manteau noir avec capuchon et coiffée d'un bonnet de paysanne sur lequel est attaché un fichu de laine noire, Jeanne paraît plus que ses 63 ans. Le public et les journalistes remarquent sa maigreur et sa « lèvre ombragée d'un duvet noir. Les yeux sont expressifs et le menton volontaire[11]. » À côté d'elle, Éléonore, très brune, porte un épais fichu noir sur la tête qui ne dissimule pas son teint jaune. Visiblement intimidées, les deux femmes font profil bas. L'interrogatoire et l'acte d'accusation sont l'occasion de les présenter. Très complices depuis toujours, l'enquête rapporte qu'elles ne se séparaient jamais même lorsque la fille allait à un rendez-vous galant. Sa mère attendait derrière la porte. Si la mésintelligence régnait au domicile des Cottreau, les premières années de mariage à Briançon, dans la commune de Cravant, furent plutôt heureuses. Ensuite, le couple est parti s'installer à Saint-Épain. Là-bas, Jeanne a laissé « la réputation d'une femme acariâtre et violente[12] ». La complicité des premiers temps a laissé la place aux coups et aux injures. La famille a pris ensuite la direction de Mongon. Les villageois ont découvert un couple habité d'une haine réciproque. Le reporter de *La Touraine Républicaine* note dans l'édition du 23 décembre 1911 : « Les accusées avaient la réputation de brutaliser le père Cottreau, qui était travailleur, mais ivrogne. [...] Celles-ci prétendent que lorsqu'il était ivre, Cottreau les brutalisait. La fille Cottreau prétend même qu'il l'obligeait à coucher dehors. »

Le président interroge Jeanne Cottreau. « Vous prétendez que votre mari avait manifesté plusieurs fois, devant vous, l'intention de se donner la mort ? » « Oui, monsieur. » « En tout cas, il n'a jamais manifesté cette intention devant d'autres personnes. » L'accusée explique alors que son mari avait tenté de se tuer d'un coup de fusil à Saint-Épain. Le magistrat reste sceptique. Il lui parle alors de l'étrange laps de temps pour prévenir le médecin. Pourquoi avoir attendu le 19 septembre pour que sa fille aille chercher le docteur alors que le décès avait été constaté la veille au soir ? Jeanne n'est pas capable de répondre. « Est-ce que vous n'avez pas dit aux gendarmes que votre mari était alité depuis le 11 septembre ? » L'accusée élude la question avant de nier avoir tenu ses propos.

Le magistrat se tourne alors vers la fille Cottreau et lui demande d'expliquer ce qu'elle sait de la mort du vieil homme. « Vers 6 heures, alors que mon père se trouvait au premier étage de l'habitation, je lui montai la soupe aux choux. Il fut pris de faiblesse et je lui demandai ce qu'il avait. Il m'injuria. Puis il fut pris d'une nouvelle faiblesse. Je lui demandai ce qu'il avait, et s'il fallait que j'aille chercher le médecin. Il m'injuria à nouveau et me dit qu'il avait pris du poison, ajoutant que je pouvais aller chercher le médecin et les gendarmes. Puis il se coucha sur son lit, je lui ai demandé à nouveau ce qu'il avait pris et s'il souffrait beaucoup. Peu après il mourait, mais en se débattant, il glissa à terre, et ma mère que j'appelai, le remonta sur son lit. Il ne mangea pas la soupe aux choux. » Le président fait alors remarquer aux jurés que Jeanne a affirmé lors de l'instruction que son mari en avait mangé un peu. Il insiste sur cette nouvelle faille dans le jeu des accusées mais la vieille femme se rétracte. Elle se rallie à sa fille et affirme que son mari n'a jamais goûté la soupe. Le magistrat poursuit. « Combien de fois êtes-vous montées dans la chambre de Cottreau le jour de son décès ? » « Cinq ou six fois » répondent les deux femmes. La fille explique notamment que c'est vers 9 heures du matin qu'elle monta la soupe à son père alors qu'à l'instruction sa mère avait dit que c'était entre midi et une heure. La défense est de nouveau mise à mal. Le procès se poursuit et les contradictions se succèdent chez les accusées. Le père Cottreau n'a pas souffert ni vomi selon Jeanne. Pour Éléonore, il a vomi une fois à six heures du soir, une heure avant de mourir mais aussi le jeudi précédent après sa purgation. « Il avait monté une pelle à feu dans sa chambre et, avec cette pelle, il jetait de la cendre sur ces déjections, pour ensuite jeter le tout par la fenêtre[13]. » Les deux femmes s'accordent en revanche sur un point. Elles n'ont pas nettoyé la fiole de mort aux rats.

« Puisque Cottreau vous avait dit qu'il avait pris du poison, comment se fait-il que vous ayiez laissé ignorer au docteur Deschand les causes exactes de sa mort. Pourquoi ne lui avez-vous pas dit qu'il avait pris du poison ? » « Il ne me l'a pas demandé », répond la mère. « Je n'y ai pas songé », tente de se justifier Éléonore. « Est-ce que le docteur Deschand ne vous a pas reproché d'avoir empoisonné votre père ? » « Si, monsieur. Je lui ai répondu qu'il avait lui-même pris quelque chose, et que je ne savais pas quoi. » « Vous êtes en contradiction sur ce point avec le docteur Deschand. De l'avis des experts, l'agonie de votre père a dû être très longue. Et il est inadmissible que ni l'une ni l'autre ne l'ayiez vu souffrir, car il a dû se tordre littéralement et souffrir d'une façon atroce. » Les deux femmes restent campées sur leur position. Elles n'ont pas empoisonné le père Cottreau.

Les débats se poursuivent mais l'impression générale dégagée par les accusées n'est pas bonne. Il y a des zones d'ombre qui ne jouent pas en leur faveur, sans parler des contradictions dans leurs déclarations ou pire des changements de versions. L'audition des témoins renforce ce sentiment de culpabilité. Le médecin légiste de Chinon, M. Labussière, qui a pratiqué l'autopsie du corps de Cottreau, affirme que le vieil homme est mort empoisonné. « L'agonie a pu durer dix ou douze heures mais certainement pas plusieurs jours. » Dans ce cas, les femmes n'ont pu ignorer ses souffrances, elles qui disent être montées le voir dans sa chambre cinq ou six fois. En revanche, il y a peut-être une chose de vraie dans la déclaration d'Éléonore Cottreau. C'est certainement à 9 heures du matin qu'elle a donné la soupe à son père. « Dix à douze heures » plus tard, il décédait, il était environ 19 heures 30. La suspension d'audience à 14 heures 30 met fin au calvaire de Jeanne et Éléonore Cottreau.

Lorsque les débats reprennent, l'ambiance change brutalement. Le docteur Deschand, qui a été le premier à soupçonner les femmes d'avoir empoisonné Cottreau, est appelé à la barre. Son témoignage s'annonce de nouveau accablant pour les accusées. Mais étrangement, le médecin « se retranche derrière le secret professionnel » et refuse « de faire connaître les résultats de ses constatations ». Cette position, plutôt rare devant une cour d'assises, a toutes les chances de semer le doute dans l'esprit des jurés. Pourquoi le médecin ne collabore-t-il pas? A-t-il peur que son témoignage accable un peu plus les accusées?

Le témoignage suivant très détaillé et parfois complexe de M. Villedieu, professeur de chimie à l'école de médecine de Tours, n'apporte rien de nouveau. Il confirme que les viscères prélevés sur le corps du défunt contenaient bien de la mort aux rats tout comme la pelle à feu, la fiole, les morceaux du plat cassé et la soupe aux choux. L'expert explique. « Il est invraisemblable que Cottreau ait pu, après l'absorption du poison, jeter lui-même ses déjections par la fenêtre. Il devait souffrir d'une façon atroce, et il n'est pas possible que les accusées, qui prétendent l'avoir approché à diverses reprises, ne s'en soient pas aperçues. En raison de la quantité de phosphore absorbée par Cottreau, celui-ci dut entrer en agonie deux heures après l'absorption du poison[14]. »

Le réquisitoire de M. Marcombes, procureur de la République, est une terrible charge contre les accusées. « Cottreau n'a pu s'empoisonner lui-même ; il l'a été par sa femme et sa fille. » Pour conclure, il demande « toute la sévérité du jury ». Le reporter du journal *La Touraine Républicaine* note dans l'édition du 24 décembre : « Sans avoir fait aucune allusion à l'application de la peine, c'est en réalité la peine capitale que réclamait en parlant ainsi M. le procureur de la République. »

À l'inverse, Me Guibaud, l'avocat des deux accusées, insiste sur l'absence de preuve. Pour lui, le dossier est vide. Il n'y a aucun fait susceptible de prouver avec certitude que Jeanne et Éléonore Cottreau sont coupables. Ce ne sont pas une fiole lavée, de la vaisselle cassée, l'absence de déjection près du cadavre où les hésitations de ses clientes concernant leur emploi du temps qui constituent des preuves implacables. Au final, qui a vu les femmes Cottreau mettre de la mort aux rats dans la soupe du défunt ? Personne. Dès lors, c'est l'acquittement pur et simple que M^e Guibaud demande à l'issue d'une plaidoirie brillante.

Il faut croire que les jurés ont été convaincus par les arguments de la défense. À l'issue d'une délibération de quarante-cinq minutes, le jury rapporte un verdict négatif. À 20 heures 15, la séance est levée, Jeanne et Éléonore Cottreau ressortent libres du tribunal. Dans cette histoire où tout semblait accusés les deux prévenues, les jurés n'ont fait qu'appliquer l'un des principes fondamentaux de la justice. Le doute bénéficie toujours aux accuser. Mais les deux femmes ont surtout bénéficié d'un dysfonctionnement du code de procédure pénal qui n'a plus cours aujourd'hui. Avant 1932[15], les jurés délibéraient seuls, sans assistance de magistrats professionnels. Ils devaient répondre aux différentes questions de l'acte d'accusation, sans savoir la peine que les magistrats allaient prononcer « dans leur dos ». S'ils avaient répondu positivement à la culpabilité des deux femmes concernant l'empoisonnement, les magistrats auraient prononcé une sanction que le jury n'aurait pu discuter. Les jurés ont certainement préféré acquitter Jeanne et Éléonore soit par conviction, soit parce qu'ils pensaient qu'une peine trop lourde risquait d'être prononcée en leur absence. Tout le XIX$^e$ siècle et le début du XX$^e$ siècle sont marqués par ce que la presse a appelé les verdicts scandaleux. Nous nous garderons bien ici de classer l'affaire Cottreau dans cette catégorie, la justice ayant reconnu les deux femmes innocentes.

# NOTES

1- *La Touraine Républicaine*, acte d'accusation, 23 décembre 1911.

2- *La Touraine Républicaine*, acte d'accusation, 23 décembre 1911.

3- *La Touraine Républicaine*, acte d'accusation, 23 décembre 1911.

4- *La Touraine Républicaine*, acte d'accusation, 23 décembre 1911.

5- *La Touraine Républicaine*, acte d'accusation, 23 décembre 1911.

6- *La Touraine Républicaine*, acte d'accusation, 23 décembre 1911.

7- *La Touraine Républicaine*, acte d'accusation, 23 décembre 1911.

8- *La Touraine Républicaine*, acte d'accusation, 23 décembre 1911.

9- Propos de la femme et la fille Cottreau tenus à leur procès. *La Touraine Républicaine*, 23 décembre 1911.

10- *La Touraine Républicaine*, acte d'accusation, 23 décembre 1911.

11- *La Touraine Républicaine*, acte d'accusation, 23 décembre 1911.

12- *La Touraine Républicaine*, 23 décembre 1911.

13- *La Touraine Républicaine*, 23 décembre 1911.

14- *La Touraine Républicaine*, 24 décembre 1911.

15- En 1932, la loi change. Le jury « continue de délibérer seul sur la culpabilité et les circonstances atténuantes, mais il est appelé à délibérer avec la cour sur toutes les autres questions qui échappaient à son appréciation » (Jean-Maire Augustin, *Les Grandes Affaires criminelles de Poitiers*, Mougon, Geste éditions, 1995, p. 10). Il faudra attendre 1941, pour que magistrat et jurés se prononcent ensemble sur la culpabilité de l'accusé et sur la peine à lui appliquer.

# LE MONSTRE
# DE CHAMBRAY-LÈS-TOURS

Juillet 1907. Albert Fournier marche discrètement sur un chemin de campagne dans les environs de Saint-Avertin. Tout à coup, le jeune homme de 23 ans aperçoit une silhouette dans un champ de vignes. Aussitôt, il se cache derrière des bosquets et observe la scène. Quelques instants plus tard, Fournier se redresse discrètement et disparaît au bout du chemin, un sourire au coin des lèvres.

Le garçon marche à présent à vive allure. Il sait qu'il doit faire vite. Mme Richard qu'il vient d'observer dans le champ de vignes risque de revenir à tout moment. Lorsqu'il arrive au domicile de la femme, Fournier est certain de ne trouver personne. Le fils de la cultivatrice, qui vit avec elle, est aussi absent. Il en a acquis la certitude en menant sa petite enquête. Arrivé devant l'exploitation agricole, Fournier ouvre le poulailler, brise une fenêtre en hauteur qui communique avec l'habitation, avant de pénétrer dans la pièce principale. Il se précipite alors sur les armoires qui s'offrent à lui. Elles sont malheureusement presque toutes fermées à clé. Il peste contre ce coup du sort. Lorsqu'il en trouve une d'ouverte, c'est la déception. Aucune pièce, aucun billet, aucun objet de valeur… Le temps presse, il ouvre un dernier placard et découvre un revolver. Il s'en contentera.

Un an plus tard, en août 1908, Fournier reprend du service. Cette fois, il choisit une maisonnette à Saint-Avertin, appartenant à M. Ranty. Pour pénétrer à l'intérieur, il change de stratégie et force la serrure de la porte d'entrée. Son butin est tout aussi pauvre. L'apprenti voleur repart avec des serviettes, des torchons, des fourchettes et des cuillers pour une valeur de 50 francs. Grâce à ces petits larcins, Fournier finance sa vie de tous les jours. Il est loin le temps où il travaillait chez des propriétaires pour un salaire de misère. En revenant du service militaire, il a décidé de changer de vie.

Certes il continue de travailler de temps à autre chez des agriculteurs mais le cœur n'y est plus. D'ailleurs, ses anciens patrons de La Riche et de Fondettes ne le reconnaissent plus. Il est licencié à de multiples reprises.

Dans les derniers jours d'août 1908, Fournier repère une propriété à Saint-Avertin. Dans cette belle maison de campagne, le cambrioleur espère enfin trouver un butin digne de ce nom. La tête remplie d'espoir, le garçon escalade une petite haie de un mètre de haut, court le plus vite possible près de la maison et brise un carreau de la fenêtre de la salle à manger. Quelques instants plus tard, Fournier est à l'intérieur de la pièce. Comme pour les autres vols, le jeune homme entreprend une fouille rapide des armoires et des buffets mais il est rapidement rattrapé par ses émotions. Il ne reste que quelques minutes dans l'habitation et repart avec un butin encombrant, fait de couverts et d'un parapluie. Une fois chez lui, le voleur fait ses comptes. Il devrait pouvoir en tirer un bon prix, peut-être 150 francs. Il regrette à présent ce manque de courage et de lucidité car en prenant plus son temps, il aurait probablement trouvé des objets de plus grande valeur. Le surlendemain, le voleur décide de retourner chez M. Ranty, là où il a commis son deuxième vol. Dans la nuit du 31 août, une semaine après son premier passage, Fournier procède de la même manière que lors de sa première visite. Il escalade un petit mur, force la serrure de la porte d'entrée et s'empare « de divers objets estimés à vingt francs[1] ». Décidément, sa stratégie n'est pas très au point.

Le 19 septembre, la gendarmerie, qui enquête depuis plusieurs mois sur la série de vols perpétrés à Saint-Avertin, soupçonne Fournier. Plusieurs perquisitions sont effectuées à son domicile à la Rondelière. Les résultats sont accablants. Les gendarmes retrouvent une partie des différents vols. Le 15 décembre, Albert Fournier est traduit devant la cour d'assises d'Indre-et-Loire. Face aux jurés, l'accusé reconnaît les faits qui lui sont reprochés. Il se montre même coopératif en donnant des détails précis de ses quatre forfaits. Pour expliquer son changement d'attitude depuis son retour du service militaire, Fournier met en avant ses mauvaises fréquentations. La cour apprécie cette sincérité mais reconnaît que le prévenu a fait preuve d'une grande naïveté en choisissant de cambrioler des propriétaires fort modestes. M. Guitteau, le substitut, « demande une condamnation mais ne s'oppose pas aux circonstances atténuantes[2] ». Après vingt minutes de délibération, Fournier est reconnu coupable des quatre vols mais bénéficie de circonstances atténuantes. Il est condamné à cinq ans de prison. Il sort de sa cellule de Fontevrault en 1913.

Au cours de la Grande Guerre, le voleur est mobilisé sur le front. Les premiers mois, le première classe est un bon soldat. Il est même promu caporal. Malheureusement, Fournier fait de nouveau parler de lui. Il perd son grade pour « indignité, puis en 1916 est condamné par le conseil de guerre de la 6e armée à dix ans de réclusion avec suspension de peine, et par le conseil de guerre de la 10e division pour vol militaire, le 7 février 1917, à 5 ans de réclusion et à la dégradation militaire[3] ».

Après plusieurs mois de prison, il retourne dans l'Indre-et-Loire et retrouve sa femme ; qui il s'est marié juste avant la guerre. Son fils, né au début du conflit mondial, l'attend avec impatience. En

1918, pour échapper à sa lourde peine de 15 ans de réclusion, Fournier s'est engagé dans l'infanterie. L'armée a fait une croix sur sa peine. Il a juré à sa femme de ne plus commettre les mêmes erreurs. À première vue, l'ancien voleur s'est assagi. L'impression est trompeuse car les mois de conflit et les années de prison ont accentué son caractère violent et ambitieux. Fournier est devenu un alcoolique sans foi ni loi. Il ne va pas tarder à le démonter.

16 août 1919. Albert Fournier est recherché par la police et la gendarmerie de toute la France. Engagé au 68e bataillon d'infanterie du Blanc, l'homme, maintenant âgé de 35 ans, a décidé de ne pas revenir dans sa caserne après sa permission. Avec son camarade Henri Maurice, un journalier de 45 ans, il a prévu de faire un gros coup. Les deux compères ont repéré une belle propriété à Montbazon, une ville située à quelques kilomètres au sud de Chambray-lès-Tours. Pour Fournier, l'opération est jugée sans risque car c'est son épouse, Louise, qui lui a donné l'information bien involontairement. Domestique dans cette propriété détenue par M. Robert, madame Fournier explique

innocemment que son patron s'est absenté quelques jours. En quittant son domicile, Fournier menace sa femme d'un revolver « de lui faire son affaire[4] » si elle s'avise de le dénoncer à la gendarmerie sur sa situation de déserteur. N'écoutant que son courage, Louise, déçue par les mauvaises habitudes de son époux, s'empresse d'aller porter plainte dès le lendemain quelques heures après cette menace.

De leur côté, Fournier et Maurice passent à l'action. Ils pénètrent dans la propriété « en escaladant le mur de clôture d'une hauteur de un mètre ainsi que le grillage surmontant ce mur[5] ». Dans le jardin, les complices découvrent une échelle double, « la place sur une branche de lilas à un mètre cinquante du sol afin de pouvoir atteindre un œil-de-bœuf donnant sur le premier étage de la maison[6] ». Fournier monte à l'échelle maintenue par Maurice et d'un violent coup de poing brise un des carreaux de la fenêtre. La main en sang, le voleur fait « jouer une targette » et parvient à pénétrer dans la propriété.

À peine entrés, les deux escrocs s'empressent de descendre à la cave. Quelques secondes plus tard, ils remplissent leur panier de bouteilles de vin de Bordeaux et de liqueur. Avec leur provision d'alcool, les voleurs remontent à l'étage dans la salle à manger, sortent deux verres et, assis autour de la table, commencent à déguster leurs différentes bouteilles. La boisson leur donne du courage. Ils renversent les objets sur le sol, dépouillent les armoires de leurs effets, fracturent un cabaret à liqueur ainsi qu'un coffre ancien. Dans une chambre, Fournier repère de superbes souliers et un pantalon de velours. Aussitôt, le voleur enlève « ses brodequins, ses jambières, sa culotte militaire[7] » et s'empresse d'enfiler sa nouvelle tunique. Toujours aussi peu méthodique, le cambrioleur garde tout ce qui lui fait envie : une bouteille de vin et des boîtes de conserve. Il trouve aussi sur place un fusil de chasse calibre 12, un pistolet et une ceinture garnie de cartouches. Son camarade n'est guère plus inspiré. Il repart avec des vêtements, un imperméable en caoutchouc et un panier rempli de bouteilles de vin. À la nuit tombante, les cambrioleurs ressortent de la maison par la porte d'entrée en la fracturant et s'empressent d'aller cuver leur vin à l'abri des regards. Lorsqu'ils se séparent, Fournier laisse le fusil à son camarade.

19 août 1919. Fournier est en manque d'argent. Certes, le fruit de son vol chez M. Robert est finalement une bonne affaire. Il a calculé qu'il pourrait en tirer entre 700 et 800 francs. Seulement, il lui est impossible de revendre toutes ces affaires sans risquer de se faire prendre. Alors il se met à la recherche d'une nouvelle maison. Un endroit où il est absolument certain de trouver de l'argent liquide. Comment faire ? Soudain, une idée géniale lui vient à l'esprit. Et s'il retournait à la ferme de la Brissonnière, située à la sortie de Chambray-lès-Tours. Il la connaît bien pour y avoir travaillé en tant que domestique avant la guerre. Il sait que les propriétaires possèdent de l'argent dans les armoires familiales. Certes cela fait très longtemps qu'il n'y a plus mis les pieds mais une petite visite permettrait de voir si les choses ont changé.

Le jour suivant, dans l'après-midi, Fournier marche dans les rues de Chambray-lès-Tours. Il regarde autour de lui et décide de frapper à l'une des premières habitations qui se présentent sur sa route. Une femme lui ouvre la porte. Il s'agit de madame Lelandu. En voyant cet homme qu'elle ne connaît pas, la villageoise reste prudente. Devant elle se tient un individu « robuste, brun, le bas du visage allongé, le sommet du crâne pointu, le nez épaté avec de grosses poches sous les yeux » [8] L'inconnu possède un fusil. Il explique poliment qu'il est assoiffé et qu'il souhaiterait juste boire un verre d'eau car il ne peut pas « boire de vin pur[9] ». La femme accepte de le laisser entrer. Fournier s'assoit alors en bout de table et entame la conversation. Pendant une heure, le déserteur questionne la villageoise qui ne tarde pas à montrer des signes d'impatience. Elle regrette amèrement d'avoir invité cet homme à s'asseoir à sa table. De temps à autre, elle lance un regard inquiet sur le fusil que l'homme garde près de lui. Fournier s'en rend compte et avec un grand sourire explique qu'il vient de l'acheter à Tours. Il compte aller chasser du côté de Cormery un village situé à quelques kilomètres au sud-est de Chambray. Finalement l'homme se lève, remercie son hôte et quitte les lieux. La villageoise regarde l'inconnu s'éloigner sur le chemin. Étrange. Il ne prend pas du tout la direction de Cormery mais celle de la ferme de la Brissonnière.

Alors qu'il quitte les lieux, Fournier a acquis la certitude que la ferme de la Brissonnière est l'endroit idéal pour perpétrer son vol. Le domaine agricole est toujours dirigé par Henri Monmarché, son ancien employé. C'est le seul homme de l'exploitation. Le propriétaire y vit avec sa sœur et deux femmes domestiques. Après quelques minutes de marche, Fournier arrive aux abords de l'exploitation qui à première vue n'a guère changé depuis la guerre. La ferme offre un profil intéressant. « Un petit bois la borde à l'ouest et au sud, et la masque en partie de la route de Chambray à Saint-Avertin[10]. » Caché derrière les arbres, le déserteur regarde autour de lui. L'endroit est idéal. L'exploitation est isolée, les premières maisons de Chambray-lès-Tours étant à plus de 700 mètres. Définitivement convaincu, il revient sur ses pas et, une fois arrivé dans la ville, s'installe à 16 heures dans un bar tenu par Eugénie Piché. Il reste là une heure « à casser la croûte[11] » et à boire deux chopines avec une de ses connaissances, un nommé Georges Sinet. Très fier de lui, Fournier montre à son camarade une photo de sa femme et de son fils. À la fin de la seconde chopine, l'alcool commence à lui monter à la tête. Il s'en moque. Il sait qu'il lui faudra du courage pour perpétrer ce qu'il pense être le plus gros coup de sa carrière. D'ailleurs, il a tout prévu. Pour ne pas être vu par le garde champêtre, Fournier a caché le fusil volé chez M. Robert dans le bois jouxtant la ferme de la Brissonnière. Le matin, avant de prendre la direction de Chambray, il est allé le demander à son camarade Henri Maurice en prétextant une partie de chasse. D'ailleurs, durant toute la matinée, Fournier, pour se forger un solide alibi, a réellement chassé dans les champs proches de Chambray-lès-Tours.

Quant au revolver dérobé chez M. Robert, il l'a aussi emmené avec lui. Il le sent d'ailleurs dans la poche de son veston. À 19 heures, il quitte les lieux et entre chez un coiffeur qu'il connaît bien, Louis Dorizon. Là, il sort son revolver à la vue des clients. Visiblement très impressionné, le fils du propriétaire, Georges, regarde l'arme avec attention. Il s'agit d'un browning. Fournier le tend au jeune homme et lui explique qu'il est prêt à lui vendre à un bon prix. Pour se montrer plus convaincant, Fournier explique qu'il possède aussi un fusil qu'il a caché dans le bois près de la Brissonnière. Après plusieurs minutes de conversation, il lui laisse l'arme et quitte les lieux.

Vers 20 heures, Fournier se dirige vers le bois près de la Brissonnière. À 20 heures 30, Fournier, le fusil en bandoulière, pénètre dans la cour de la ferme, où deux femmes sont en train de travailler. Intriguées par cet inconnu armé, Hélène Bineau et Marie Tillier, les deux domestiques, l'interpellent. L'inconnu explique qu'il vient de passer la journée à la chasse. En passant devant la ferme, il s'est arrêté pour rencontrer le propriétaire afin de proposer ses services. Rassurées, les deux domestiques expliquent qu'Henri Monmarché vit seul avec sa sœur et qu'il « est momentanément absent[12] ». Il se trouve chez un voisin. « Comment ça se fait. Il est donc pas marié le patron?[13] » demande Fournier innocemment. Le chasseur remercie et prend la direction de la ferme indiquée par les deux femmes. À peine sorti de la cour, le déserteur quitte la route et part se cacher dans les bois.

Tapi dans la forêt, Fournier attend le retour du propriétaire. Il patiente là, le fusil entre les mains. Soudain, il le voit passer devant lui. Il n'y a pas de doute. C'est bien l'homme pour qui il a travaillé avant la guerre. Alors que M. Monmarché arrive dans la cour, Hélène Bineau accourt dans sa direction. Elle raconte alors qu'un homme est venu avec un fusil pour chercher du travail. Il avait l'air étrange. Alors elle l'a suivi du regard lorsqu'il s'est éloigné de la ferme. Il est parti à pied en direction de la ferme voisine mais tout à coup, il a quitté la route et a disparu dans le bois situé à quatre cents mètres de la ferme. « Moi, j'y ferai attention, car il a un fusil et pas trop bonne figure[14] », lâche la journalière avant de quitter les lieux.

De son côté, Fournier attend tapi dans les bois. Il laisse le temps au propriétaire de s'installer chez lui. Quelques instants plus tard, alors qu'Hélène Bineau rentre chez elle, le bandit sort de sa cachette. Déterminé à réussir son coup coûte que coûte, il s'élance sur le chemin et pénètre dans la ferme d'un pas résolu. Henri Monmarché est en train de traverser la cour de l'exploitation. En voyant Fournier se diriger vers lui avec un fusil entre les mains, le propriétaire le reconnaît et l'interpelle. C'était donc lui, l'inconnu venu quémander du travail. Pour apaiser le vieil homme visiblement très en colère, Fournier lui explique qu'il cherche de l'ouvrage; mais le propriétaire n'en a que faire. Il ne veut plus entendre parler de ce travailleur dont il ne garde pas un très bon souvenir. Surpris par tant de mépris, Fournier prend son arme à pleine main, la pointe sur Henri Monmarché situé à quatre mètres de lui et tire. Manqué. Le vieil homme, terrorisé, fait demi-tour et s'enfuit. Il n'a pas le temps de faire deux mètres qu'il reçoit alors une décharge dans le dos qui le foudroie sur le champ. La scène a duré moins de dix secondes. Comme un robot, Fournier poursuit sa course folle. Il recharge son arme tout en se dirigeant vers l'habitation. À ce moment, alerté par les détonations de l'arme à feu, la sœur du propriétaire, Mlle Vouteau, sort de la maison. Lorsqu'elle apparaît sur le pas de la porte, Fournier se trouve là devant elle, le regard froid. Apeurée, la femme tente de s'enfuir mais l'assassin « lui tire un coup de fusil qui l'atteint sous l'omoplate gauche et la traverse de part en part; elle tombe la tête contre terre à deux mètres de la maison[15] ». Alors qu'il s'apprête à pénétrer dans la maison, une autre femme apparaît sur le pas de la porte de l'écurie située quelques mètres plus loin. Il s'agit de Marie Thillier, la jeune domestique. Fournier s'élance aussitôt à sa poursuite. Plus rapide, il la rejoint en quelques instants. Parvenu à une dizaine de mètres d'elle, il fait feu. « Le coup atteint la victime dans le dos, brise la colonne vertébrale; fait éclater le foie et la rate, atteint le cœur et l'étend foudroyée à l'entrée de l'étable[16]. » Face à ce corps sans vie, Fournier est alors pris d'une pulsion ignoble. Il s'approche de la domestique, la prend dans ses bras et l'emporte à l'intérieur de la maison où il la dépose sur un lit. Il lui dégrafe le corsage, lui relève ses vêtements et la pénètre. La scène est épouvantable. Alors que le sang envahit les draps et les couvertures, Fournier agite le corps sans vie de la domestique avant de le souiller. Toujours avec le plus grand calme, le violeur se rhabille et ne prend même pas la peine de remettre en ordre les vêtements de Marie Thillier pour tenter de cacher son acte immonde.

Apaisé, il entreprend alors de fouiller la maison. Tous les meubles sont passés au crible. Il fracture le secrétaire d'Henri

Monmarché avec l'aide d'un couperet trouvé dans la cuisine. Sans ménagement, il jette au sol les papiers et les linges qui ne l'intéressent pas et s'empare de tout l'argent qu'il trouve. Alors qu'il entasse les billets de banque et les pièces d'or dans ses poches, il se félicite d'avoir enfin trouvé une maison qui cachait un vrai trésor. Finis les petits vols qui ne rapportent rien. À présent, il est riche. Une fois la fouille achevée, il s'installe dans la cuisine où le repas du soir s'apprêtait à

être servi. Il prend du pain, de l'omelette et va déguster son repas dans la pièce voisine. Il mange le contenu de son assiette puis revient dans la chambre où le cadavre de la domestique gît sur le lit. Là, il ouvre une armoire mais ne trouve rien d'intéressant. Avant de quitter la ferme, il s'empare d'un vélo et s'arrête dans la cour. « Avec calme et sans hâte, il démonte son fusil, l'enroule dans un tablier[17] » trouvé dans la cuisine, l'attache sur le guidon, monte sur son vélo et prend la direction de Tours. Il arrive à destination vers minuit. Il dépose sa bicyclette à la consigne de la gare et aborde une femme, Marie Lepine, dans une rue. La conversation s'engage. Fournier lui propose de l'accompagner au buffet. Pour la convaincre, il lui glisse vingt francs dans les mains. Arrivé dans le restaurant, l'assassin commande de quoi se restaurer. Au moment de régler son dû, il laisse sa poche de pantalon légèrement ouverte pour que sa compagne y jette un œil. Marie n'en revient pas. Ce sont des pièces d'or. Il y en a entre quinze et vingt. « Ça appartenait à une belle-mère qui vient de mourir[18] », explique Fournier avec un brin de malice. Rassasié, le couple quitte le restaurant et appelle un fiacre qui les dépose au 33 rue de la Scellerie. Là, le meurtrier fait monter « l'ami[19] » de sa compagne, Maurice Verdon, et demande au cocher de les conduire au buffet de Saint-Pierre-des-Corps. Les trois compères y passent une bonne partie de la nuit. En sortant de l'établissement vers 4 heures du matin, ils poursuivent leur périple jusqu'à la gare de Tours, où Fournier récupère son vélo à la consigne. Il en profite au passage pour régaler le personnel. Quelques minutes plus tard, le trio prend la direction de Saint-Avertin pour manger dans un bar que Fournier connaît bien. Ils arrivent une vingtaine de minutes plus tard. À cet instant, l'assassin se trouve à quelques centaines de mètres des lieux de son crime. Il met pied à terre et se présente, avec ses deux compagnons de voyage, au café restaurant d'Angélique Bertheleau, aux alentours de six heures du matin. La faim lui tiraille le ventre. La restauratrice lui ouvre la porte. Elle le connaît suffisamment pour qu'il lui laisse son vélo en dépôt. La commerçante accepte mais ne peut s'empêcher de faire remarquer à son client qu'elle s'étonne de le voir avec un vélo aussi beau. Fournier rétorque qu'il l'a acheté avec sa prime de démobilisation.

Alors que le jour se lève, le trio, le ventre plein, quitte Saint-Avertin pour Tours et s'arrête en chemin près du pont de Bordeaux pour prendre le fusil que Fournier avait pris soin de cacher. Là, l'assassin saute du fiacre, disparaît quelques instants et revient avec l'arme entre les mains. Il le tend à Clément Blais, le cocher âgé de 52 ans. « Je vous vends un fusil pour 100 francs », lui lance-t-il. Pour prouver son excellent état de marche, il le démonte et agite aussi la cartouchière. Clément Blais est visiblement intéressé. Il hésite quelques instants et finit par se laisser convaincre. L'affaire est conclue. Au petit matin,

Fournier demande au cocher de les déposer devant une bijouterie de Tours. Il laisse 70 francs au conducteur et plaisante en lui tendant un louis de dix francs : « tu n'en vois pas souvent de ces petites bêtes-là ». Clément Blais sourit. Fournier est un excellent client. Arrivé devant la bijouterie, il demande à sa compagne de descendre et de choisir une paire de boucles d'oreilles. La femme s'exécute avec joie. Lorsqu'il sort du petit commerce après avoir réglé la somme de huit francs, Fournier déclare qu'il est temps de se séparer. La femme ne peut cacher sa déception. Pourquoi passer autant de bon temps ensemble pour se quitter si vite au petit matin ? Sans délicatesse, Fournier rétorque : « Oh ! C'était simplement pour faire la bombe[20] ! » À 9 heures du matin, Fournier se fait déposer par Clément Blais à Saint-Avertin. Il doit impérativement récupérer sa bicyclette laissée au café restaurant d'Angélique Bertheleau. Lorsqu'il en ressort quelques instants plus tard, il ne se doute pas qu'il ne lui reste que quelques minutes de liberté à vivre.

Il monte sur son vélo, s'apprête à quitter le village mais s'arrête brutalement. Il se passe quelque chose d'anormal. Fournier met alors un pied à terre et s'aperçoit qu'un de ses pneus est complètement à plat. Quel manque de chance ! Il réfléchit rapidement et décide d'aller voir le maréchal-ferrant dont le local se trouve non loin de là. Alors qu'il pousse son vélo, Fournier se sent subitement fatigué. Il n'a pas dormi de la nuit et l'euphorie de la fête semble bien loin. Ses jambes ont du mal à le porter. C'est à bout de forces qu'il arrive chez le maréchal-ferrant.

À quelques centaines de mètres de là, les enquêteurs sont sur les lieux du crime. Ils ont été prévenus qu'un terrible assassinat avait été commis à la ferme de la Brissonnière. En début de matinée, magistrats, gendarmes et policiers sont donc à pied d'œuvre. Ils fouillent la ferme à la recherche du moindre indice. Ils interrogent les villageois les plus proches qui leur expliquent qu'ils ont aperçu, la veille, un individu en tenue militaire rôder aux alentours de la ferme. Parmi les enquêteurs, un homme comprend qu'il faut agir rapidement. « M. Blondel, l'actif et subtil commissaire de la brigade mobile d'Orléans[21] », délaisse ses collègues sur les lieux du drame, monte dans une automobile conduite par son chauffeur, et prend la direction de Saint-Avertin. Tout à coup, peu avant de pénétrer dans le village de Saint-Avertin, le commissaire se redresse dans sa voiture. Là, tout près de lui, un individu, en tenue militaire, estavec sa bicyclette sur le bas-côté de la route. Il semble que le pneu du vélo soit crevé. Aussitôt, le commissaire lance à son chauffeur : « C'est mon homme, attention ! » Pour ne pas éveiller les soupçons, le commissaire entame une lente filature à une distance respectable. Il semble que l'individu se rende chez le maréchal-ferrant. À peine a-t-il disparu dans le commerce, que le commissaire Blondel demande à son chauffeur d'accélérer. La voiture s'arrête nette devant le local, Blondel en sort avec la plus grande discrétion. Sans être vu, il s'approche de son homme qui lui tourne le dos et se jette sur lui. Fournier n'a rien vu venir. Sans opposer la moindre résistance, il vient de se faire cueillir un peu plus de douze heures après son triple assassinat.

Épuisé l'assassin n'essaie même pas de nier. Face au commissaire qui lui pose les premières questions, il explique les circonstances du drame. Blondel n'en demandait pas tant. Aussitôt Fournier est emmené à la ferme de la Brissonnière. Face aux magistrats, le prévenu renouvelle ses aveux dans les détails. Pour justifier son passage à l'acte, il explique qu'il était saoul et qu'il n'a pas pris conscience de ce qu'il faisait. « Je ne me rappelle plus très bien, j'étais ivre[22] ».

Dans la région, l'annonce de ce triple assassinat fait l'effet d'une bombe, « les victimes de cet horrible drame jouissaient de la considération générale[23] ». Les journalistes sont nombreux à la Brissonnière le lendemain du crime. Lorsque Blondel sort de sa voiture avec un individu menotté, les reporters, qui circulent presque librement dans la ferme, sont déjà là. Ils s'empressent de restituer la nouvelle à leurs lecteurs. *Le journal de l'Indre-et-Loire* explique le 23 août 1919 : « Le meurtrier, menottes aux mains et encadré de deux gendarmes, est promené par M. Duport, le distingué procureur de la République, sur le champ de ses exploits en vue de la reconstitution du crime. Au milieu de la cour et sur le seuil de la porte on aperçoit deux taches sanglantes. C'est là que sont tombés et ont expiré M. Monmarché et sa sœur... Dans l'étable aux vaches on trouva le fichu de Marie Thillier. C'est vraisemblablement à cet endroit que s'est déroulé le troisième acte du drame. D'après les constatations médicales, il se serait ensuite passé un acte de sadisme abominable, mais le respect que nous avons pour nos lecteurs nous défend d'insister[24]. » Les journalistes parviennent même à pénétrer à l'intérieur de la maison. « Les tiroirs et les portes des meubles ont été fracturés à l'aide d'un hachereau. Le linge, la vaisselle, tous les objets qu'ils refermaient ont été bousculés, jetés à terre dans le plus grand désordre[25]. »

Grâce aux confessions de Fournier, l'enquête progresse à pas de géant. On retrouve les jours suivants, l'arme du crime chez le cocher, Clément Blais. Les enquêteurs font alors le rapprochement avec le vol commis chez M. Robert. Lorsqu'on lui présente le fusil ayant servi au crime, le propriétaire reconnaît l'arme comme étant la sienne. Inculpé de triple assassinat, Albert Fournier est aussi accusé de vol. Chose rarissime dans l'histoire de la justice, il devra passer deux fois devant les jurés de la cour d'assises de l'Indre-et-Loire au cours de la même session.

Son premier procès s'ouvre le 17 décembre 1919. Avec son camarade Henri Maurice, ils sont inculpés de vol qualifié dans la propriété de M. Robert à Montbazon. C'est dans cette maison que Fournier s'est procuré l'arme du crime de Chambray-lès-Tours. Si Maurice paraît intimidé par la cour et l'ambiance du procès, l'assassin reste « de marbre ; aucune trace d'émotion sur cette physionomie de bouledogue, seul un clignotement des yeux, dû peut-être à un tic[26]. » La première partie du procès est plutôt à l'avantage de Fournier. Avant 1907, il était un bon ouvrier. Au cours de la guerre, ce fut un valeureux soldat. Malheureusement, son comportement délinquant et son goût prononcé pour l'alcool l'ont écarté du droit chemin. M. Michel, directeur de l'asile des aliénés de Tours, abonde dans ce sens. Il explique que Fournier « présente des tares de dégénérescence physique. C'est en outre un alcoolique dont la responsabilité est atténuée[27]. » Interrogé par le président, l'accusé explique les circonstances du vol. Sa femme lui a donné l'information, il est allé trouver Henri Maurice pour cambrioler la maison. C'est d'ailleurs son complice qui a tenu l'échelle pour accéder à la fenêtre de la propriété. « Vous avez pris un fusil[28] » lui demande ensuite le président. « Oui monsieur », confirme l'accusé.

De son côté Maurice est présenté comme un ouvrier médiocre. Sa réputation n'est pas très bonne surtout à cause de sa femme et de ses enfants qui se livrent au maraudage. Si Fournier avoue le forfait, lui rejette catégoriquement les faits qui lui sont reprochés. « Vous avez entendu ce qu'a dit Fournier[29] », lui lance le premier magistrat. « Oui, ce n'est pas vrai. Je n'ai jamais vu Fournier cette journée-là. » « Pourquoi Fournier accuserait-il si vous n'étiez pas avec lui ? » rétorque le président. « Je ne sais pas, il m'en veut peut-être. » Le magistrat n'est pas dupe. Il sait que l'arme du triple assassinat a été cachée chez Maurice. « Pourquoi si vous n'étiez pas coauteur, aurait-il déposé le fusil chez vous ? C'était dangereux. » La réponse n'est guère convaincante. « Il est venu chez moi en se promenant car il s'ennuyait à Montbazon. » « Il y avait chez vous des vêtements volés ainsi que du vin de Bordeaux. » « C'est Fournier qui les avait laissés. » Lors d'une perquisition menée à son domicile, les enquêteurs ont en effet découvert un imperméable appartenant à M. Robert. Malgré cela, l'accusé reste campé sur ses positions. Il crie son innocence et proteste énergiquement contre toutes ces accusations. Il n'était pas avec Fournier car il était en train de couper de l'orge. « Vous avez d'abord déclaré que vous étiez au Ripault[30] », lui lance le président. « Oui, parce que l'on ne m'avait pas indiqué le jour exact. » Il demande alors à Fournier à quelle heure il a commis son forfait. « Huit heures du soir », rétorque ce dernier. « Vous voyez, Maurice, en admettant que vous fauchiez encore à 5 ou 6 heures, vous pouviez être à la villa située à 1 500 mètres. » « Je n'y étais pas. Fournier ment. » Voyant que les deux accusés restent campés sur leurs positions, le président stoppe son interrogatoire. Après le réquisitoire et les plaidoiries de la défense, les jurés se retirent, en soirée, pour délibérer. Une demi-heure plus tard, le jury rend son verdict. Fournier est déclaré coupable. Il écope de six années de bagne. Henri Maurice est jugé innocent. Il ressort libre du tribunal.

Le lendemain à 12 heures 20, s'ouvre le second procès d'Albert Fournier. Le public est nombreux mais ce n'est pas la grande foule des procès de la Belle Époque. La Grande Guerre, tout juste achevée, a profondément changé les mentalités. L'accusé est introduit dans le tribunal. Comme la veille, Fournier est habillé d'un costume de prisonnier. « La veste de bire marron fait ressortir son teint jaune[31]. » Près de lui, trônent les différentes pièces à conviction de l'affaire. Parmi elles, se trouvent la bicyclette de Marie Tillier ainsi que l'arme du crime. Après le tirage au sort des jurés et la lecture de l'acte d'accusation, le président interroge un accusé au regard fuyant. « Dites-nous tout seul ce qui s'est passé[32] », lui lance le président pour le défier. Mais Fournier est incapable de répondre. Des syllabes sortent de sa bouche mais sans aucune cohérence. Le magistrat reprend : « Vous êtes allé à la ferme, vous avez demandé du travail. Qu'a répondu M. Monmarché ? » « Des observations un peu brutales. Il m'a dit qu'il ne voulait pas m'employer. » « Qu'a-t-il fait ? Vous n'êtes pas parti. » « Il s'est éloigné un peu. » « Alors qu'avez-vous fait ? » lui lance le président impatient, que l'accusé reconnaisse les faits. « J'ai pris mon fusil et j'ai tiré. » « En conséquence

vous le tuez. Ensuite qui est-ce qui se présente ? » « La sœur, Mlle Vouteau. » « À
quelle distance de vous était-elle venue ? »
« À 1 ou 2 mètres. » Le président insiste et
enchaîne les questions à un rythme soutenu. « Combien avez-vous tiré de coups
de feu sur Mlle Vouteau ? » « Deux probablement. » Il évoque ensuite l'arrivée de
la troisième victime, Marie Tillier. « Vous
tirez à nouveau sur cette jeune fille », lui
lance le magistrat. « Oui. » « À quelle distance ? » « Je ne sais pas. »

Puis vient le pire de tout, le viol sur le
cadavre de la domestique. « Qu'avez-vous
fait ? » lui lance le président. « Rien. »
« Vous vous êtes précipité sur elle et vous
la prenez ? » « Non », rétorque l'accusé.
« Ah ! Vous prétendez qu'elle s'est levée ? »
« Je ne sais pas. Je ne l'ai pas transportée du
tout à la chambre », se défend le prévenu.
Excédé par cette mauvaise foi, le président
s'énerve. « Enfin, on l'a retrouvée sur le lit,
en travers, les jambes retombées ? » « Je ne
sais pas. » « Les jupes relevées ? » « Je ne
peux pas croire ça », essaie de se persua-
der Fournier qui a pourtant admis avoir
violé sa victime face au juge d'instruction.
Mais là, face à ces yeux qui le dévisagent,

l'assassin ne peut se résoudre à faire cette révélation. C'est au-delà de ses forces. Plus tard, il concède l'effraction et reconnaît avoir dérobé « 150 francs en pièces d'or et en billets ». Il explique ensuite sa fuite sur Tours, sa nuit d'ivresse et son arrestation. Pour clore l'interrogatoire, le président lui lance : « En somme, vous vous rappelez de tout sauf de l'acte immonde. Vous ne vous souvenez pas ce que vous avez dit à l'instruction ? » « Non. » « Qu'avez-vous à dire pour votre défense ? » « Je regrette beaucoup ce que j'ai fait. »

Les témoins sont ensuite entendus. Le docteur Louis Guillaume est le premier à s'installer à la barre. Médecin légiste, il a pratiqué l'autopsie des trois cadavres. Pour lui, la mort de M. Monmarché a été très rapide alors que celle de sa sœur a été foudroyante. Il explique que la domestique a été violentée et violée. Le président, profitant de la déclaration du médecin, se tourne vers l'accusé. « Vous avez entendu ce que dit le docteur. » « Je ne peux pas croire ça », lui répète inlassablement le prévenu. Le magistrat insiste : « Le docteur dit que par suite de l'éclatement de la rate, la jeune fille n'a pas pu marcher. » « Je ne me souviens pas. » « Alors c'est une perte de mémoire dont vous êtes atteint ? » s'énerve l'homme de loi. « Oui », répond l'accusé en esquissant « un léger sourire[33] ». Quelques minutes plus tard, Hélène Bineau s'installe à la barre. L'arrivée de cette jeune femme fait sensation. La domestique de la Brissonnière est une miraculée. C'est à elle que Fournier s'est adressé lorsqu'il s'est présenté la première fois dans la ferme de M. Monmarché. Quelques minutes avant le drame, Hélène Bineau est rentrée chez elle, échappant ainsi à une mort certaine. Le président, non sans indécence, lui lance : « Il est fort heureux que vous ne soyez pas restée dans la ferme ce soir-là, car vous ne seriez pas ici aujourd'hui pour déposer. » La salle tout entière éclate de rire. Avant de se regagner sa place, la domestique certifie que Fournier n'était pas ivre. « Non, pas du tout », répond-elle au président. « Il marchait très bien. »

Au total vingt-deux témoins passent à la barre, et parmi eux le commissaire Blondel qui reçoit les félicitations du président. La femme du prévenu, Louise Fournier, pénètre à son tour dans le tribunal. Le magistrat, évoquant le retour de son mari courant juillet, lui demande : « Étiez-vous satisfaite de l'avoir avec vous ? » « Oh non, pas beaucoup. » « Pourquoi ? » « Parce qu'il n'était pas très sérieux, il allait au café. » « Vous l'avez revu vers le 15, c'est-à-dire avant le crime. Quelle attitude avait-il ? » « Il était très surexcité. Il m'a menacée avec un revolver, j'ai porté plainte à la gendarmerie. » « Non, ce n'est pas vrai », se défend son mari qui ajoute qu'il aurait des raisons « à se plaindre de sa femme ».

Lorsque M. Duport, procureur de la République, entame son réquisitoire, la teneur de ses propos n'étonne personne. Le magistrat, dans un discours sévère, requiert la sanction suprême. Il ajoute : « La peine capitale, seule, sera l'expiation suffisante des crimes monstrueux commis par Fournier. » L'avocat de la défense, Me Guibaud, présente un Fournier « désordonné, anormal, désemparé par sa situation de famille[34] ». Sa plaidoirie est délicate car il sait que la tête de son client est en jeu. Alors il remet en cause la préméditation de l'acte. Pour lui rien ne permet d'affirmer catégoriquement que Fournier avait réfléchit à son crime. L'accusé est allé à la chasse toute la journée et c'est seulement parce que M. Monmarché lui a mal parlé qu'il est passé à l'acte. Lorsque M$^e$ Guibaud se rassoit, le président prend la parole et demande au prévenu s'il a quelque chose à ajouter. « L'accusé, la gorge serré par l'émotion, ne peut se faire entendre ; il fait signe de la tête qu'il n'a rien à dire[35]. » À 17 h 25, le jury se retire dans la salle de délibération. Vingt minutes plus tard, la cour fait son retour dans le tribunal. Le temps très court pour répondre à l'ensemble des questions montre que les jurés n'ont pas hésité longtemps. Cela ne laisse rien présager de bon pour Fournier. Le dos tourné au public, la tête légèrement inclinée en avant, l'accusé écoute sans sourciller les réponses du jury à l'ensemble des questions de l'acte d'accusation. À chaque interrogation, un « oui » cinglant claque dans la salle de tribunal. Il est environ 18 heures lorsque la cour condamne Fournier à la peine de mort. Les jurés ne lui ont reconnu aucune circonstance atténuante. Sans manifester la moindre émotion, l'assassin, très fatigué par plusieurs jours de procès, est reconduit dans sa cellule. Fournier est enfermé dans la cellule réservée aux condamnés à mort. Il écrit alors à ses parents, résidant à Saint-

Avertin. « J'ai des remords, la nuit j'ai des cauchemars, dans lesquels je vois mes innocentes victimes. Je ne regrette qu'une chose, c'est que ma femme ne soit pas à leur place. »

Pour le condamné à mort, les nuits sont cauchemardesques. Victime « de rêves effroyables », Fournier pousse des cris et demande à voir son fils. Au fil du temps, le prisonnier dépérit. Les médecins, qui le consultent, diagnostiquent alors une maladie incurable. Fournier n'a plus que quelques semaines à vivre. En attendant la décision du président de la République pour une éventuellement grâce, il ne se fait guère d'illusions. « Je ne pourrais pas aller à la Guyane, à cause de ma maladie, j'aime mieux être guillotiné tout de suite que de languir en prison. »

Le samedi 14 février 1920, M$^e$ Guibaud, son défenseur, est reçu par le président de la République, Raymond Poincaré. Malgré la conviction de l'avocat, Poincaré, qui va quitter ses fonctions de président dans deux jours, n'est pas convaincu. Il maintient la sanction initiale. Fournier sera bien exécuté.

À Tours, la nouvelle de l'arrivée prochaine du bourreau, Anatole Deibler et de sa guillotine, provoque une vraie curiosité. Au soir du 24 février, un important service d'ordre comprenant des gendarmes, des troupes de la garnison, des agents en civil et en tenue est mis en place devant les grilles de la prison, sur la chaussée du boulevard Béranger. Le barrage s'étend de la place du Palais aux rues Sébastopol et de la Grandière. À 23 heures 30 les curieux sont peu nombreux. À 5 heures 50 du matin, la guillotine est installée alors que Fournier dort paisiblement dans sa cellule. Une heure plus tard, le procureur de la République, M. Duport, l'avocat M$^e$ Guibaud, le juge d'instruction et le greffier pénètrent dans la cellule du condamné. L'homme dort à poings fermés. « Fournier, c'est l'heure de l'exécution, il faut avoir du courage[36] », lui lance M. Duport. « Oui, monsieur Deibler[37] », répond le prisonnier qui a confondu le magistrat avec le bourreau. Son avocat lui offre alors une cigarette qu'il refuse mais le prisonnier accepte le verre de rhum qu'on lui tend.

À 7 heures 19, Fournier apparaît sur le perron de la prison devant un public nombreux estimé à 2 000 personnes. Il semble hébété. La lumière du petit matin glacial éclaire « ses traits glabres[38] et calmes[39] ». Avec ses mains attachées dans le dos et ses chaînes aux pieds, le prisonnier marche difficilement. « Deux aides le soutiennent et M. le chanoine Arnault le précède, l'encourageant et cherchant à lui masquer le plus possible le terrible instrument de justice qui se dresse nettement devant ses yeux[40]. » Il franchit alors la grille et, sur le trottoir embrasse le Christ présenté par le chanoine qui lui donne la suprême accolade. L'assassin est installé sur la bascule avant que la lame ne vienne lui trancher la tête. Il est 7 heures 20. « La justice humaine est satisfaite » écrit le chroniqueur du Journal de l'Indre-et-Loire du 25 février 1920. Alors que l'on amène le corps du défunt à l'école de médecine, Me Guibaud concède au journaliste : « c'est une erreur judiciaire. On a guillotiné un inconscient[41]. »

À 35 ans la vie d'André Fournier s'est arrêtée sur le trottoir du boulevard Béranger. Si le condamné s'est montré d'un louable courage à l'heure d'affronter la guillotine, il aura été un piètre voleur tout au long de son existence. Spécialiste des petits larcins sans intérêt au début de sa carrière criminelle, Fournier avait pourtant vu juste en choisissant la ferme de la Brissonnière. En quittant l'exploitation avec 150 francs en poche, il était loin d'imaginer qu'il avait laissé sur place une véritable fortune ; car en fouillant les armoires des défunts, quelques heures après la tuerie, les enquêteurs trouvèrent dans les armoires, près de cinquante mille francs en titres, valeurs et livret de caisse d'épargne, cachés à travers les draps et les serviettes. Au lieu d'explorer les meubles de linge qui étaient autrefois un lieu de cachette ordinaire, Fournier a préféré manger une omelette et violer une domestique déjà morte. C'est finalement son avocat, M$^e$ Guibaud, qui l'avait cerné le mieux en expliquant que la justice avait condamné un inconscient, à la fois désordonné et anormal.

# NOTES

1- *Le journal de l'Indre-et-Loire*, 16 décembre 1908.

2- *Le journal de l'Indre-et-Loire*, 16 décembre 1908.

3- *La Dépêche du Centre et de l'Ouest*, 18 décembre 1919.

4- *La Dépêche du Centre et de l'Ouest*, 19 décembre 1919.

5- *La Dépêche du Centre et de l'Ouest*, 18 décembre 1919.

6- *La Dépêche du Centre et de l'Ouest*, 18 décembre 1919.

7- *Le journal de l'Indre-et-Loire*, 18 décembre 1919.

8- *La Dépêche du Centre et de l'Ouest*, 18 décembre 1919.

9- *La Dépêche du Centre et de l'Ouest*, 19 décembre 1919.

10- *Le journal de l'Indre-et-Loire*, 23 août 1919.

11- *La Dépêche du Centre et de l'Ouest*, 19 décembre 1919.

12- *La Dépêche du Centre et de l'Ouest*, 19 décembre 1919.

13- *La Dépêche du Centre et de l'Ouest*, 19 décembre 1919.

14- *La Dépêche du Centre et de l'Ouest*, 19 décembre 1919.

15- *La Dépêche du Centre et de l'Ouest*, 19 décembre 1919.

16- *La Dépêche du Centre et de l'Ouest*, 19 décembre 1919.

17- *La Dépêche du Centre et de l'Ouest*, 19 décembre 1919.

18- *La Dépêche du Centre et de l'Ouest*, 19 décembre 1919.

19- Dans *La Dépêche du Centre et de l'Ouest* du 19 décembre 1919 » le mot est mis entre guillemets. Il n'est pas précisé si la jeune fille est une prostituée et si l'ami est le patron de la demoiselle. Mais dans la manière dont les faits sont présentés dans le journal, on peut le supposer.

20- Il apparaît difficile de donner un sens à cette expression provenant du journal *La Dépêche du Centre et de l'Ouest* du 19 décembre 1919. On peut malgré tout imaginer que Fournier a voulu épater ses compagnons de soirée avec le butin volé sur les lieux du crime.

21- *Le journal de l'Indre-et-Loire*, 23 août 1919.

22- *Le journal de l'Indre-et-Loire*, 23 août 1919.

23- *Le journal de l'Indre-et-Loire*, 23 août 1919.

24- *Le journal de l'Indre-et-Loire*, 23 août 1919.

25- *Le journal de l'Indre-et-Loire*, 23 août 1919.

26- *Le journal de l'Indre-et-Loire*, 18 décembre 1919.

27- *Le journal de l'Indre-et-Loire*, 18 décembre 1919.

28- *La Dépêche du Centre et de l'Ouest*, 18 décembre 1919.

29- *La Dépêche du Centre et de l'Ouest*, 18 décembre 1919.

30- Un lieu-dit situé tout près de Montbazon là où le cambriolage a eu lieu

31- *La Dépêche du Centre et de l'Ouest*, 18 décembre 1919.

32- *La Dépêche du Centre et de l'Ouest*, 19 décembre 1919.

33- *La Dépêche du Centre et de l'Ouest*, 19 décembre 1919.

34- *La Dépêche du Centre et de l'Ouest*, 20 décembre 1919.

35- *La Dépêche du Centre et de l'Ouest*, 20 décembre 1919.

36- *Le journal de l'Indre-et-Loire*, 25 février 1920.

37- *La Dépêche du Centre et de l'Ouest*, 26 févier 1920.

38- « Imberbe. Dépourvus de poils », *Petit Larousse illustré*, Paris, 1983, page 458.

39- *Le journal de l'Indre-et-Loire*, 25 février 1920.

40- *Le journal de l'Indre-et-Loire*, 25 février 1920.

41- *Le journal de l'Indre-et-Loire*, 26 février 1920.

# LE PIEU DE VIGNE

D'ordinaire, une grand-mère qui reçoit son petit-fils pour dîner est une femme comblée. Si le garçon entreprend de rester plusieurs jours, la joie de cette dernière sera d'autant plus grande qu'elle pourra le choyer, lui préparer des petits plats et lui raconter des histoires de son jeune temps. C'est d'ailleurs de cette manière que l'héritage familial se transmet. Il se pourrait même que le jeune homme reparte avec une petite pièce en poche comme René Giry, en ce mardi 25 février 1936. L'adolescent de 16 ans vient de passer deux jours chez sa grand-mère de 82 ans, Mme Boizon, qui vit seule à Maillé, un village situé au sud-ouest de l'Indre-et-Loire. Il marche à présent en direction de Tours, avec une grande satisfaction intérieure. Il faut dire que la pièce de sa grand-mère a été plutôt généreuse :

76 francs[1]. Avec cette petite fortune, René va pouvoir aller au cinéma, admirer son idole, Noël Noël. En attendant, il faut qu'il se débarrasse de son manteau et des clés de sa grand-mère...

La veille, lorsque René Giry débarque au domicile de la vieille femme, en début d'après-midi, l'euphorie n'est pas visible sur le visage de la grand-mère. La visite n'était pas prévue. Mais l'essentiel n'est pas là. Si Mme Boizon paraît subitement sombre, c'est qu'elle n'estime guère son petit-fils. Pire, elle s'en méfie : « Moins je le vois, mieux je me porte. [...] Il ne fera jamais qu'un voyou[2] », s'était-elle confiée à une voisine. Malgré cela, la grand-mère fait contre mauvaise fortune bon cœur et l'invite à venir a prendre un verre dans sa cuisine. Alors qu'il pénètre dans la maison, l'adolescent jette un œil autour de lui. Ici rien n'a changé. La vieille femme vit depuis des décennies avec le strict minimum. Quant à la cuisine, elle est toujours aussi petite. Heureusement, il y a la salle à manger et la chambre à coucher. Sa grand-mère n'est pas encore avertie mais c'est ici que René a décidé de se reposer cette nuit. Parti de Châtellerault le matin vers 8 heures, l'adolescent a marché cinq longues heures pour parcourir les 25 kilomètres à pied jusqu'à Maillé.

L'après-midi se déroule paisiblement. Pour soulager sa grand-mère, René travaille dans son potager. Le soir venu, il soigne ses poules et ses lapins pour lesquels il s'en va cueillir des choux dans le jardin. Pendant le dîner, il explique à son aînée qu'il a démissionné de son poste d'employé de commerce à Châtellerault. Il a ensuite travaillé quelque temps à Joué-lès-Tours dans l'entreprise Gobel, mais sans succès. Depuis, il est sans emploi et vit à Tours, place Foire-le-Roi, avec sa sœur Paulette et son père.

Il lève les yeux vers sa grand-mère et tout en lui souriant lui demande l'hospitalité pour une nuit. La vielle femme accepte. Le repas terminé, le gamin, exténué, part se coucher dans la chambre que son aïeule lui a préparée. Il est convenu pour le lendemain que la vieille femme restera alitée toute la matinée pour se reposer. L'adolescent approuve. Il s'occupera de tout.

Lorsque René ouvre les yeux le lendemain matin, sa décision est prise. Il le sait, elle est désormais irrévocable. Cela fait déjà plusieurs semaines que des pensées criminelles l'obsèdent. Il a fallu plusieurs jours pour que son esprit les accepte ; mais à présent, il en est convaincu, il doit tuer sa grand-mère. L'argent qu'elle cache dans sa maison va lui permettre de régler ses problèmes financiers. À 16 ans, ses projets sont nombreux. À midi, après avoir pris le temps de manger, il se dirige vers le lit de la vieille femme pour lui porter son repas. L'attention est délicate. Il laisse son aïeule déguster son déjeuner. Lorsqu'il revient quelques minutes plus tard, le visage ravi de la vieille femme s'assombrit brusquement. Son petit-fils vient de rentrer dans la pièce avec un pieu de vigne dans les mains. « Qu'est-ce que tu fais là[3] ?... » Mme Boizon n'a pas achevé sa phrase qu'elle reçoit en pleine tête un terrible coup de bâton. Sous le choc, elle tombe de son lit et s'écroule sur le carrelage. L'adolescent pensait probablement qu'un seul coup suffirait pour se débarrasser de sa victime. Il s'est lourdement trompé. Mme Boizon n'est pas morte. Au pied du lit, la malheureuse se débat de toutes ses forces. Alors que René s'approche d'elle pour l'achever, la grand-mère parvient à agripper les habits de son agresseur. Une lutte farouche s'engage. Dans cette étreinte qui dure de longues secondes, les coups s'échangent, les vêtements s'arrachent, les meubles, les verres et les bouteilles se renversent. Giry semble dépassé par les évènements. La grand-mère hurle de douleur et ces cris accentuent sa panique. Pour la faire taire, il se saisit d'un mouchoir qu'il lui enfonce de toutes ses forces dans la bouche. Mais la vieille femme le mord, le griffe et finalement parvient à recracher le morceau de tissu. Les cris reprennent de plus belle. Giry doit rapidement trouver une solution sous peine d'échouer. Dans un ultime effort, l'adolescent, réussit à se dégager, saisit le pieu de vigne qui était resté près de lui et le plante dans la bouche de sa victime. Complètement hystérique, il renouvelle l'opération à huit reprises. À bout de forces, il stoppe les va-et-vient mais maintient de tout son poids le pieu enfoncé. Cette fois, la grand-mère ne crie plus.

Lorsque René retrouve son calme, ses yeux se posent sur le sang qui recouvre ses mains et ses vêtements. Il se dirige alors dans la cuisine pour se laver dans l'évier.

Ensuite, il entreprend de fouiller la maison. Il se souvient que sa grand-mère cachait une cassette avec de l'argent à l'intérieur. Il ne lui faut que quelques secondes pour mettre la main dessus. À l'intérieur, il trouve un peu plus de 76 francs. Il met aussitôt l'argent dans sa poche et ferme les volets de la maison pour éviter qu'un curieux ne découvre le drame en regardant par la fenêtre. Le crime commis, l'adolescent préfère quitter le plus rapidement possible la maison. Il est fort probable que la défunte possède d'autres économies cachées quelque part, mais René est tellement paniqué qu'il préfère abréger la fouille. En quittant les lieux, il ferme la porte à clé et glisse cette dernière au fond de sa poche. Elle rejoint celle de l'armoire qui contenait la caissette d'argent.

À pied, l'assassin prend ensuite la direction de Sainte-Maure. Sur le chemin, il s'arrête derrière un buisson, enlève son imperméable recouvert de sang et le cache dans la végétation. Il en profite au passage pour se débarrasser des clés dérobées sur les lieux du crime. À 16 heures 10, il arrive à Sainte-Maure et monte dans le train en direction de Tours. Arrivé à bon port, René décide de profiter de sa petite fortune. Il s'arrête tout d'abord chez un coiffeur pour se faire raser et couper les cheveux, dîne ensuite dans un restaurant du quartier des Halles puis achève sa soirée au cinéma. Pour passer la nuit, il loue une chambre d'hôtel près de la gare.

Pendant ce temps, l'inquiétude grandit autour du domicile de Mme Boizon. Ses voisins, soucieux de ne pas l'avoir vue de la journée, sont allés prévenir M. Bruneau, l'adjoint au maire. L'élu arrive quelques instants plus tard en compagnie du maréchal-ferrant, M. Chenozeaux. Alors que les deux hommes tentent d'ouvrir la porte, les villageois appellent la vieille femme. En vain. Finalement, M. Bruneau décide de fracturer la fenêtre. Avec l'aide de l'artisan, l'adjoint au maire se glisse par l'ouverture et met le pied dans la cuisine légèrement éclairée par l'effraction de la fenêtre. Il aide ensuite M. Chenozeaux à venir le rejoindre. Il leur faut quelques secondes d'acclimatation pour commencer à distinguer les premières formes dans la pénombre. Un rapide coup d'œil leur permet de ne rien remarquer d'anormal. Ils poursuivent leur inspection jusque dans la grande pièce, servant de salle à manger et de chambre à coucher. L'un des deux hommes se rapproche de la fenêtre et ouvre les volets. La lumière s'engouffre alors dans la pièce et dévoile le paroxysme de l'horreur. À moitié nue, Mme Boizon, est étendue sur le sol « au milieu d'une grande flaque de sang[4] ». Un pieu de vigne est enfoncé profondément dans sa bouche. L'adjoint au maire et le maréchal-ferrant avertissent les villageois qui s'empressent de pénétrer dans la maison pour contempler le macabre spectacle. Il y a du sang partout : sur les murs blancs, sur le sol, sur le lit, sur l'évier. Les journalistes sont aussi aux premières loges pour raconter l'épouvantable fait divers à leurs lecteurs. Le reporter de *La Touraine Républicaine*, note dans son article du 26 février 1936 : « Des draps et couvertures du lit étaient bouleversés ; sur l'évier, des verres renversés, une bouteille de vin brisée. Entre une chaise et la petite table, le cadavre de la veuve donnant dans sa position, le repliement des bras et la crispation des poings, l'impression que le forfait ne s'était pas accompli sans que l'infortunée ait lutté avec la dernière énergie contre son sauvage assassin. »

À 21 heures 30, M. Gacougnol, procureur de la République de Chinon, débarque à Maillé. Accompagné du juge d'instruction Gasc, les magistrats procèdent en détail à une inspection de la chambre du crime et du cadavre. Sur ce dernier, les ecchymoses nombreuses et les griffures sur tout le corps prouvent que la lutte a été acharnée. Il est fort probable que l'assassin doit lui aussi être griffé ou même blessé. Dans la maison, les enquêteurs relèvent notamment quelques empruntes digitales sur les verres et bouteilles trouvés près du corps. Dans une des armoires, les enquêteurs découvrent, dans un meuble qui n'a pas été fouillé, une petite malle contenant 300 francs. Le tiroir de la commode de Mme Boizon n'a pas été ouvert non plus. À l'intérieur, les magistrats récupèrent plusieurs pièces de 2 francs.

Les premières auditions de témoins permettent de faire progresser l'enquête rapidement. Le soir du drame, le même journaliste de La Touraine Républicaine, note déjà dans son article : « Il semble établi qu'un petit-fils de Mme Boizon a passé la nuit de lundi à mardi chez sa grand-mère ; il va être interrogé. Sans doute donnera-t-il des renseignements pouvant aiguiller l'enquête. » À la fin du papier, le nom de René Giry est même écrit en toutes lettres.

Le lendemain matin vers 8 heures, Léon Colin, un débitant de boisson de Sainte-Radégonde, est subitement attiré par l'allure étrange d'un de ses clients. L'individu, plutôt jeune, s'approche et déclare. « Je suis tombé à l'eau. Puis-je me sécher chez vous ? » Le commerçant répond positivement. Il s'empresse d'aller chercher des vêtements secs et place le garçon devant la cheminée. Il revient quelques minutes plus tard avec des sous-vêtements secs que l'adolescent s'empresse d'enfiler. En quittant les lieux, le jeune homme remercie le débitant. « Je viendrai chercher mon linge demain[5]. » Léon Collin acquiesce. Il ignore à ce moment-là qu'il vient d'aider René Giry à cacher son forfait ; car depuis les premières heures du jour, l'adolescent est très agité. Les scènes de l'assassinat l'ont empêché de trouver le sommeil. Il a donc quitté son hôtel de bonne heure et s'est rendu sur les bords de la Loire pour laver les nombreuses taches de sang qui maculaient ses vêtements. Mais la toilette dans une eau glaciale s'est très rapidement transformée en supplice. Littéralement trempé, René a dû se rendre dans un bar pour se faire prêter des vêtements.

L'air perdu, il marche à présent dans les rues de Tours. Dans son esprit, les questions se bousculent. Doit-il continuer à fuir ou essayer de collaborer avec la justice ? En achetant le journal ce matin, il a compris qu'il faisait partie des suspects. Son nom était même cité dans l'article. À cet instant, l'éventualité d'être un jour arrêté lui est apparue comme une épouvantable réalité. Tout en déambulant dans les rues, il essaie de trouver une issue à ce problème. En vain. Les conversations qu'il perçoit en croisant les passants accentuent son angoisse. La plupart évoquent le crime de Maillé qui s'est déroulé à 25 kilomètres de là. Il croit deviner dans chaque regard qui se pose sur lui, un soupçon de culpabilité. Il faut dire que son allure hésitante et sa tenue ont de quoi intriguer. Certains de ses vêtements sont encore humides. D'autres portent d'étranges auréoles rougeâtres.

Vers 11 heures, après plusieurs dizaines de minutes d'errance, René Giry prend une décision radicale. Il décide de se présenter spontanément au commissariat de police de la rue des Amandiers. Il ne sait pas exactement pourquoi il est venu ici mais il se sent envahi d'une terrible angoisse. À l'agent qui l'interpelle, il commence par lui parler de sa grand-mère qui semble avoir été assassinée. Mais très vite, il s'embrouille et se compromet dans des détails troublants. Assis sur sa chaise, M. Roux, secrétaire, écoute calmement les propos du gamin « à la mine défaite et à l'allure singulière[6] ». Au fur et à mesure que l'adolescent débite son discours de plus en plus abracadabrantesque, le policier prend conscience de la gravité de ses propos. Il demande aussitôt à faire venir le commissaire. Lorsque M. Landré se présente face à lui, le gamin essaye de se reprendre. « Je me nomme René Giry. Je suis le petit-fils de Mme Boizon. Elle a été victime, je crois, d'une agression… Je viens prendre de ses nouvelles[7]. » Le commissaire comprend rapidement que la déposition de cet adolescent est pour le moins troublante. En l'observant attentivement, il remarque même des traces de sang sur quelques-uns de ses vêtements. Il entreprend alors de le fouiller. Dans ses poches, il découvre son col et sa cravate, encore tout mouillés. Le policier, convaincu qu'il tient là un protagoniste majeur du crime de Maillé, tente alors de le déstabiliser en multipliant les questions. Pourquoi a-t-il lavé ses vêtements dans la Loire ce matin? Pas de réponse. Pourquoi sa main est-elle égratignée? « C'est une morsure de chien[8] », se défend le garçon. Le commissaire le contredit aussitôt. Ce sont des griffures et non une morsure. « C'est vous qui avez tué votre grand-mère. » « Non », rétorque l'adolescent. À ce moment, deux agents pénètrent dans le commissariat. L'adjudant Descoups et le gendarme Pinon, appelés en renfort, se joignent au commissaire. L'arrivée de ces deux hommes en uniforme décontenance un peu plus le gamin. L'interrogatoire se poursuit à trois. Les questions fusent et René Giry ne parvient plus à faire face. Décontenancé, la tête baissée, il finit par lâcher. « C'est moi[9]. » Il poursuit: « Je n'avais plus d'argent et mon père ne voulait plus m'en donner. Je me suis décidé à aller chez ma grand-mère lundi après-midi. J'ai couché chez elle dans la nuit de lundi à mardi. Mardi matin, je me suis levé et je lui ai porté son petit déjeuner au lit. Au moment de m'en aller, j'aperçus un pieu qui se trouvait dans la pièce, et l'idée me vint de tuer ma grand-mère pour lui prendre son argent. Je saisis le bâton et je lui portai un violent coup sur la tête. À moitié assommée, ma grand-mère, cependant, se débattit et parvint à saisir le pieu que je tenais fortement. Je tirai violemment et ma grand-mère tomba de son lit sur le sol. Une fois qu'elle fut à terre, la lutte continua et… » René Giry est incapable de poursuivre. Ce ne sont plus que des bribes de mots qui sortent de sa bouche. Face à lui, les trois agents sont sous le choc. C'est donc ce gamin de 16 ans qui a commis ce crime aussi atroce. Après ses aveux, le jeune criminel est conduit à la gendarmerie de Tours puis transféré à Chinon dans le courant de l'après-midi. En quelques heures, le crime de Maillé n'est qu'en partie résolu car si la justice a certes mis la main sur l'assassin, il n'en reste pas moins vrai que de nombreuses questions restent en suspens. Comment un petit-fils peut-il être amené à assassiner sa grand-mère pour de l'argent? L'adolescent savait-il ce qu'il faisait en commettant de telles horreurs ? En somme, est-il responsable de ses actes ? C'est en partie pour répondre à ces questions que le magistrat instructeur organise une reconstitution du crime, le lendemain du drame.

À 15 heures, lorsque la voiture où se trouve l'assassin se gare devant le domicile de la victime, une foule hostile attend René Giry. À peine a-t-il mis la tête en dehors du véhicule que des cris de haine et de vengeance surgissent de toutes parts. Grâce à l'escorte des gendarmes, le suspect parvient tant bien que mal à se frayer un chemin jusqu'à la maison. Il pénètre dans la pièce, restée en l'état, sous le regard du procureur de la République et du juge d'instruction. Ils s'attendent à tout moment à une défaillance mais l'adolescent ne bronche pas. Face au cadavre de sa grand-mère, qui n'a pas été déplacé, René Giry ne manifeste aucune émotion particulière. Pas de larmes, pas de regrets. Rien. À la demande des magistrats, et sans qu'ils insistent outre mesure, il reproduit mécaniquement les mêmes gestes avant, pendant et après le crime. Pour les magistrats, cette reconstitution permet de lever le voile sur les circonstances et le déroulement du drame. « Il avoue nettement qu'il était venu de Châtellerault avec l'intention bien arrêtée de tuer sa grand-mère pour la voler. » « J'ai tourné le pieu dans sa bouche jusqu'à ce qu'elle cesse de crier[10] », explique-t-il sans manifester la moindre émotion. Lorsqu'il ressort de la maison, la foule est peut-être encore plus nombreuse qu'à son arrivée. Parmi les curieux, une femme crie plus fort que les autres. René tourne la tête dans sa direction et reçoit une onde de choc lorsque ses yeux se posent sur elle. Cette hystérique qui hurle à pleins poumons n'est autre que sa mère, la fille de sa victime. « Maudit, pourquoi as-tu fait cela? Ta grand-mère[11] !... », lui lance-t-elle. « Tue-le ! » crie la foule. Sous bonne escorte, René à juste le temps de s'engouffrer dans la voiture. Placé sous mandat de dépôt, l'adolescent est transféré à la prison de Sainte-Maure. Au printemps, les experts médicaux rendent leur verdict. René Giry était responsable de ses actes au moment du passage à l'acte. Il devra donc répondre de son crime devant la cour d'assises d'Indre-et-Loire.

Dans la presse, l'ouverture du procès du parricide de Maillé fait la une des journaux. René Giry intrigue. Dans son édition du dimanche 21 juin, le journal *La Touraine Républicaine* s'interroge : « Se trouve-t-on en présence d'un inconscient, d'un demi-fou ou bien d'un jeune monstre au cynisme déconcertant ? » Monstre. Le mot est lâché. René Giry serait donc l'incarnation du mal, un être sans cœur capable des plus grandes cruautés. On le compare aux jeunes assassins devenus célèbres comme « Violette Nozière, qui empoisonna son père, et la petite Cusset qui, pour voler sa grand-mère à Saint-Étienne, l'étouffa avec un bâillon après l'avoir frappée de quatorze coups de couteau avant d'aller boire du champagne et acheter des robes[12] ». Le lundi 22 juin 1936, la foule est nombreuse devant les portes du palais de justice. À midi, les portes s'ouvrent et la cohue commence. Les premiers spectateurs découvrent sur une table les multiples pièces à conviction du crime de Maillé dont le pieu de vigne, « soigneusement empaqueté[13] ».

Lorsque René Giry s'assoit sur le banc des accusés, les spectateurs découvrent un grand jeune homme à la carrure étroite, à la peau pâle et aux cheveux clairs. Le tirage au sort des jurés débute ensuite sans qu'aucune récusation ne soit demandée[14].

Le procès est l'occasion de revenir sur la jeunesse difficile de l'accusé. À trois ans, le jeune René Giry est victime d'un terrible accident de la circulation. Sa tête heurte avec une extrême violence le marchepied d'un wagon. Le traumatisme crânien est terrible. Le divorce de ses parents, qui intervient quelques années plus tard, l'est tout autant. Peu studieux, le jeune garçon, gardé par son père, devient instable. Les années passent et les relations avec ses parents deviennent très difficiles. René Giry s'enferme dans un étrange mutisme. Quant à sa mère, elle disparaît quasiment de sa vie. En âge de travailler, l'adolescent montre peu de motivation. Il préfère flâner, aller au cinéma ou pire, voler. Dernièrement, ce sont près de 1 800 francs qu'il a dérobés à son père avant de partir les dépenser sur Toulouse. Au final, même s'il présente un profil d'adolescent difficile, René Giry est loin de ressembler à celui du monstre froid dont ont parlé les journaux.

Puis vient le temps de la lecture de l'acte d'accusation par le greffier. À cet instant, les jurés prennent conscience de l'épouvantable forfait sur lequel ils vont devoir statuer. Dans la salle « des murmures d'horreur[15] » coupent régulièrement les propos du greffier. L'interrogatoire du président, M. Royon, conseiller à la cour d'Orléans, commence. Les réponses de l'accusé sont laconiques et cyniques. Pourquoi a-t-il rendu visite à sa grand-mère ? « Je n'y étais pas allé avec l'intention de la voler[16]. » « Ce sont vos aveux », lui rappelle aussitôt le premier magistrat, conscient qu'il s'agit là d'une question centrale du procès. À l'instruction, Giry a admis avoir prémédité son crime. Devant la cour d'assises, il change de version : « J'étais parti avec l'intention de chercher du travail. Étant fatigué, j'avais décidé de me reposer la nuit chez ma grand-mère, et de repartir. Je n'avais pas du tout l'intention de la voler. » « Alors vous avez menti sur ce point au cours de vos aveux successifs ? » « Quand je me suis couché, je n'avais pas l'idée de la tuer. Pendant la nuit, je me suis réveillé. J'ai entendu ma grand-mère qui parlait. C'est alors que l'idée m'est venue. » « Que vouliez-vous faire quand vous êtes allé chercher le pieu de vigne ? » « À ce moment-là, j'avais l'intention de la tuer, pour lui prendre de l'argent. Je suis allé chercher l'échalas dans un débarras. Je cherchais un bâton. Je ne savais pas que cet échalas était là. » « L'avez-vous dissimulé aux yeux de votre grand-mère. » « Non. Elle m'a dit : "Qu'est-ce que tu fais là ?" Je me suis précipité sur elle. » « Elle s'est défendue ? » « Je ne me souviens plus exactement. » « Vous avez fait tomber cette pauvre vieille de son lit. » « Oui. » « Vous lui avez d'abord enfoncé un mouchoir dans la bouche, pour qu'elle ne crie plus. » « Oui monsieur. » « Vous lui avez enfoncé la pointe de l'échalas dans la bouche, et vous l'y avez maintenu douze minutes, avez-vous dit. Douze minutes, c'est long... » « ...Pas douze minutes... » « Combien de temps ? » René Giry ne répond pas. « Vous avez appuyé l'autre extrémité de l'échalas sur une chaise. » « Oui. » « Vous aviez du sang sur les mains ; vous les avez lavées à l'évier. » « Oui monsieur. » « Vous avez pris environ 70 francs et vous êtes parti à pied. Vous avez jeté votre ciré, et vous avez pris le train à Sainte-Maure. À Tours, vous vous êtes fait couper les cheveux, vous avez dîné au restaurant, vous avez payé quatre francs un fauteuil dans un cinéma, et vous avez payé seize francs une chambre. Vous vous êtes aperçu que vos vêtements étaient tachés de sang, et vous êtes allé les laver à la Loire. Puis vous avez demandé dans un café à changer de vêtements. Quand vous avez lu le journal qui laissait entendre qu'on vous soupçonnait, vous avez craint d'être arrêté ? » « Oui. » « Vous avez demandé des renseignements au commissaire. » « J'allais me constituer prisonnier. » « Ce n'était pas votre intention. » « Je savais bien qu'on m'arrêterait ! » « On vous a conduit à Maillé. En présence du cadavre de votre grand-mère, vous n'avez manifesté ni regret ni émotion. Vous rappelez-vous ? » « Non. » « Étiez-vous ému ? » « Oui. » « Alors vous êtes habile pour dissimuler. Au cours de l'instruction, vous n'avez jamais exprimé aucun regret. Le médecin estime qu'il est impossible qu'un être normal fasse montre d'une telle indifférence. Qu'aviez-vous à reprocher à votre grand-mère ? » « Rien. » « Elle vous avait donné de petites sommes ? » « Quand j'étais jeune. » « Cela ne remonte pas bien loin ! Vous rendez-vous compte que votre crime est horrible ? » s'emporte le président. René Giry baisse la tête. « Quelle excuse pouvez-vous faire valoir ? » « Je regrette. » « Vous n'aviez pas d'argent et vous en vouliez. » « Oui. » « Avez-vous quelque chose de plus à dire. » « Non. » M. Chauvet, substitut du procureur et représentant de la partie civile demande alors à ce qu'on montre aux jurés une grande photographie prise à Maillé lors de la découverte du crime. La photo circule parmi les membres du jury. Lorsque le onzième juré reçoit l'image, il lance à l'accusé. « Regrettez-vous votre crime ? » Giry hausse les épaules. « Je regrette », lance-t-il comme « s'il s'acquittait d'une corvée[17] ».

Les témoins qui défilent ensuite à la barre n'apportent rien de plus au débat, personne n'ayant assisté à l'assassinat de la grand-mère. En revanche, la déposition de M. Fromenty, psychiatre aliéniste, se révèle fort intéressante. « L'intelligence de Giry est moyenne, normale[18] », déclare le médecin. « On peut penser qu'il n'a pas commis son crime en état d'inconscience. Pourtant le jeune homme examiné présente certaines anomalies de la sensibilité et de l'affectivité. Mentalité anormale, peut-on dire, donc responsabilité atténuée dans une certaine mesure. Giry n'était pas fou quand il accomplit son crime. J'estime qu'il est responsable dans une large mesure. » Il ajoute que la fracture du crâne consécutive à l'accident dont il a été victime enfant, n'explique pas « un développement anormal du cerveau[19] ».

Le psychiatre, tout en répondant aux nombreuses questions du président, donne des précisions intéressantes sur la personnalité de l'accusé. Pour lui, Giry est un orphelin. Élevé loin de sa mère, l'enfant n'a pas trouvé chez un père, absorbé par son travail, l'amour indispensable à la construction de son être. La fugue et les vols commis quelques mois avant le crime témoignent d'ailleurs du mal-être de l'adolescent. « Je considère que l'accusé a une responsabilité atténuée, mais je ne le crois pas entièrement irresponsable ; il est lucide et dangereux. Il a commis un crime utilitaire. Il est responsable dans une large mesure. » « Était-il en état de démence au moment du crime ? » demande le président. « Non ! affirme le médecin. Cet homme est dangereux. Il n'est pas dément. On ne peut pas le mettre dans un asile. Et on ne peut le laisser en liberté. Il faut donc le mettre à part, pour que la société n'ait plus à redouter ses méfaits. » M$^e$ Olivier, l'avocat de la défense, tempère ce jugement en expliquant « que l'état de l'accusé pourrait s'améliorer ». « Il s'agit d'un état acquis, et non de symptômes d'une maladie mentale pouvant évoluer vers une atténuation ou une aggravation rétorque le psychiatre. Ce n'est pas un malade. Tous les criminels utilitaires sont toujours des anormaux. Cela ne veut pas dire qu'il ne faut pas le condamner, au contraire. »

Le témoignage du père de l'accusé est un moment fort du procès. Il explique qu'il n'a jamais eu à se plaindre de René tant qu'il fut avec lui. « Il était peu causeur et de caractère difficile[20]… Il ne répondait pas aux questions que je lui posais[21]… », ajoute-t-il. Le président Royon l'interpelle : « Il vous a volé un jour 1 800 francs et vous a menacé d'un coup de poing. Vous l'avez bien élevé, et on n'a pas de reproches à vous faire[22]. » Accablé, M. Giry ajoute : « Je suis étonné qu'il ait fait ce coup-là. Il aurait caressé un chat, un chien qui l'aurait approché. » Le président se tourne alors vers l'accusé et lui demande s'il a quelque chose à dire à son père. « Non monsieur. » « La vue de votre père ne paraît guère vous émouvoir. Elle semble vous laisser bien froid », rétorque le président.

Après l'audition sans intérêt de quelques villageois, la parole est donnée au ministère public. M. Chauvet, substitut du procureur, s'évertue à montrer la responsabilité de l'adolescent dans ce crime commis dans des circonstances effroyables. « Giry a reçu de son père et de ses maîtres une bonne éducation. Il a obtenu son certificat d'études, ce qui prouve qu'il n'est pas inintelligent.

Il déroba 1 800 francs à son père et partit à Toulouse les dilapider. » M. Chauvet, au terme d'un réquisitoire précis, qui a produit « une impression redoutable[23] », requiert la prison pour René Giry.

Mᵉ Olivier, l'avocat de la défense, entre ensuite en scène. Pour lui, « ce crime, n'a pu être commis de sang-froid par un être doué de raison. Les actes de Giry révèlent un cerveau demeuré enfantin. » Celui d'un gamin passionné de cinéma et qui pensait qu'en tuant sa grand-mère pour lui voler son argent, il pourrait profiter de la vie. Il s'appuie sur le rapport du psychiatre qui « parle d'une indifférence énorme » pour montrer que son client n'est pas pleinement responsable. L'accident dont il a été victime et le divorce de ses parents font que « Giry a agi sans discernement ». Il conclut dans une éloquente péroraison : « Vous le direz, messieurs les jurés, et d'accord avec son père, il s'engagera dans la marine, corps d'élite, grande famille, où il apprendra, sur la mer tranquille, devant l'immensité, le remords, l'abnégation et le sentiment de l'honneur. Peut-être un jour sera-t-il un défenseur de la patrie. » L'avocat regagne ensuite sa place au milieu des murmures.

L'audience est levée. Alors que les jurés se retirent pour statuer sur le sort de René Giry, l'agitation gagne peu à peu la salle du tribunal. La tension est palpable car personne dans l'auditoire n'est capable de prédire avec certitude ce que les jurés vont décider. Au milieu des conversations des nombreux spectateurs les mêmes interrogations reviennent. Les jurés vont-ils avoir le courage de condamner lourdement un gamin de 16 ans ? L'âge est-il une circonstance atténuante sachant que le psychiatre a affirmé que Giry avait pleinement conscience de ce qu'il était en train de faire au moment du passage à l'acte ? Une chose est sûre, l'auditoire, presque entièrement acquis à la cause du ministère public, attend une sanction exemplaire.

Tout à coup, des bruits se font entendre dans la salle d'audience. Les jurés reviennent avec leur verdict. Leur délibération aura duré plusieurs heures, preuve de leur indécision. La suite, c'est le journal, *La Dépêche du Centre et de l'Ouest* qui le relate dans son édition du 23 juin 1936 : « Le jury et la cour rentrent dans la salle avec le premier éclair d'un orage. Le président donne lecture du jugement à voix presque basse, et ni la presse ni le public ne parviennent à l'entendre. Des violentes protestations s'élèvent dans le public. On apprend aussitôt après l'audience que René Giry est condamné pour vol à cinq ans de prison. De nouvelles protestations se produisent. » Le public, scandalisé par la clémence du verdict, se masse sur le perron du palais de justice. Certains crient leur colère, d'autres décident de rester là pour protester. Cela ne changera rien. L'histoire retiendra que René Giry a été reconnu non coupable de l'assassinat de sa grand-mère. Seul le vol avec circonstances aggravantes a été retenu contre l'accusé. Avec un tel verdict, la cour ne pouvait sanctionner davantage l'adolescent.

Cette affaire illustre une nouvelle fois le dysfonctionnement de la justice à cette époque. Aussi incroyable que cela puisse paraître, les jurés, seuls et livrés à eux-mêmes dans une affaire aussi délicate, ont préféré répondre négativement à la question de l'assassinat. Pourquoi? Tout simplement pour éviter que « dans leur dos », les magistrats ne prononcent une sanction trop lourde. Même si la loi de 1932 permet aux jurés de participer aux délibérations avec la cour, elle ne change rien au problème car le jury continue de délibérer seul sur la culpabilité de l'accusé. Les jurés se trouvent toujours confrontés au même problème lorsqu'ils veulent modérer une sanction. Leur seule arme est de répondre négativement à la question principale, même si la culpabilité de l'accusé est établie. « Débarrassés » du plus grave des crimes, les jurés répondent positivement à la question du vol. Avec un tel verdict, ils sont certains que les magistrats ne peuvent accabler l'accusé. On ne condamne pas un adolescent à une lourde peine de prison pour un simple vol de 70 francs. Les jurés le savaient pertinemment.

Près de soixante-dix ans après ce terrible crime, plusieurs questions restent en suspens. Qu'est devenu René Giry à sa sortie de prison ? S'est-il engagé dans l'armée comme le laissait entendre M$^e$ Olivier, son défenseur ? Il est quasiment impossible d'y répondre car les sources journalistiques ne donnent pas de renseignements sur ces questions. Quant aux sources judiciaires, il est impossible de les consulter avant 2036. Malgré toutes ces interrogations, une chose est sûre dans cette histoire sordide : il est acquis que les jurés ne voulaient pas sanctionner lourdement René Giry. L'acquittement sur la question de l'assassinat en est la plus belle preuve. Mais il est peu probable en revanche qu'ils désiraient que l'accusé s'en tire aussi bien. Les jurés ont peut-être été tout aussi surpris que le public lorsque le président Royon, probablement honteux du verdict, a lu la sanction à voix basse à un auditoire médusé.

# NOTES

1- D'après le tableau de conversion de l'Insee, la somme de 76 francs en 1936 équivaut aujourd'hui à un peu plus de 48 euros.

2- *La Dépêche du Centre et de l'Ouest*, 23 juin 1936.

3- *La Dépêche du Centre et de l'Ouest*, 23 juin 1936.

4- *La Touraine Républicaine*, 26 février 1936.

5- *La Touraine Républicaine*, 21 juin 1936.

6- *La Touraine Républicaine*, 28 févier 1936.

7- *La Touraine Républicaine*, 21 juin 1936.

8- *La Touraine Républicaine*, 26 février 1936.

9- *La Touraine Républicaine*, 21 juin 1936.

10- *La Dépêche du Centre et de l'Ouest*, 23 juin 1936.

11- *La Touraine Républicaine*, 27 février 1936.

12- *La Dépêche du Centre et de l'Ouest*, 22 juin 1936.

13- Expression du journal, *La Dépêche du Centre et de l'Ouest*, 23 juin 1936.

14- Lors du tirage au sort des jurés, les avocats de la partie civile et de la défense ont le droit de refuser respectivement cinq et quatre jurés.

15- Expression du journal, *La Dépêche du Centre et de l'Ouest*, 23 juin 1936.

16- *La Dépêche du Centre et de l'Ouest*, 23 juin 1936.

17- *La Touraine Républicaine*, 22 juin 1936.

18- *La Touraine Républicaine*, 22 juin 1936.

19- *La Dépêche du Centre et de l'Ouest*, 23 juin 1936.

20- *La Dépêche du Centre et de l'Ouest*, 23 juin 1936.

21- *La Touraine Républicaine*, 22 juin 1936.

22- *La Dépêche du Centre et de l'Ouest*, 23 juin 1936.

23- Expression du journaliste de *La Dépêche du Centre et de l'Ouest*, 23 juin 1936.

## LA PANTOUFLE
## DE CENDRILLON

Du haut de ses 17 ans, Gilberte Girault est une très jolie jeune fille en cet automne 1906. Ses cheveux châtain clair abondants et soigneusement relevés mettent en valeur son visage au teint frais et légèrement rosé. Sa taille parfaitement dessinée et ses yeux doux en font une des filles les plus regardées de son quartier. Avec ses parents, la jeune femme habite près de Tours, à Saint-Symphorien dans le quartier de la rampe de la Tranchée. Cette rue pentue est en fait « une large voie plantée d'arbres, qui gravit le coteau et que bordent d'un côté un haut mur et de l'autre de jolies maisons, petites et coquettes[1] ». Au 55 de cette avenue, Gilberte Girault habite à l'étage de l'une de ces maisons anciennes mais assez confortables. Couturière depuis l'âge de 12 ans, elle y mène une vie modeste mais somme toute agréable grâce à ses revenus et aux 150 francs mensuels gagnés par son père. Dans le quartier, le foyer jouit d'une bonne réputation. Les voisins trouvent la jeune femme « gentille et avenante[2] ».

Pourtant l'ambiance est parfois tendue dans le ménage. Avec son « caractère entier[3] », Gilberte n'est pas une fille facile, et ce malgré l'éducation sévère qu'elle continue de recevoir. Même si sa protégée n'est plus une enfant, madame Girault continue d'exercer sur elle une pression très forte. Sa fille n'est pas prête à prendre son envol. Elle le sait. L'avenir va lui donner raison.

En octobre 1906, un évènement dramatique vient briser la vie paisible de la famille Girault : la mère de Gilberte décède brutalement. Pour la jeune fille, cette mort constitue le point de départ d'une longue descente aux enfers ; car même si sa peine est réelle, Gilberte considère la mort de sa mère comme une sorte de délivrance. La surveillance maternelle n'est plus. Elle va désormais pouvoir croquer la vie à pleines dents.

Très vite, l'ouvrière sérieuse, félicitée par tous ses patrons, laisse la place à une femme oisive et dépensière qui passe ses après-midi dans Tours à acheter des toilettes. Très intelligente, elle continue d'être présente lorsque son père revient du travail. Elle lui prépare son repas, fait semblant de travailler avec des pièces d'étoffe qu'on continue de lui fournir, mais s'empresse de quitter son appartement une fois son père reparti au travail. C'est au cours de cette période qu'elle rencontre M. Blanc, un instituteur de Tours. Entre les deux jeunes gens débute une relation amoureuse. Gilberte jubile. Il n'y a plus personne pour lui dicter sa conduite. Son père? Il se rend bien compte que sa fille n'est plus tout à fait la même mais il est trop accablé par la mort de sa femme pour prendre pleinement conscience du danger. Profitant de cette liberté nouvelle, Gilberte décide même de rejoindre son amoureux à Périgueux. L'enseignant y effectue ses 28 jours pour le compte de l'armée française.

À 17 ans, l'expédition de trois cents kilomètres n'est pas simple. Seulement l'adolescente est animée d'une solide détermination. Pour expliquer son absence à son père, elle a pensé à tout. L'idée lui est tout d'abord venue de contacter une amie de ses parents, Mme Vergnault, qui habite Angoulême. Seulement la femme n'a pas accepté d'envoyer un courrier à son père pour couvrir sa fuite. Ce refus ne l'a point découragée. Elle décide alors de fabriquer une lettre avec la signature de Mme Vergnault pour l'envoyer à son père.

Arrivée à Périgueux grâce à l'argent de son amant, Gilberte s'installe à l'hôtel. Elle passe ses journées dans la ville à se promener et à faire les boutiques. Le soir venu, elle se fait belle pour plaire à celui qu'elle aime. Lorsque l'instituteur revient de sa garde à l'hôpital militaire de la ville, les deux amoureux se jettent dans les bras l'un de l'autre. Gilberte sourit. Elle semble heureuse. Pourtant, les choses se bousculent dans son esprit. Elle s'inquiète tout d'abord pour son père qui se doute peut-être de quelque chose. Mais c'est surtout un visage qui revient sans cesse dans son esprit, celui de M. Boély. Depuis le décès de sa mère, Gilberte a multiplié les conquêtes amoureuses. M. Boély fait partie de ses courtisans. L'homme est tombé fou amoureux d'elle. Entre le mois de mai et juin

1907, il lui fait parvenir près de 56 lettres, cartes postales et autres poésies d'Alfred de Musset et d'Edmond Rostand. À l'intérieur de cette correspondance, les déclarations sont enflammées. M. Boély ne dort plus, il est obsédé par Gilberte. Il lui écrit à n'importe quelle heure du jour et de la nuit. Privée de liberté depuis des années, l'adolescente savoure ce nouveau statut de femme fatale. Elle ne reste d'ailleurs pas insensible au charme de M. Boély. Les 26 lettres qu'elle lui envoie au cours de la période l'attestent.

De retour chez elle, Gilberte reprend ses habitudes. Pourtant, les premières difficultés ne tardent pas à pointer le bout de leur nez. C'est tout d'abord M. Boély qui décide de mettre fin à sa liaison avec la jeune fille. Lassé d'attendre, l'amant éperdu n'a pas supporté d'apprendre qu'il n'était pas le seul. Sa déception fut terrible.

Mais le pire est ailleurs. Au sein de la famille Girault, l'argent se fait de plus en plus rare. Pourtant Gilberte ne change en rien à son train de vie. Le 19 septembre 1906, elle achète un chapeau de 20 francs et un corsage de 33 francs. Incapable de payer la note, la cliente demande à ce que la commande lui soit livrée. Après tout, peut-être que son père acceptera de la régler. En attendant, il lui faut absolument trouver de l'argent.

Dans le quartier personne n'a vraiment remarqué le changement de train de vie de la jeune fille. Il faut dire que les voisins ont d'autres chats à fouetter. Au 57 de la rampe de la Tranchée, la maison qui jouxte celle des Girault, les soucis ne manquent pas non plus. Dans cette maison vit Aimée Coudray née Lauriau, 63 ans. Deux fois veuve, la malheureuse femme eut le malheur de perdre son premier mari, un capitaine en retraite qui s'est suicidé. Son second époux, un boucher, est mort à son tour quelques années plus tard, à Bordeaux, renversé par un camion. Profondément affectée par ce drame, la veuve s'est réfugiée dans l'alcool pour oublier son malheur mais aussi pour ne pas rester seule. Au 57 rue de la rampe de la Tranchée, les portes de la veuve sont toujours ouvertes pour ceux qui désirent partager avec elle le verre de l'amitié.

Ce matin du 20 septembre 1906, la vieille femme vient de congédier sa domestique, Constance Scouarnec. La violente scène de la veille n'a fait que confirmer l'incompatibilité de caractère entre la patronne et son employée. Avec sa fortune personnelle de plusieurs dizaines de milliers de francs et sa rente viagère de 4 100 francs, Aimée Coudray se dit qu'elle n'aura aucun mal à la remplacer. D'ailleurs, en début d'après-midi, une nouvelle servante, Marie Durand, 44 ans, se présente à son domicile. En quelques minutes, les deux femmes trouvent un accord. Il est convenu que la domestique « irait chercher ses affaires et qu'elle reviendrait dans la soirée prendre son service[4] ». Dans le quartier de la Tranchée, les voisins de la riche veuve savent déjà qu'elle vient de congédier sa bonne. À Saint-Symphorien comme ailleurs, les commérages vont bon train.

À quatorze heures, la veuve Coudray vaque à ses occupations dans sa maison. Soudain, le bruit de la sonnette la tire de ses pensées. Elle se dirige alors vers l'entrée, fait tourner la clé dans la serrure et ouvre la porte. Aussitôt, son visage se fige. Une jeune adolescente qu'elle ne connaît pas se trouve face à elle. Cette dernière explique qu'elle a entendu dire que la propriétaire de cette maison cherchait une domestique.

Aimablement, la veuve l'invite à pénétrer dans la salle à manger. La conversation s'engage entre les deux femmes avant que la sonnette ne retentisse à nouveau. La veuve s'excuse et réapparaît quelques instants plus tard, accompagnée du facteur, Octave Bruneau. En pénétrant dans la salle à manger, le préposé salue l'adolescente et lui tend une lettre. La jeune femme est visiblement très surprise. Tout en se saisissant du courrier, elle plante son regard avec insistance dans les yeux du facteur, comme pour lui signifier quelque chose. « Ne dites pas qui je suis[5] », lui murmure-t-elle, alors que la propriétaire disparaît à la cave pour aller chercher une bouteille de vin. Octave Bruneau rassure l'adolescente qu'il connaît parfaitement : il s'agit de la très jolie Gilberte Girault. C'est une voisine qui lui a dit qu'elle se trouvait ici. Le facteur est donc venu sonner chez la veuve pour lui remettre en main propre une lettre. Dans son for intérieur, Octave Bruneau s'interroge. Il lui semble très étrange que l'adolescente ne veuille pas divulguer son identité. Ce qui surprend encore davantage le préposé, c'est que la veuve ne semble pas connaître l'adolescente alors qu'elle habite à dix mètres de chez elle. Mais le facteur ne s'en offusque pas. Il trouve même la scène cocasse.

Face à ses deux hôtes, la veuve ne semble pas en mesure de comprendre la situation. Très agitée et visiblement éméchée, Aimée Coudray multiplie les allers-retours à la cave. La veuve n'est visiblement pas dans son état normal. Elle disparaît une première fois au sous-sol mais remonte quelques instants plus tard les mains vides. « Je n'y vois rien[6] », lance-t-elle, énervée, en se saisissant d'une boîte d'allumettes et d'une bougie. Octave Bruneau et Gilberte Girault la regardent s'agiter avec un sourire à peine contenu. Finalement, la seconde tentative est la bonne. La vieille femme remonte de la cave avec l'objet tant convoité. En la voyant s'acharner sur la bouteille pour essayer de l'ouvrir, le facteur se propose gentiment de l'aider. En un tour de main, il s'en saisit, extrait le bouchon du goulot et verse le vin dans les verres. Debout dans la salle à manger, la veuve et ses invités trinquent. Quelques secondes plus tard, les verres sont vides. Seule Gilberte Girault n'a pas bu le sien. Elle a juste goûté le contenu du bout des lèvres. Le facteur accepte un second verre, Aimée Coudray l'accompagne. Après quelques minutes de conversation, le facteur remercie la veuve, salue l'adolescente et quitte le domicile. Il a déjà perdu beaucoup de temps dans sa tournée ; et puis, il ne faudrait pas que ses supérieurs apprennent qu'il est entré dans une maison pour boire un verre.

Deux heures et demie plus tard, à 17 heures, Marie Durand, la nouvelle bonne de la veuve, se présente au domicile de sa patronne. Il a été convenu que la femme prendrait son service le soir même. Elle tire la sonnette et attend. Personne. Étrange ! Elle est certaine de ne pas s'être trompée sur l'heure du rendez-vous ; cela l'ennuyait au plus au point de débuter son travail un vendredi soir. Non pas qu'elle manque de courage mais « le vendredi n'est pas un jour chanceux[7] ». Marie Durand décide donc de patienter devant la porte. Elle est persuadée que Mme Coudray s'est absentée quelques instants ou qu'elle n'a pas entendu. À 17 heures 15, elle sonne de nouveau. Toujours pas de réponse. Jusqu'à 19 heures 30, la servante renouvelle l'opération tous les quarts d'heure. En vain. Marie Durand aperçoit alors un voisin, M. Berland, et lui

explique la situation. L'homme, visiblement contrarié, réfléchit. La veuve est certes méfiante – elle avait d'ailleurs refusé
de lui ouvrir une fois car elle l'avait pris
pour un voyou – mais il se souvient aussi
de ses confidences. Elle n'aimait pas certains de ses voisins. Pire, elle s'en méfiait.
M. Berland décide donc d'aller prévenir le
garde champêtre de Saint-Symphorien, M.
Cavey; ce dernier arrive quelques instants
plus tard, accompagné d'un serrurier,
Georges Brosset. Lorsque les deux hommes pénètrent dans la rue de la Tranchée,
un petit attroupement de curieux s'est déjà
formé devant le domicile de la veuve. Dans
la rue, des voisines s'interpellent. On sol-
licite notamment Gilberte Girault pour
qu'elle regarde de chez elle si Mme Coudray n'est pas tombée. Pour cela, l'adolescente doit descendre dans le jardin; mais
à cette heure tardive, où l'on ne voit pas à
moins de un mètre devant soi, elle en est
incapable. Elle a beaucoup trop peur des
serpents.

Pendant ce temps, M. Cavey, le garde
champêtre, passe à l'action. Il place l'échelle, apportée par le serrurier, contre la façade

pour essayer de pénétrer dans la maison par une fenêtre à l'étage, restée entrouverte. Arrivé à hauteur de l'ouverture, le garde champêtre s'engouffre à l'intérieur de la maison, suivi par Georges Brosset. Alors qu'ils disparaissent de la vue des curieux qui se massent dans la rue, l'inquiétude grandit dans les rangs des badauds. Parmi eux, Gilberte Girault semble la plus inquiète. Elle se rapproche de la femme Bratou, une voisine, lui serre le bras et lui glisse à l'oreille : « J'ai peur qu'il n'arrive quelque accident à notre voisine[8] ». L'adolescente ne croit pas si bien dire. Quelques secondes plus tard, le garde champêtre et le serrurier ressortent bouleversés de la maison. Ils viennent de trouver la veuve Coudray, dans le couloir du rez-de-chaussée, baignant dans une mare de sang. Aussitôt M. Cavey s'empresse d'aller prévenir les gendarmes. En attendant leur arrivée, Georges Brosset s'est placé devant la porte pour dissuader les curieux de pénétrer à l'intérieur de la maison. En partant, le garde champêtre a été très clair : il ne faut laisser entrer personne.

Une bonne heure plus tard, vers 21 heures 30, les gendarmes arrivent sur les lieux du drame. Ils découvrent le corps de la victime allongé dans le couloir. Son visage mais aussi son cou portent des plaies béantes. La malheureuse femme a été assassinée à quelques mètres du trottoir, juste derrière la porte d'entrée. À côté du cadavre, les gendarmes remarquent des traces de pas ensanglantées. Il y en a de deux sortes : l'une de grande taille mesurant vingt-neuf centimètres, l'autre plus petite de quatre centimètres. Les enquêteurs sont persuadés que les empreintes plus courtes ont été laissées par des chaussures spongieuses comme des pantoufles. Ils suivent les traces qui les mènent dans la cuisine où l'assassin s'est lavé les mains. Il a ensuite monté les marches de l'escalier deux par deux avant de pénétrer dans la chambre de la veuve. Là, les gendarmes découvrent une pièce en complet désordre : une armoire à glace renversée sur le sol et sur les meubles voisins, un placard partiellement vidé, des objets éparpillés. Aucune effraction n'a été commise. L'assassin n'a pas essayé d'ouvrir les meubles fermés à clé. Il a notamment laissé de côté « une armoire de bois blanc fermée d'une simple serrure[9] », dans laquelle les gendarmes découvrent des objets de valeur ainsi que 30 000 francs en argent liquide. Il est fort probable que le meurtrier avait l'intention de voler la victime et qu'il n'a pas eu le temps de fouiller l'ensemble des meubles. Une chose intrigue les gendarmes : l'assassin a laissé sur place des boîtes à bijoux. Il a dû les prendre dans ses mains car ces dernières sont maculées de sang. Pourquoi ne les a-t-il pas emportées ? Avant de quitter les lieux, les gendarmes s'arrêtent sur une dernière empreinte de sang, celle laissée dans la rue, sur le seuil extérieur de la porte d'entrée. Il est fort probable que l'assassin soit reparti par la porte donnant directement dans la rue.

Malgré tous ces indices, les enquêteurs restent dans l'expectative, face à tant de zones d'ombre. Ainsi pourquoi l'empreinte de vingt-neuf centimètres n'est-elle présente que près du cadavre ? Quelqu'un serait-il entré sur la scène du crime avant l'arrivée des gendarmes alors que les instructions l'interdisaient ? Ou bien est-ce la même empreinte d'un pied qui aurait tout bonnement glissé ? On peut aussi penser qu'il ne s'agit pas que d'un seul assassin, mais de plusieurs.

Le soir même, l'enquête commence avec l'audition de voisins qui, pour la plupart, n'ont rien remarqué. Gilberte Girault apporte un témoignage qui attire particulièrement l'attention de M. Maugrion, maréchal des logis. « J'ai vu deux individus à mauvaise mine entrer chez Mme Coudray[10] ». L'un portait un pantalon blanc, l'autre un pardessus gris. Le magistrat est d'autant plus intéressé que Joséphine Courriard, une autre voisine, interrogée précédemment, avait confié avoir vu des marchands de chaussons en train de sommeiller sur un banc, tout près des lieux du crime. L'enquêteur fait part de ce témoignage à Gilberte Girault. « Tiens, c'est vrai, moi aussi je les ai vus[11] ».

L'autopsie, pratiquée quelques heures plus tard, révèle la violence du crime. Selon le médecin légiste, la veuve a été tuée d'un coup de couteau. « Le cou a été d'un coup, coupé jusqu'aux vertèbres ; la carotide tranchée, la vieille dame est morte en une minute. Le cadavre porte neuf blessures faites après sa mort, à la face et au crâne[12]. » Les médecins dans leur rapport notent que la victime a été frappée à terre,

« étant donné que les éclaboussures de sang remarquées dans le couloir n'étaient qu'à 30 centimètres au-dessus du sol. Le coup, qui a sectionné en partie le cou, semble avoir été porté avec une grande force[13]. » Probablement par un homme.

À Tours, le crime de la rue de la Tranchée est au centre de toutes les conversations. Les habitants de Saint-Symphorien s'interrogent et s'inquiètent. Comment un crime aussi épouvantable a-t-il pu être commis dans un endroit aussi passager de la ville ? Les journaux se vendent comme des petits pains. Les lecteurs espèrent y trouver des informations sur l'enquête. Malheureusement, cette dernière est au point mort. *Le journal de l'Indre-et-Loire* s'en fait d'ailleurs l'écho, trois jours après le crime. « Nous savons bien que, en raison des habitudes d'intempérance de la victime, et de sa manie d'appeler chez elle n'importe qui pour boire, les recherches seront peut-être assez difficiles, mais il faut cependant que les assassins soient découverts… L'affaire est très embrouillée et il sera difficile de retrouver les coupables[14]. »

Les enquêteurs sont bel et bien dans l'expectative. Aucun élément nouveau ne vient compléter les constatations des premières heures. Pire, ils apprennent que plusieurs personnes sont entrées dans la maison entre la découverte du crime et l'arrivée des gendarmes. Parmi eux le maire de Saint-Symphorien et son secrétaire. Il est donc tout à fait envisageable que certaines traces de pas ensanglantées soient celles de curieux. Malgré ces mauvaises nouvelles, les enquêteurs multiplient les interrogatoires des voisins mais récoltent des informations parfois confuses. Ainsi, le matin du drame, Constance Scouarnec, la bonne congédiée, a trouvé six verres sur la table du salon en prenant son service. Trois contenaient du vin blanc, les autres du vin rouge. En quelques heures, les six individus sont retrouvés par la police. Ces derniers reconnaissent avoir passé la soirée chez Aimée Coudray. Ils sont restés jusqu'à 23 heures et certifient n'avoir bu que du vin blanc. Des lors, pourquoi y avait-il du vin rouge dans trois verres le lendemain matin. Étrange. On rapporte aussi que quelques heures avant le crime, vers 15 heures 30, « deux individus furent vus sonner chez Mme Coudray. Cette dernière vint ouvrir, reçut ces individus, dont l'un tout au moins portait une serviette sous le bras. Ces deux hommes n'ont pas été vus sortir[15]. » Un autre fait attire l'attention des autorités. Quelques jours avant le crime, une tentative de cambriolage avait eu lieu au domicile de Mme Rabateau, au 47 de la rampe de la Tranchée. C'est une chaîne de sûreté qui a dissuadé le voleur.

Les premiers interrogatoires sont aussi l'occasion pour les enquêteurs d'en savoir plus sur la personnalité de la victime. « Elle était criarde, désagréable[16] », confessent certains voisins. D'autres expliquent que les plus jeunes se moquaient d'elle en raison de son penchant pour l'alcool ; les sarcasmes à son égard en disent long sur ses habitudes. « Comme son veuvage était double, il lui fallait, pour triompher de son deuil, du bourgueil pour l'officier d'infanterie et du vouvray pour le boucher[17] », concèdent certains habitants du quartier Saint-Symphorien. « La vieille », comme on la surnommait le plus souvent, « faisait dans sa maison un bruit d'enfer. Elle chassait les bonnes, apostrophait ses voisins, trinquait avec le charbonnier, le maçon, le blanchisseur. »

Les jours passent et l'inquiétude grandit dans le quartier de Saint-Symphorien ; car malgré le travail considérable des magistrats, l'enquête piétine. Dans la presse, les journalistes sont très pessimistes sur le dénouement de ce crime : « Tout dans cette affaire est mystère, et on se demande si elle sera jamais éclaircie[18]. »

Pourtant, malgré le pessimisme ambiant, l'instruction connaît une subite accélération le jeudi 26 septembre. En milieu d'après-midi, MM. Guitteau, substitut, Chotard, juge d'instruction et Cirier, greffier, se rendent une nouvelle fois rue de la Tranchée pour auditionner des voisins. Cela fait maintenant une semaine qu'ils travaillent d'arrache-pied sur cette affaire, sans résultat probant ; mais en cette fin d'après-midi, les déclarations d'une voisine font basculer l'enquête. Cette dernière explique aux magistrats avoir vu Gilberte Girault « sortir en courant l'air hagard, la sueur au front, le jour du crime vers 15 heures, de la maison de Mme Coudray[19] ». Aussitôt, les enquêteurs demandent à ce que l'on fasse venir l'adolescente. Face au juge d'instruction, Gilberte Girault s'insurge : « Je suis montée rapidement chez moi, parce que j'avais laissé, en sortant, de l'eau sur le gaz allumé. Je suis entrée dans les cabinets pour y prendre mes clés que j'y avais déposées, n'ayant pas de poche à ma robe et pas de tablier. Si j'avais l'air hagard cela venait du vin que j'avais bu, n'en ayant pas l'habitude. » Le magistrat organise une confrontation avec la voisine. Le ton monte entre les deux femmes. « Gilberte Girault avait un tablier lorsqu'elle est allée chez Mme Coudray explique la témoin. Après sa visite chez cette dame, on a revu le tablier fraîchement lavé étendu à sécher sur une fenêtre. Les clés n'étaient nullement dans les cabinets mais bien dans l'escalier. » Malgré ces graves accusations, Gilberte Girault proteste mais sans se troubler. Elle nie énergiquement toute participation au crime et affirme qu'elle a vu entrer deux hommes chez Mme Coudray, l'après-midi précédant le crime. Malheureusement, elle est incapable de les identifier.

Ce qui trouble particulièrement les enquêteurs, c'est le changement de version de

Joséphine Courriard. La camarade de Gilberte Girault n'est plus tout à fait certaine d'avoir vu les deux inconnus pénétrer chez la veuve. Ils sont peut-être restés sur le pas de la porte. Après deux heures d'interrogatoire, les magistrats disposent d'éléments suffisamment accablants pour placer Gilberte Girault en prison. Parallèlement, une perquisition est menée à son domicile. Les gendarmes ressortent de l'appartement des Girault avec une volumineuse correspondance, plusieurs tabliers, des bas et une paire de pantoufles. Le lendemain, les fosses d'aisance des Girault et de la veuve sont aussi curées « avec un soin méticuleux[20] ». La gendarmerie espère y trouver un éventuel indice. En vain. À 17 heures, après plusieurs heures de fouille, ils stoppent les investigations.

Si les lettres trouvées chez Gilberte sont passées au crible par les enquêteurs, les vêtements sont quant à eux examinés par les hommes de l'art. Quelques jours plus tard, les résultats des expertises scientifiques tombent. Ils sont accablants pour Gilberte Girault. M. Robin, directeur du laboratoire départemental d'Indre-et-Loire, note dans un rapport remis au juge Chotard qu'il a trouvé des traces de sang humain sur les vêtements de la principale suspecte. Il remarque aussi qu'une de ses pantoufles a été coupée récemment, le reste ayant été lavé soigneusement. Mais en examinant les tresses de la semelle, l'expert a trouvé du sang. « D'autre part, la plante des pieds des bas était tachée de sang également et ces traces se rapportaient exactement à celles relevées sur les pantoufles[21]. » Ces expertises sont d'autant plus troublantes pour la jeune femme que ses pantoufles correspondent en tous points aux empreintes de pas ensanglantées relevées dans l'escalier de la veuve.

Face à tant d'éléments à charge, Gilberte Girault, interrogée plusieurs fois par jour, campe sur ses positions. Elle est innocente. « Je vous ai tout dit. Vous pouvez me garder six mois en prison si vous le voulez, toujours je vous dirai la même chose[22]. » À chaque argument avancé par les enquêteurs, Gilberte trouve une parade. Le sang trouvé sur ses vêtements ? Il s'agit du sien, car depuis sa plus tendre enfance, elle crache régulièrement du sang. Gilberte a beau protester, sa position de simple témoin de l'affaire devient quasi intenable tant la justice dispose d'éléments compromettants. Plusieurs témoins affirment ainsi que le jour du crime, la jeune fille leur avait dit : « Je vais chez Mme Coudray pour causer à sa bonne[23]. » Le problème c'est que tout le voisinage savait, et Gilberte Girault la première, que la veuve venait de renvoyer sa servante. Alors pourquoi entreprendre une telle visite ? « Je ne voulais que faire une farce : tirer la sonnette et m'enfuir », rétorque la jeune femme. Selon elle, madame Coudray a ouvert aussitôt et l'a fait entrer sans la reconnaître. Désespérée, la veuve lui a confié ses malheurs avant que le facteur n'arrive. Les trois ont trinqué puis le facteur est parti. Cinq minutes plus tard, Gilberte Girault a pris congé de sa voisine qui lui a dit, au comble de l'ébriété, de revenir avec son mari. C'est en sortant qu'elle a aperçu les inconnus entrant chez la veuve. Le juge d'instruction n'y croit pas un instant car Gilberte Girault n'a cessé de dire à ses voisines, les jours précédant le drame, qu'elle voulait faire faire une commission à la bonne de Mme Coudray. Pourquoi prétendre maintenant qu'elle voulait lui faire une blague ? Et puis, il y a ce trou dans son emploi du temps. Le facteur a quitté la veuve et l'adolescente à 14 heures 35. Gilberte Girault prétend être partie cinq minutes après le préposé, mais elle a été vue revenant de chez la victime à 15 heures. Qu'a-t-elle fait entre 14 h 35 et 15 heures ?

Les enquêteurs tentent donc par tous les moyens de faire vaciller la jeune femme. Le mardi 8 octobre, ils saisissent une de ses lettres, écrite depuis sa cellule. À l'intérieur, une phrase retient leur attention. La jeune femme demande à son père « s'il a donné à la blanchisseuse le linge salle et le linge mouillé[24]. » À la lecture de ces mots, le juge d'instruction ordonne une nouvelle perquisition de l'appartement des Girault. Et là, surprise ! Les gendarmes découvrent, plus de quinze jours après les faits, « plusieurs objets compromettants… notamment un tablier couvert de sang et un couteau[25] » qu'ils n'avaient pas trouvés lors de la première fouille. Étrange. Les magistrats, forts de cette nouvelle trouvaille, ont subitement l'idée géniale d'examiner la jupe que Gilberte Girault porte sur elle depuis le jour où elle a été incarcérée. Sur le bas de ce vêtement, l'expert découvre des éclaboussures de sang.

Tous ces nouveaux éléments sont confiés à M. Robin, directeur du laboratoire départemental d'Indre-et-Loire. En attendant ses nouvelles conclusions, le juge Chotard transporte Gilberte Girault sur les lieux du drame, le 19 octobre. L'évènement est si important qu'il est annoncé dans la presse. Lorsque peu avant 15 heures, la jeune femme sort de sa voiture accompagnée d'agents de sécurité, la foule n'est pas très nombreuse. Un service d'ordre très sévère a repoussé la cinquantaine de curieux à une distance respectable. La sortie de Gilberte n'est accompagnée d'aucune menace, d'aucun cri. Tout de noir vêtue, la jeune femme, sans frémir, regarde les curieux avant de disparaître dans l'entrebâillement de la porte. À 16 heures 10, elle ressort de la maison de la veuve avec un grand sourire et monte dans la voiture qui la reconduit en prison. Si le juge d'instruction espérait la faire craquer en l'emmenant sur les lieux du crime, sa mission est manquée. Très détendue, Gilberte est restée campée sur ses positions. Elle le restera jusqu'à l'ouverture de son procès, le 18 mars 1908.

C'est évidemment la foule des grands jours qui est venue assister au procès de la mystérieuse Gilberte Girault. Devant les portes du palais de justice, les plus courageux patientent depuis des heures, sous une pluie fine et glaciale, écrasés le long des grilles. Les « privilégiées » avec « leurs toilettes claires et leurs chapeaux osés » n'ont pas à subir cette terrible épreuve. Les meilleures places leur ont été réservées à l'intérieur du Palais. Le journaliste de *La Dépêche du Centre et de l'Ouest* s'en félicite d'ailleurs. « On a facilité l'entrée aux fonctionnaires et à leur famille, ce qui nous permet d'avoir aujourd'hui au premier rang, – véritable public de « premières » – tout un essaim de jeunes et jolies femmes dont les parfums capiteux remplacent avantageusement les odeurs qu'on respire habituellement dans les salles d'audience. Aussi, personne ne s'en plaint[26]. »

Pour éviter tout débordement, un dispositif particulier a été mis en place. En enlevant les grilles fixées au fond de la salle, le nombre de places assises a été augmenté, ce qui permet notamment d'accueillir des journalistes parisiens. Parmi eux, Henri Varennes du *Figaro* et M. Cerisier du *Petit Parisien*. Leur présence témoigne de la portée considérable de cette affaire. De mémoire de spécialiste, il faut remonter au procès de l'assassin de Chançay, Denis Peltier, en 1890, pour retrouver pareille effervescence. L'ouverture des portes de la salle d'audience provoque une énorme cohue. Les places libres sont prises d'assaut. En quelques minutes, la salle du tribunal est remplie, elle est à présent pleine à craquer. Ceux qui ont eu la chance de trouver une place peuvent contempler le grand nombre de pièces à conviction qui ont été entassées sur une table, devant la cour. Une porte, des fragments de ciment provenant de la maison de la victime, des lames du parquet portant des empreintes de pas ensanglantées constituent les premiers éléments d'un procès qui promet de durer et dont l'issue paraît bien incertaine. La cause? La personnalité fascinante de l'accusée. Dans la presse, on la compare à une Cendrillon des temps modernes. Comme son aînée, la jolie jeune femme a égaré une chaussure; plus précisément une pantoufle qui correspond en tous points à plusieurs traces de pas ensanglantées, trouvées sur le sol, près du cadavre de la victime. Un autre journaliste ose une comparaison avec le jeune étudiant Raskolnikov, personnage du roman de Dostoïevski, qui assassina une vieille usurière pour lui voler son argent.

À midi, la cour fait son entrée. Quinze minutes plus tard, c'est au tour de Gilberte Girault de pénétrer dans l'arène, escortée de quatre gendarmes. Aussitôt, « un vif mouvement de curiosité se dessine dans la salle[27] ». « Une très jolie jeune fille, la taille dégagée », apparaît au grand jour. « Élégante en son deuil finissant[28] », l'accusée, tout de noir vêtue, inspire la sympathie avec ses « yeux doux » et son teint « extraordinairement calme et frais[29] ». Les journaux, fascinés par sa beauté, ne se lassent pas de la décrire. Ils parlent de ses « cils longs », de son « teint rosé », évoquent sa « bouche petite », ses « oreilles fines[30] », « son flot de cheveux châtains[31] », « ses lèvres rouges[32] » et ses « yeux vifs ». Assise dans son box, Gilberte Girault s'amuse de cette agitation. Elle sourit au public, bavarde avec les gendarmes qui l'escortent et ne semble nullement intimidée de se retrouver dans le box des accusés. Pour peu, on la croirait accusée d'un simple vol, d'une complicité d'avortement ou au pire d'une vengeance passionnelle ; mais d'un crime crapuleux, « la foule ne peut l'admettre[33] ! ».

Pourtant la dualité de sa personnalité et de sa physionomie est palpable. Certains soulignent ses grands yeux gris dans lesquels « on ne lit ni franchise ni tendresse. On sent dans ses regards clairs et durs de l'égoïsme et du mensonge… C'est un visage de giboulées. Le sourire l'égaye comme un rayon d'avril, mais dès qu'elle est irritée, quelle méchanceté dans le coin des lèvres ! Quelle froideur ! Quel air d'orgueil et de dédain[34]. » Gilberte Girault souffle le chaud et le froid. Les sourires succèdent aux larmes comme lorsqu'elle pose son regard sur son père, dévoré par le désespoir et le chagrin. Cachée derrière un mouchoir, l'accusée se ressaisit rapidement.

L'interrogatoire peut commencer. À travers un jeu de questions-réponses, le président Latour, conseiller à la cour d'appel d'Orléans, dresse le portrait d'une enfant modèle. Jeune fille, Gilberte est une gamine

« entêtée » mais « très intelligente[35] », « travailleuse », « gentille » avec ses voisins. Après le décès de sa mère en octobre 1906, « le caractère entier » de sa personnalité ressort au grand jour. Sa conduite devient « légère », et « une volonté de fer » accompagne chacune de ses décisions. Le magistrat parle de ses aventures multiples et de son périple à Périgueux. « Votre père connaissait-il ce voyage[36] ? » « Il le sait maintenant », rétorque-t-elle du tac au tac. La jeune femme poursuit son raisonnement. Elle n'a jamais eu de relations sérieuses ni avec l'instituteur, M. Blanc, ni avec M. Boély. « Comment pouvez-vous dire cela, après la correspondance qu'on a saisie et qui comprend 56 pièces (lettres, cartes postales, poésie, etc.) ? » « Dans le nombre, il y a une lettre qui ne m'était pas destinée. » « Laquelle ? » « Elle doit avoir huit ou dix pages. Elle comporte une description très conséquente. » M. Latour demande à ce qu'on fasse passer l'ensemble de la correspondance à l'accusée pour qu'elle trouve ce fameux courrier. Gilberte se saisit du paquet, retourne toutes les feuilles mais ne trouve rien. Pendant ce temps, pour déstabiliser l'accusée, le magistrat lit à haute voix des passages de la correspondance. Il insiste sur l'heure tardive des écritures : parfois 23 heures 30, dans d'autres cas à 5 heures 30. Pour voler au secours de sa cliente, M$^e$ Oudin prend la parole. « C'est là le langage d'un amoureux fou. Que voulez-vous, elle avait deux hommes qui se la disputaient et voulaient l'épouser. Le cas n'est pas nouveau. » La salle éclate de rire. Le clan de Gilberte Girault vient de marquer un point.

« Mais le jury n'est pas là pour entendre parler d'amourette. Il s'agit de vol et d'assassinat[37]. » Dès lors, lorsque le président évoque les relations de l'accusée avec la victime, la tension monte d'un cran. « Vous aviez comme voisine une rentière, Mme Coudray, qui s'adonnait à la boisson, avait des crises d'épilepsie et était très méfiante. Vous n'étiez jamais entrée chez elle ? » « Non monsieur. » « Vous étiez plutôt mal avec elle ? » « Je n'avais rien eu avec elle. » « Le 19 septembre, une scène avait eu lieu entre Mme Coudray et sa bonne ? » « Je n'en sais rien, toutes les nuits madame Coudray frappait dans les murs. » « Le 20 septembre, vous saviez que Mme Coudray

avait congédié sa bonne dans la matinée. »
« Non, je n'en savais rien. » « Nous verrons
cela tout à l'heure. » Le magistrat poursuit.
« Quand on a découvert le crime vous
étiez dans la rue ?[38] » « Oui monsieur. »
« Vous étiez là au bras de la femme Bruton
quand le garde champêtre a annoncé que
la veuve Coudray avait été assassinée. À ce
moment, vous avez été prise d'un violent
tremblement. » « La femme Bruton trem-
blait plus que moi. » « Pourquoi aviez-vous
caché votre visite chez Mme Coudray ? »
« Pour éviter les remontrances de mon
père. » « C'est exact que vous êtes entrée
chez Mme Coudray ? » « Oui monsieur. »
« Eh bien, dites au jury le sujet de votre
visite. » « Je suis entrée vers une heure et
demie. Je revenais de porter mes journaux
au bas de la Tranchée. J'ai sonné trois fois,
la porte s'est ouverte aussitôt et Mme Coudray m'a demandé ce que je voulais ; elle
ne me reconnaissait pas. Je lui ai demandé
si sa domestique était là. Elle m'a répondu
oui, tout d'abord, puis non ensuite, et s'est
mise à pleurer. Elle m'a fait entrer, et m'a
raconté la mort de son premier mari. Puis le
facteur est arrivé, nous avons pris un verre
de vin ensemble. Après le départ du facteur,

j'ai voulu m'en aller, mais Mme Coudray m'a retenue et demandé de revenir le soir. À ce moment on a sonné, Mme Coudray est allée ouvrir. J'ai vu deux individus, un qui avait un pantalon blanc et l'autre un complet gris. Quand ils sont entrés dans le salon, je suis sortie, et Mme Coudray m'a dit : Au revoir, revenez donc ce soir à sept heures avec votre mari. Je suis partie. » « Vous nous dites des choses très intéressantes, mais pourquoi ayant des révélations aussi importantes à faire, ne les avez-vous pas faites dès le jour même ? » « J'ai toujours caché mon entrée chez Mme Coudray, parce que je ne voulais pas que mon père le sache ? » « Au juge d'instruction, vous avez dit d'abord que vous ne saviez pas pourquoi vous n'aviez pas dit toute cette histoire au premier abord. Vous avez dit également que vous vouliez dire comme Joséphine Courriard. Cette jeune fille le savait que vous étiez allée chez la veuve Coudray. On lui a demandé pourquoi elle ne l'avait pas déclaré ; elle a dit que vous lui aviez recommandé de ne pas le dire. Mais il y avait Mme Boire, votre voisine, qui elle aussi le savait. » « Quels sont les motifs de votre visite chez Mme Coudray ? »

« Je n'en avais pas. » « Reconnaissez-vous que depuis quelques jours vous aviez dit à Mme Boire que vous aviez une commission à faire à Mme Coudray. » « Oui monsieur. » « Quelle était cette commission ? » « Je n'en avais aucune. » « Pourquoi alors, n'en ayant pas, dites-vous que vous en aviez une ? » « Depuis plusieurs jours je voulais aller tirer la sonnette pour faire une farce à Mme Coudray. » « Si c'était pour faire une farce pourquoi alors annonciez-vous une commission à faire, mais à qui ? à la bonne ? » « Oui monsieur. » « Le 20 septembre, jour du crime, vous avez dit à Mme Boire : "Depuis le temps que j'ai une commission à faire à la domestique de Mme Coudray, il faut tout de même que j'y aille." » « Oui. » « Et c'est à ce moment que Joséphine Courriard est arrivée et a dit : "La bonne ? Mais elle est partie ce matin !" Et vous le saviez auparavant que la bonne était partie. » « Non monsieur. » « Si. » « Non monsieur. » « Si, car à une heure et demie, vous êtes allée chez Mlle Legoubé et vous lui avez annoncé que la bonne de Mme Coudray était partie le matin. Comment l'aviez-vous su… ? On n'a pas pu le découvrir. » « Je n'ai pas pu dire cela, puisque je ne le savais pas. » « Si

vous le saviez et vous l'avez dit à Mlle Legoubé. Vous saviez au moment où vous
partiez chez Mme Coudray que la bonne
était partie. Pourquoi y alliez-vous ? » « J'ai
répondu : "Je vais toujours aller tirer la
sonnette." »

Le président poursuit. « Et vous êtes entrée. Voyons maintenant la conversation
que vous avez eue avec Mme Coudray. Elle
ne vous a pas reconnue. Vous lui dites :
"Est-ce que votre bonne est là ?" Pourquoi
lui avez-vous dit cela ? » « Je ne savais pas
quoi lui dire. » « Et que vous a répondu
Mme Coudray ? » « "Oui, elle est là-haut !"
« Elle n'a pas pu vous dire cela. » « Je regrette de vous donner un démenti », rétorque fermement la jeune femme. « C'est
bien extraordinaire. Que s'est-il passé ensuite ? […] Combien de temps êtes-vous
restée seule avec elle avant l'arrivée du facteur. » « Vingt minutes environ. » « Le facteur, combien est-il resté de temps ? » « Dix
minutes. » « Le facteur est parti. Combien
de temps après sont arrivés les deux individus ? » « Presque aussitôt. Un temps très
court. » « Et alors vous êtes partie ? » « Oui
monsieur. » « Je vous ai demandé le motif

de votre visite. Je vous demande maintenant pourquoi le soir du crime avez-vous soutenu à M. Vergnault que vous n'aviez pas été chez Mme Coudray ? » « Parce que je craignais qu'il ne le dise à mon père. » « Vous lui avez soutenu que vous n'y étiez pas allée, mais après la découverte du crime, vous auriez dû dire immédiatement la vérité. » L'accusée reste sans voix. « Les choses se sont-elles bien passées chez Mme Coudray, comme vous l'avez dit ? » « Oui monsieur. » « Ce n'est donc pas en étant sur votre trottoir ni de votre fenêtre que vous aviez vu entrer les deux individus. » « Non monsieur, parce que Joséphine Courriard disait comme moi. » « En rentrant de chez Mme Coudray, vous êtes montée chez vous. Nous y reviendrons. Vous êtes descendue ensuite causer avec Mme Boire et avec Mme Deshaye qui vous a demandé le récit de votre visite et vous avez répondu : "Ah ! je ne sais pas, mais il est entré chez Mme Coudray deux individus à mauvaise mine, il va se passer quelque chose." Vous le reconnaissez ? » demande M. Latour « Oui monsieur. » « À 4 heures et demie, vous êtes allée chez Mlle Legoubé et vous lui avez dit : "J'ai vu deux individus entrer chez Mme Coudray, bien sûr il va se passer quelque choses". Vous aviez prévu d'une façon particulièrement précise ce qui allait se passer. On a recherché partout les deux individus, on ne les a jamais retrouvés. D'autre part, Joséphine Courriard, pressée de questions par le juge d'instruction, a déclaré : "Ah ! ma foi, je ne peux pas affirmer que je les ai vus."

Le président poursuit son raisonnement. Il explique que depuis sa fenêtre, Joséphine Courriard, a assisté à la scène entre la veuve, le facteur et Gilberte Girault. Lorsque le préposé a quitté la maison, la voisine est descendue dans la rue, pensant que Gilberte Girault allait le précéder. Elle s'est positionnée sur le trottoir en attendant son amie. En vain ! Au cours de cette attente, Joséphine Courriard a discuté avec Mme Boire, une autre voisine. Lassée de patienter, Joséphine est finalement rentrée chez elle, imitée quelques instants plus tard par Mme Boire. Depuis sa fenêtre, Mme Deshayes a regardé ses voisines rentrer chez elles. Elle s'est ensuite penchée dans la rue et a aperçu à une distance de 400 mètres environ le facteur au coin de la rue Ernest-Palustre. Le président explique alors aux jurés qu'il faut une demi-heure, selon le facteur, pour aller de la maison de la veuve à la rue Ernest-Palustre. Pour M. Latour, l'accusée est restée trente minutes chez la veuve Coudray. « C'est impossible que du 55 au coin de la rue Ernest Palustre on reconnaisse quelqu'un », affirme Gilberte Girault. « On peut toujours reconnaître un facteur qui a un signalement particulier », insiste le président. « Je dis la vérité. »

M. Latour avance un nouveau pion dans sa stratégie. « Il y a un fait nouveau. Il y a une huitaine de jours, la femme Bruton a fait une déclaration importante. Vous avez dit être allée chez cette femme. En effet, lorsque Mme Boire vous a vue rentrer, elle vous a dit : "Vous êtes restée bien longtemps." Et vous avez répondu : "Je ne suis pas restée tout ce temps-là chez la vieille, je viens de chez Mme Bruton." Cette dernière, interrogée, a nié votre visite. » « Mme Boire a mis cinq mois à trouver cela ? » rétorque malicieusement l'accusée.

« Quelle attitude aviez-vous lorsque vous êtes sortie de chez Mme Coudray. » « Mon attitude ordinaire. » « Mme Boire vous a demandé lorsque vous êtes passée devant

386

elle : "Eh bien, comment avez-vous été reçue ?" Vous n'avez pas répondu et vous êtes passée très vite, vous couriez même dans le couloir. » « J'allais très vite en effet. » « Où êtes-vous allée ? » « Dans les cabinets. » « Pour quoi faire ? » « Parce que j'avais besoin d'y aller. » « Mme Boire a déclaré que vous n'aviez pas eu le temps de satisfaire le plus petit besoin. » « Mme Boire n'était pas avec moi. Si Mme Boire soupçonnait quelque chose, elle n'avait qu'à venir voir ce que je faisais. » Dans le public, les sourires accompagnent chacune des réponses de la jeune femme. « Mme Boire ne soupçonnait absolument rien, pas plus que la justice du reste. Reconnaissez-vous que Mme Boire vous a demandé ce que vous étiez allée chercher dans les cabinets ? » « On ne m'a jamais posé cette question. » « Vous lui avez dit : "J'étais allée chercher mes clés." » « Je n'ai jamais dit cela. » « Si, Mme Boire et Mme Deshayes ont même été tellement surprises de cette réponse que Mme Boire vous a dit : "Mais les clés qui étaient là, sur la 3e marche, avec du chocolat, n'étaient donc pas à vous." » Gilberte Girault encaisse le coup et se réfugie dans le silence. « Vous êtes montée rapidement chez vous,

puis vous êtes descendue quelques instants
après causer avec Mme Boire et Mme Deshayes. Dans quel état étiez-vous ? » « Dans
mon état ordinaire. » « Non, vous étiez
couverte de sueur. » « Pas plus que d'habitude. » « Elles ont été tellement frappées de
cette transpiration qu'elles vous ont dit :
"Oh ! Gilberte, comme vous avez chaud !"
» « Je ne me souviens pas de cette question. » « Et vous avez répondu : "C'est le
vin de la vieille qui m'a fait cela." » « Je
n'ai pas dit cela. » « À l'instruction et
aujourd'hui encore, vous nous avez déclaré n'avoir fait que tremper vos lèvres
dans votre verre. En allant chez Mme Coudray aviez-vous un tablier ? » « Non monsieur. » « Vous n'aviez pas un tablier noir
et blanc ? » « Non monsieur. » « Mme Boire
et Mme Deshaye affirment que vous aviez
un tablier en allant chez Mme Coudray et
elles croient que vous n'en aviez pas en revenant. » « Je n'avais pas de tablier. » « Le
26 septembre vous avez été arrêtée. On a
fait alors des recherches. On a retrouvé les
pantoufles que vous aviez le 20 septembre, puis de nombreux tabliers, mais celui
qu'avaient vu Mme Boire et Mme Deshaye
ne se retrouvait pas. On a saisi également

la jupe que vous aviez le jour du crime. Entre-temps, vous écriviez à votre père de la prison : "j'espère que tu as bien donné à la blanchisseuse le linge qui était mouillé et le reste". Qu'est-ce que cela veut dire ? » « Il s'agissait de mouchoirs. » « Votre père n'a pas trouvé le fameux tablier. Alors un jour vous avez dit : "Ah ! mais le tablier est peut-être bien sur le garde-manger." Le brigadier de gendarmerie allait se retirer lorsqu'il trouva quelque chose caché derrière une toile cirée destinée à protéger le garde-manger. Il passa la main et entre le mur et la toile cirée, il trouva dissimulé ledit tablier. »

Le magistrat évoque ensuite les traces de sang humain trouvées sur ce même tablier, sur les pantoufles, la jupe et les bas de l'accusée. La justice a même découvert un couteau taché de sang humain bien que des doutes persistent sur les expertises de MM. Barnsby et Javillier. (En 1908, les experts ne disposent pas de moyens infaillibles pour déterminer l'origine du sang.) Quant au tablier, il a été lavé avec un tel soin que les rayures ont presque disparu. « Le tablier n'a pas été lavé », affirme sèchement la jeune fille. « D'où vient ce sang ? »

demande alors le magistrat. « Pour les pantoufles, elles ont été imbibées de sang et de sang à moi. J'ai craché et vomi le sang. Mon père l'a dit et la parole de mon père peut être crue. » « Votre père a dit que vous lui aviez dit, mais que personnellement il ne l'avait jamais vu. La première fois que l'on vous a interrogée au sujet de ce sang, vous avez dit qu'il provenait de votre chienne qui était malade. Pourquoi n'avez-vous pas dit la vérité au juge d'instruction ? La confidence serait restée entre le magistrat et vous. » « Je m'en aperçois aujourd'hui », lance Gilberte Girault au milieu des rires du public. « Nulle part on ne voit que vous ayez eu des vomissements de sang. » « J'en ai eu deux cependant. Le premier, c'est au commencement de septembre. Il m'a pris dans la salle à manger, j'ai un instant perdu connaissance, et le sang a parfaitement pu jaillir sur le bas de ma robe. Pour mes pantoufles, j'ai monté dedans en allant chercher une éponge pour me laver. » « Vous discuterez avec les experts. » « J'y compte bien. » « Avez-vous l'habitude de monter l'escalier de deux marches en deux marches ? » « Non monsieur. Je vais très vite, mais je ne monte jamais deux marches d'un coup. »

« Cependant plusieurs personnes ont remarqué que vous aviez cette habitude.
Mme Bruton le dit également. La personne
qui montait l'escalier a laissé des traces de
deux marches en deux marches puisque
les empreintes sanglantes ne se trouvent
que toutes les quatre marches. Toutes les
empreintes sont du pied gauche. Elles portent du côté gauche un petit trou produit
comme par une petite plaie, une déchirure
de la pantoufle. Remarquez que la pantoufle gauche de Gilberte Girault porte une
petite déchirure qui s'adapte admirablement aux empreintes laissées sur les marches. » Le président demande ensuite aux
jurés de se déplacer vers la table des pièces
à conviction. Pendant un quart d'heure, le
jury compare les lames de parquets portant
les empreintes ensanglantées avec

la pantoufle gauche de l'accusée. Le président interpelle ensuite l'accusée et lui
demande de s'expliquer sur cet élément
pour le moins troublant. « J'ai à répondre
que mes pantoufles n'ont pas laissé d'empreintes chez Mme Coudray. Quant à la
déchirure de ma pantoufle que j'ai portée
huit jours après, elle a dû s'agrandir. » L'argument n'est guère convaincant. La jeune

femme le sait. Elle décide de parler des empreintes de mains trouvées sur les meubles de la victime. « On dit que les traces de pas sont les mêmes. J'avais donc les pieds à moi, les mains à d'autres, puisque on a établi que les empreintes des mains sur la porte n'étaient pas les miennes. » « On n'a jamais fait cette expérience », s'insurge le procureur. « Je regrette de vous démentir, monsieur, vous n'étiez pas présent », lui rétorque l'accusée. « Enfin ce n'est pas vous qui avez assassiné Mme Coudray, ce n'est pas vous qui avez tenté de voler ? » « Assurément. » L'interrogatoire s'achève. Il aura duré presque tout l'après-midi. Avant de clore les débats, le président donne rendez-vous aux jurés le lendemain matin pour une visite de la maison du crime dès 9 heures.

Mais à l'heure convenue le 19 mars 1908, le convoi n'est toujours pas en marche. Non pas qu'un des jurés soit malade ou en retard. La raison est ailleurs. C'est Gilberte Girault qui n'est pas prête. « Mademoiselle n'est pas encore coiffée[39] », annonce-t-on au cortège de juges et de jurés. Une demi-heure plus tard, l'accusée se présente enfin pour monter dans sa voiture sous bonne escorte. À Tours, le transport de la jeune femme sur les lieux du crime est un évènement. Certains habitants se mettent à leur fenêtre, d'autres se retournent dans la rue pour essayer de deviner Gilberte Girault. « Des voitures de bouchers, de fruitiers, de charbonniers, qui font le service des villages voisins, le long du trottoir[40] » s'arrêtent « parmi des badauds » et leurs propriétaires bavardent « sans bruit en attendant le cortège. L'avenue est tout en rumeur. »

Au 57 de la rue de la Tranchée la foule est nombreuse. « Parmi les curieux, des soldats, des agents de police, des gamins, des journalistes, des photographes. » Le convoi s'arrête dans le calme. De la dernière voiture, Gilberte Girault saute à terre avec élégance, passe sa main sur ses cheveux bouffants un peu dérangés, les tapote d'un geste gracieux, puis rejoint les membres de la cour d'assises devant la porte de la victime en tenant gracieusement sa robe d'une main habile. Elle lève alors les yeux et sourit aux voisins penchés à leurs fenêtres. Elle ne semble pas intimidée, ce qui suggère à Henri Varennes, journaliste du *Figaro*, la formule suivante : « Vraiment, une demoiselle, venant chercher la mariée, aurait, sous les yeux de la foule, plus de timidité[41]. » Pourtant, en franchissant le seuil de la porte, l'accusée, plus pâle soudainement, est victime d'une légère défaillance. « On dirait qu'elle vient de recevoir de terribles soufflets[42] », note le même journaliste.

En pénétrant dans le couloir de la veuve, les jurés découvrent la scène du crime laissée en l'état depuis six mois. La flaque de sang séchée est toujours là, certaines traces de pas ensanglantées, qui n'ont pas été prélevées comme pièces à conviction, aussi. Tout en avançant dans la maison, le président précise au jury les circonstances du drame. De son côté, Gilberte ne s'occupe pas de tout cela. « Elle semble insouciante, regarde curieusement à droite et à gauche, absolument comme si elle arrivait là pour la première fois, et qu'il s'agissait d'une autre qu'elle[43]. » Elle discute ensuite avec un gendarme puis entre dans la salle à manger, enlève son chapeau devant une glace, remet lentement ses cheveux en place. Le cortège se rend ensuite dans la cour, derrière le logis. Gilberte Girault s'approche d'un groupe de journalistes et écoute en souriant. Cette scène l'amuse. Elle sourit. Puis l'instant suivant, elle grimace. Le froid la fait souffrir. « À quelle heure ça finira-t-il. C'est long[44] », s'impatiente-t-elle en piétinant pour se réchauffer. « Je n'ai pas déjeuné ce matin, moi, dit-elle : j'ai faim. »

Cette attitude sidérante laisse pantois tous les observateurs du procès. Henri Varennes s'insurge. « Que cette jeune fille soit innocente ou coupable, comment, dans ce cadre évocateur de son passé, à ce moment où se décide sa vie, n'éprouve-t-elle aucune émotion ? Que de colère elle devrait avoir si elle n'était pour rien dans ce crime ! Que de honte même d'en être accusée et de passer parmi ces voisins, ces curieux, prisonnière. » Cette distance, ce mépris, cette ironie qui se lisent sur son visage expliquent la fascination du grand public pour cette affaire. Gilberte Girault conjugue à merveille le bien et le mal.

Elle semble ignorer que les jurés l'observent et que le verdict sort le plus souvent de l'atmosphère de la salle de tribunal. Or, l'accusée, par « son insolence, son aplomb et sa merveilleuse présence d'esprit, crée contre elle une hostilité[45] ».

M. Cavey, le garde champêtre qui a découvert le corps de la veuve, est l'un des premiers témoins entendus par le tribunal. Il raconte les circonstances de sa macabre découverte avant d'être interpellé sur l'éventualité qu'il ait pu marcher dans le sang. « C'est impossible car j'avais des souliers à clous et les clous ne permettent pas qu'on fasse des traces. » « À quelle heure les gendarmes sont-ils arrivés à la Tranchée ? » lui demande l'avocat de la défense, Me Oudin. « À 9 heures et demie. » « Pendant votre absence, êtes-vous certain qu'il n'est entré personne dans la maison », insiste le président. « Je sais que Brosset, qui gardait la maison en mon absence, a laissé entrer le maire et le secrétaire de mairie. » « Il a dû en entrer d'autres », glisse malicieusement Me Oudin. « L'empreinte sur le seuil était-elle produite par un pied d'homme ou un pied de femme ? » poursuit le président. « Il est impossible de le voir » conclut le garde champêtre. Le serrurier, Georges Brosset, est le témoin suivant. Il confirme que le maire et son secrétaire sont entrés dans la maison mais ils sont restés, selon lui, entre la porte et le cadavre. « êtes-vous sûr qu'il n'est entré personne d'autre que le maire en l'absence du garde champêtre ? » demande M. Latour.

« Oui je suis certain qu'il n'est entré personne. » Plusieurs voisines défilent ensuite à la barre. Mlle Legoubé, domiciliée au 9 rue de la Tranchée, confirme que l'accusée est venue lui dire le jour du crime en début d'après-midi que la bonne de la veuve avait été renvoyée. Dans ce cas pourquoi entreprendre d'aller lui demander de faire une commission quelques minutes plus tard? « Ça ne fait rien. J'y vais tout de même », déclara-t-elle à Mme Boire, sa voisine. Cette dernière poursuit en évoquant la sortie de Gilberte de chez la veuve. « J'étais à ma fenêtre et je voulais lui dire : "la vieille vous a fait bon accueil?" mais elle est passée si vite que je ne l'ai pas pu. Je me suis rendue alors dans la cour et Gilberte m'a dit : "Je viens de chercher mes clés dans les cabinets." Je lui ai répondu alors. "Tiens ce ne sont donc pas vos clés qui sont là dans l'escalier." Elle est montée très vite sans me répondre. » L'accusée proteste : « Mme Boire trouve que j'allais très vite. Comment se fait-il qu'elle ait eu le temps de me poser deux questions? » Pas de réponse. « Gilberte avait très chaud? » demande le président. « Oui, la sueur lui coulait sur le front. » Gilberte contre-attaque : « On prétend que

397

j'avais les pieds pleins de sang. Voudriez-vous demander à Mme Boire où j'ai marché en revenant de chez Mme Coudray. Si j'avais eu du sang, mes pieds auraient marqué les pavés. » « Je n'ai pas fait attention. De plus, j'ai arrosé après son retour, je ne sais pas », répond la voisine. « Avant son départ, Gilberte avait-elle un tablier ? » poursuit le premier magistrat. « Dans la cour, avant de partir, je suis certaine qu'elle en avait un. » « Et en revenant ? » « Je n'en suis pas sûre. » Mme Boire raconte ensuite une conversation troublante avec l'accusée. Quelques minutes avant la découverte du crime, « Mme Boire alla demander à Gilberte dans quel état était la veuve Coudray[46]. Gilberte répondit : "Faut pas dire que j'y suis allée." Et Mme Boire lui dit alors : "Je ne veux pas le dire, seulement voilà longtemps que la bonne sonne. Est-ce que la vieille était ivre cet après-midi ?" Et Gilberte répondit : "Je ne sais pas." » « En redescendant de chez elle après sa rentrée de chez la veuve Coudray, l'accusée avait-elle les mêmes vêtements qu'en sortant de chez la victime ? » poursuit le président. « Elle était en noir, après comme avant. Je n'ai rien remarqué. » Me Oudin saisit aussitôt la balle au bond. « Non seulement Gilberte Girault n'avait pas changé de vêtements pendant les cinq minutes qu'elle a passées dans sa chambre, mais encore elle a continué à porter ces mêmes vêtements les jours suivants puisqu'elle les avait encore à la prison, c'est là qu'on les a saisis. » L'avocat oublie de préciser que des traces de sang ont d'ailleurs été identifiées sur ces mêmes habits en prison.

Puis vient le tour de Mme Bruton qui rapporte que l'accusée était très anxieuse lors de la découverte du crime. « Mme Bruton, je vais avoir une crise de nerfs », aurait confessé l'accusée à sa voisine en lui serrant très fort le bras. Gilberte s'en défend aussitôt. « Il est certain qu'au moment où j'ai appris le crime, j'ai eu un tremblement, mais je ne me souviens pas lui avoir parlé de crise de nerfs. » Avant de prononcer une phrase assassine : « Mme Bruton boit énormément de rhum, c'est sa liqueur favorite. » Le public sourit. Gilberte Girault assure le spectacle. Mme Deshaye, la belle-sœur de Mme Boire, est appelée à la barre. Elle confirme de son côté avoir vu Gilberte sortir de chez Mme Coudray au moment où le facteur était dans la rue Ernest-Palustre. « Je le voyais parfaitement », insiste cette dernière.

Joséphine Courriard est l'une des dernières voisines entendues. Elle explique avoir assisté, depuis son jardin, à la scène entre la veuve, le facteur et l'accusée. Elle est ensuite allée habiller sa maîtresse qui devait sortir puis s'est entretenue avec Mme Boire. « Après je suis rentrée chez moi. À ce moment, j'ai vu deux hommes à la porte de Mme Coudray. » « Où étaient-ils ? » demande le président. « Ils étaient près de la porte de Mme Coudray. L'un avait un pantalon blanc, l'autre gris. Je ne les ai pas vus entrer chez Mme Coudray ? » « Ne s'est-il pas passé quelque chose au sujet de ces deux hommes ? » « Il y en a un qui s'était assis sur un banc et madame m'a dit : "Fermez votre porte à cause de ces deux hommes." » Le président se tourne alors vers l'accusée. « Sont-ce les individus que vous avez vus entrer chez Mme Coudray ? » « Ils sont vêtus comme ceux que j'ai vus, seulement je ne sais pas si ce sont bien les mêmes. » « Les avez-vous vus entrer ? » demande-t-il ensuite au témoin. « Je n'ose l'affirmer. Lorsque j'ai vu les deux hommes à la porte de Mme Coudray, Gilberte était dans la maison. » « Au commencement de l'instruction, vous avez dit que vous étiez sur le trottoir avec Gilberte Giraud lorsque les deux hommes sont entrés chez la veuve Coudray. » « Je ne me souviens pas. » « Est-ce que Gilberte Girault ne vous a pas expressément recommandé de ne pas dire qu'elle était allée chez la veuve Coudray ? » « Si monsieur. » Le président demande ensuite à la prévenue. « Est-ce qu'il n'y a pas eu une entente entre Joséphine Courriard et vous le soir du crime ? » « Oui monsieur. Je lui ai dit qu'il me serait très désagréable que l'on sache que j'étais allée ce jour-là chez Mme Coudray et alors elle m'a répondu que dans ce cas-là nous n'avions qu'à dire toutes les deux que nous étions chez Mme Boire lorsque nous avons vu les deux hommes. » « Il n'y a pas eu d'entente entre nous », se défend Joséphine Courriard. « Aujourd'hui, dites-nous franchement si vous avez vu entrer les deux hommes chez Mme Coudray », demande solennellement le président au témoin. « Je ne puis l'affirmer. J'ai été dérangée par l'arrivée de quelqu'un chez moi. S'ils sont entrés chez Mme Coudray ils ne sont restés que vingt minutes au moins après que le facteur a été parti. » L'audience est levée.

Elle reprend à 18 heures 45 avec le témoignage de M. Stoll qui déclare que le jour du crime, vers 18 heures, il rencontra deux individus qui semblaient simuler l'ivresse. Les deux hommes descendaient la rue de la Tranchée en faisant de grands gestes et en poussant des cris. Le témoin était accompagné de M. Dutertre qui confirme cette déposition. Pour les jurés, cet élément confirme un fait qui semble à présent établi : Il y avait bien deux inconnus à l'allure singulière le jour du crime dans la rue de la Tranchée.

Le facteur, Octave Bruneau, est ensuite appelé à la barre. Il explique que le 20 septembre, lors de sa distribution du soir, il avait une lettre à remettre à Gilberte. Mme Boire lui dit qu'elle se trouvait chez Mme Coudray. Il se présenta alors chez la veuve et cette dernière lui répondit qu'elle ne la connaissait pas. À l'intérieur, lorsqu'il pénétra dans la maison, il y avait pourtant la jeune fille. « Gilberte Girault vous a bien dit de ne pas dire à

Mme Coudray qui elle était[47] », demande le président. « Oui monsieur. » Selon lui, il n'est resté que cinq minutes, le temps de boire deux verres. À 14 heures 30, il était déjà parti. « Combien faut-il de temps pour aller de chez Mme Coudray à la rue Ernest-Palustre ? » poursuit le magistrat. « Il me faut de 28 à 30 minutes, j'ai contrôlé depuis. J'arrive au haut de la Tranchée vers 3 heures 10 environ, 3 heures 15. » « Dans quel état était Mme Coudray ? » « Elle était déjà énervée. » Gilberte demande alors la parole pour remettre en cause le témoignage du facteur. « Il est resté plus de temps qu'il ne l'a dit. Il a fallu le temps que j'explique au facteur de ne pas dire qui j'étais. Mme Coudray est descendue une première fois à la cave, elle est revenue disant qu'elle n'y voyait pas, a pris des allumettes, une bougie et est redescendue à la cave. Elle a essayé de déboucher la bouteille mais n'a pas réussi. C'est le facteur qui a débouché la bouteille. » « Est-ce vrai ? » demande le président en se tournant vers le témoin. « Oui, mais je ne suis pas resté plus de cinq minutes », répond le préposé un peu gêné. L'accusée poursuit son offensive. La présence du facteur rue Ernest-Palustre moins de trente minutes après son départ de chez la veuve, Gilberte n'y croit pas. « Ce matin à la constatation, il a été établi que du 56 jusqu'à la rue Ernest-Palustre, il a été impossible de distinguer l'uniforme et le képi du facteur. » « Mais Mme Deshaye a été interrogée à ce sujet », coupe le magistrat avant de lever la séance.

Le lendemain, les témoins défilent de nouveau à la barre, à commencer par le maire de Saint-Symphorien. M. Michin confirme la bonne réputation de l'accusée ainsi que les multiples plaintes reçues contre la défunte qui « buvait disait-on ». Il certifie aussi que personne n'est entré dans la maison puisque M. Brosset et M. Berland ont empêché les curieux de pénétrer dans le couloir.

Puis vient le temps de la déposition des experts. MM. Barnsby, Javillier et Robin confirment la présence de sang humain sur les vêtements de l'accusée. Presque tous les habits saisis sur elle ou à son domicile en sont couverts. Le docteur Baudouin évoque ensuite les conclusions de son autopsie : « Mme Coudray portait à la gorge une blessure profonde s'étendant sur toute la longueur du cou. Sur le crâne on remarquait toute une série de petites plaies. La blessure principale avait 13 centimètres de long et 5 centièmes de large[48]. » « La mort a dû être rapide et a été provoquée par le détachement du larynx, la section de la carotide et de la jugulaire ; l'œsophage était complètement coupé et la colonne vertébrale même présentait une encoche[49]. » Il a ensuite examiné l'accusée qui, selon lui, est en parfaite santé et plutôt « fortement constituée ». Pour le médecin, Gilberte n'a pas de tuberculose pulmonaire malgré ses petits crachats de sang constatés notamment le 8 janvier en prison. Pour mesurer sa force, il explique qu'une expérience au dynamomètre a été faite avec l'accusée. Gilberte a obtenu un résultat de 25 bars, un nombre comparable à la force d'un enfant. « Des convalescents de 18 à 25 ans ont donné de 60, 80, à 120 de pression. Une fillette de 8 ans et demi est parvenue à 40[50] », explique le médecin. C'est selon lui la preuve que l'accusée a donc minimisé ses capacités physiques pour semer le doute dans l'esprit des enquêteurs. Avant de se retirer, M. Baudouin affirme que Gilberte avait la force nécessaire pour commettre le crime de la rue de la Tranchée.

Lorsque le père de Gilberte, Charles Girault, lui succède à la barre, la salle retient son souffle. Pour la première fois du procès, les larmes coulent abondamment sur les joues de l'accusée. Dans un premier temps, son témoignage n'apporte rien de plus au débat. Il confirme seulement qu'il aurait probablement grondé sa fille s'il avait su qu'elle s'était rendue chez Mme Coudray sans sa permission. Mais une dernière question sème le doute dans l'esprit des jurés. « Avez-vous connaissance que, avant l'arrivée des gendarmes, il soit entré quelqu'un dans la maison ? » demande le procureur. « Oui, M. Sablayrolles[51]. » « Le maire le nie énergiquement », s'insurge le procureur. « Je l'affirme, je l'ai vu ; il est entré devant moi. » Il va même plus loin en affirmant. « Je l'ai vu aller jusqu'au pied du cadavre[52]. »

Ce témoignage, même s'il s'agit de celui d'un père voulant probablement protéger sa fille, confirme la complexité de cette affaire. Même si l'attitude pleine de certitude de Gilberte Girault ne plaide pas en sa faveur, il faut reconnaître que des zones d'ombre empêchent de l'accuser avec certitude. À quelques heures de la fin du procès, il semble acquis que la vérité ne ressortira jamais au grand jour. D'ailleurs, *Le journal de l'Indre-et-Loire* achève son édition du 21 mars 1908 par ses mots. « Gilberte Girault demeure et demeurera sans doute une vivante énigme. »

Lorsque le 36e témoin pénètre dans le tribunal à 19 heures, le 21 mars 1908, personne ne fait attention à lui. Trois jours de débat ont usé la concentration et la patience des spectateurs les plus assidus. Pourtant, alors que M. Graton se dirige à la barre, la salle ignore que son témoignage va faire l'effet d'une bombe. Car depuis le début de l'enquête, les enquêteurs ont acquis la certitude que Gilberte Girault est allée rendre visite à la veuve. L'accusée l'a d'ailleurs reconnu. C'est au sujet de son départ du domicile de Mme Coudray que les avis divergent. Gilberte Girault a quitté la maison du crime à 14 heures 50 au plus tard selon la défense. De son côté, l'accusation penche plutôt pour 15 heures. C'est sur cette question que le témoin est interrogé. M. Graton, « un jeune homme d'excellent aspect, intelligent et sincère[53] », explique la scène à laquelle il a assisté, le

20 décembre, jour du crime. « J'ai vu Mlle Girault à 15 heures 10 ou 15 heures 15, qui sortait de chez elle pour descendre l'avenue. En même temps, j'ai aperçu à sa fenêtre Mme veuve Coudray. Je suis ouvrier plâtrier au bas de la rampe et je faisais avec mon patron, du bas en haut de l'avenue, un va-et-vient de décombres. Nous étions ensemble à 15 heures à chercher le cheval. C'est dix minutes au moins après que nous avons vu Mme Coudray. Elle a parlé à M. Cormier[54]. »

La veuve était donc vivante à 15 heures 10 lorsque Gilberte Girault a quitté le 57 de la rue de la Tranchée. Voilà un alibi extraordinaire pour la défense. L'accusée est donc innocente ! Dans la salle, la stupeur est générale. Le président est aussi sous le choc. Il interpelle le témoin et lui dit qu'il se trompe peut-être de jour. Mais M. Graton insiste. Il est sûr de lui, sa mémoire est infaillble. « Le même jour, à un autre va-et-vient, j'ai vu un homme de mauvaise mine qui faisait les cent pas devant la maison de Mme Coudray. Il était alors 16 heures 30. Je l'ai vu de loin ensuite, pendant trois quarts d'heure, rôder regardant de droite à gauche. » Dans la salle l'agitation est à son comble. Le président demande au témoin pourquoi il n'a pas parlé plus tôt. « J'ai signalé, ce soir-là, un homme qui faisait les cent pas au brigadier de gendarmerie, au juge d'instruction. » « Mais, le plus important, c'était d'avoir vu après trois heures Mme Coudray à sa fenêtre », s'énerve le magistrat. « Ce soir-là, je n'ai pas pensé à le dire. Si on m'avait interrogé depuis, je l'aurais dit. » « Vous dites que votre patron était avec vous ? » « Oui, M. Cormier, entrepreneur à Saint-Symphorien. C'est lui qui a parlé à Mme Coudray, à 15 heures 30. » Aussitôt le président appelle un gendarme et lui demande d'aller chercher M. Cormier. Quelques minutes plus tard, le patron est entendu mais « sa mémoire est aussi confuse que celle de son ancien ouvrier semble précise. Son langage est aussi pâteux que son souvenir est vague. » Il était bien présent le 20 septembre dans la rue de la Tranchée mais il n'a pas parlé à la veuve. Le journaliste du *Figaro* s'en inquiète d'ailleurs. « Il met toute son énergie à le nier, comme si quelques paroles prononcées devaient le compromettre. Il est ahuri comme un innocent qu'on vient d'arrêter. » Resté à ses côtés, M. Graton tente de le raisonner : « Souvenez-vous, nous en avons le soir parlé à la dame Cormier ; la patronne nous a dit : "c'est bien de la chance que vous ne soyez pas entrés chez madame Coudray tous les deux, c'est vous qu'on accuserait." » « C'est pas à Mme Cormier qu'on a dit ça, c'est à la locataire », rétorque M. Cormier. « Je n'ai pas parlé à Mme Coudray ce jour-là. » La discussion se poursuit pendant plus de deux heures. Le journaliste du *Figaro* relate cette péripétie inattendue aux terribles conséquences. « Le patron varie dans ses déclarations. Il ne sait plus que ceci : il n'a pas parlé ce jour-là à la victime. L'ouvrier précise, insiste, le public écoute, palpitant. L'heure du dîner passe, personne ne s'en va. Le procureur de la République s'inquiète de l'incident. Aurait-on commis une telle erreur ? Il est convaincu de la culpabilité. Il sait son dossier. Il ne peut croire que l'incident ait la portée qu'il parait. » Il demande alors à M. Graton : « Depuis le 20 septembre, vous n'avez dit à personne ce dont vous déposez[55] ? » « On ne m'a pas interrogé », se défend le témoin. « Et vous avez, depuis six mois, gardé cette précision de souvenirs. » « Oui. Je me souviens à six mois de distance. Je ne suis pas forcé d'être atteint de la maladie de mémoire de M. Cormier. » « Ça, c'est vrai. J'ai pas de mémoire », reconnaît le patron au milieu des rires de l'assistance. La suite est encore plus accablante pour l'accusation. M$^e$ Oudin lui demande s'il a participé aux premières recherches le soir du crime. « Oui, monsieur, on s'est promené dans toute la maison[56]. » L'avocat insiste, comme pour faire prendre conscience aux jurés de la portée des mots du témoin. « Avec qui avez-vous circulé dans la maison ? » « Avec un gendarme. Nous recherchions les assassins. Tout le monde se promenait dans l'immeuble. » La phrase est terrible. À lui tout seul, M. Graton a fait exploser les arguments des enquêteurs. Si tout le monde a piétiné la scène du crime, comment porter le moindre crédit à la thèse des empreintes de pas laissées dans toute la maison. D'après ses déclarations, il est tout à fait envisageable que les traces de pas aient été faites par un curieux et non par l'assassin. Le plâtrier repart plus de deux heures après son entrée dans le tribunal. Son témoignage a produit une telle impression qu'il a effacé des mémoires toutes les preuves qui accablaient l'accusée.

Comme un symbole, les derniers témoins appelés confirment les doutes qui planent sur la culpabilité de Gilberte Girault. Ainsi, M. Godard, employé de tramway, affirme avoir vu le 20 septembre un individu habillé en gris, vers 16 heures 15, stationnant à environ cinquante mètres de la maison. Comme l'homme dont a parlé M. Graton, celui-ci avait l'air de chercher quelque chose. Mme Bourdy la surveillante de prison qui lui succède raconte que le 5 décembre Gilberte Girault « crachait le sang à pleine bouche ». Elle a vu plusieurs fois des mouchoirs ensanglantés dans la cellule de l'accusée. L'accusation vacille de nouveau, elle qui prétendait que la jeune femme n'était pas malade. Dès lors, on peut imaginer que les taches de sang humain trouvés sur ses vêtements proviennent de ces crachats. Pour étayer cette thèse, Me Oudin, l'avocat de la défense, présente deux mouchoirs ensanglantés aux jurés. Pour enfoncer le clou, Gilberte Girault ajoute : « On peut entendre ma camarade de cellule, on verra si je crachais le sang[57]. » À 20 heures 30, l'audience est levée.

Le lendemain, 21 mars, à 10 heures, le public commence à assiéger la porte du palais de justice pour assister au dénouement du procès. Les jurés, les témoins et les journalistes doivent jouer des coudes pour se frayer un chemin jusque dans la salle du tribunal. À 12 heures 40, la cour fait son entrée. On appelle alors Mme Cormier, la femme du patron de M. Graton. Les déclarations du plâtrier ont semé le doute dans l'esprit des jurés. Il dit avoir vu la veuve vivante à 15 heures 10, c'est-à-dire après le départ de Gilberte Girault. Le soir, il en aurait parlé à la femme de son patron. Malheureusement, Mme Cormier nie. « Si M. Graton dit cela, il ment certainement. » Voilà à présent le témoignage du plâtrier, si précieux pour la défense, à son tour ébranlé. Alors qui croire ? Voilà tout l'enjeu de ce procès. Le verdict se jouera peut-être sur le talent des défenseurs de chaque camp. Avant l'entame de cette dernière ligne droite, Gilberte Girault demande à prendre la parole. « Durant l'enquête, M. le juge d'instruction m'a conjuré de lui faire connaître les assassins et m'a dit de les lui indiquer si je les voyais dans la salle. Je regrette de ne pouvoir signaler les criminels, mais je ne suis ni auteur ni complice du crime, dont je suis complètement innocente[58]. »

À 13 heures 20, le procureur de la République, M. Mancel, peut débuter son réquisitoire. À ses yeux Gilberte Girault « n'a pas prémédité le meurtre mais le vol. Elle voulait voir la veuve Coudray à la faveur d'une de ses crises d'ivresse[59]. » Elle avait d'ailleurs volé une amie d'une somme de 620 francs. Selon lui, « elle a voulu recommencer ou imiter. Cinq fois on l'entend annoncer son intention d'aller chez la voisine. Elle y va enfin le 20 septembre. Elle n'est pas reconnue par la veuve à demi grise. Elle lui fait une visite. Elle accepte de boire et trempe ses lèvres après avoir trinqué. Le facteur passe, la veuve boit encore. Elle est tout à fait grise. Le moment est venu, Gilberte monte au premier étage pour voler. La dame Coudray la surprend. La jeune fille se sent perdue. Elle prend dans la cuisine un couteau. La vieille sexagénaire s'élance en titubant vers la rue. Gilberte la poursuit dans le couloir, la frappe à la tête ; la vieille se retourne et reçoit l'effroyable coup mortel. Mais Gilberte est venue pour voler. Elle remonte à l'armoire du premier étage, imprimant partout la semelle trempée de sang de sa pantoufle de feutre. Elle ne trouve rien. Elle fouille maladroitement.

Elle se hâte. Il lui tarde de partir. Le temps presse. Elle redescend, se lave les mains, sort, rentre chez elle et grâce à sa volonté de fer, à son sang-froid inouï, elle se remet aussitôt de son émotion qu'elle attribue à un verre de vin blanc qu'en réalité elle n'a pas bu, et, tout de suite, elle prépare sa défense par d'adroits mensonges. »

Le procureur balaie ensuite le témoignage de M. Graton car le plâtrier s'est probablement trompé d'heure peut-être même de jour. Il s'évertue ensuite à montrer toutes les charges qui accablent l'accusée : le sang sur ses vêtements, les témoignages de Mmes Boire et Deshaye, les traces de pas ensanglantées dans les escaliers qui correspondent en tous points à celles laissées par ses pantoufles sans parler de ses nombreux mensonges. Il se tourne alors vers les jurés et leur parle avec certitude. « Si un doute vous tourmentait, oubliez tout cela, regardez ces empreintes, regardez cette pantoufle trouée. Comparez : c'est l'identité absolue, la certitude, l'évidence. Il n'y a qu'à regarder et la discussion n'est plus possible pour un homme sensé. La preuve est aussi patente que si Gilberte Girault avait écrit et signé sur le plancher de la veuve Coudray :

"C'est moi qui suis passée ici[60]." » Après un réquisitoire de plus de trois heures trente, il leur demande un verdict affirmatif. À 17 heures, l'audience est levée.

Cinquante minutes plus tard, c'est au tour de Me Oudin de débuter sa plaidoirie. Trente-cinq ans de cour d'assises ont fait de cet avocat bonhomme un juriste expérimenté, éloquent et original. « Le roman de l'accusation est invraisemblable, soutient-il. Le ministère public imagine, il ne sait rien : il ne sait pas à quelle heure le crime a été commis, il ignore comment la victime est morte, il fixe arbitrairement l'heure à laquelle l'accusée à quitter la maison de la veuve et n'établit qu'à un quart d'heure près, sur vingt minutes, la durée du tête-à-tête. Il n'a pas l'arme du crime. Il ne dit pas où l'aurait prise Gilberte Girault pour frapper la vieille femme. » « Tout ce qu'a pu apporter le ministère public dans ce procès ce sont des hypothèses. Or, on ne condamne pas sur des hypothèses. L'accusation est si fragile qu'il suffit de souffler dessus pour la faire écrouler comme un château de cartes. »

Il ne peut admettre que sa cliente « une jeune fille de 18 ans, qui n'a devant elle que des années de loyauté et d'honorabilité soit tombée tout d'un coup aussi bas. D'autre part, Gilberte Girault, qui n'est pas habituée à manier les couteaux, n'a pu donner à la victime l'horrible coup qui a déterminé la mort. On ne le fera croire à personne. Non Gilberte Girault n'est ni l'auteur, ni la complice du crime[61]. » Alors certes l'accusée est une demoiselle dotée d'un fort tempérament mais « peut-on reprocher à sa cliente d'être énergique et d'avoir le caractère entier. On ne fait pas aujourd'hui le procès de son caractère[62]. »

Il remet en cause le témoignage des voisines notamment Mme Deshaye qui certifie avoir vu de sa fenêtre le facteur dans la rue Ernest-Palustre. La vérité selon lui, c'est que la veuve était vivante quand Gilberte Girault l'a quittée, le témoignage de M. Graton l'atteste. Pour l'avocat, le facteur ment aussi car il est resté bien plus de cinq minutes. « Il a eu le temps de causer et de boire deux verres de vin qu'on était allé chercher à la cave. Il a dû y stationner dix ou quinze minutes, ce qui diminue d'autant la demi-heure dont a parlé l'accusation et pendant laquelle Gilberte Girault serait restée seule avec Mme Coudray. [...] Si elle avait commis un crime, serait-elle redescendue cinq minutes seulement après être montée chez elle, pour causer avec Mme Boire et plaisanter avec elle. Elle avait chaud, c'est entendu, mais qu'est-ce que cela prouve ? Si elle avait eu froid, on lui reprocherait aussi. » Et puis, si elle avait commis cet horrible forfait, elle aurait dû être maculée de sang. Or, on n'a trouvé que quelques gouttelettes sur ses effets. De plus, aurait-elle eu l'imprudence de garder les mêmes vêtements si elle avait commis le forfait ? Certainement pas. « Le tablier, rien ne prouve qu'elle l'avait lorsqu'elle est entrée chez Mme Coudray. Les témoins ont varié dans leurs dépositions sur ce point. Il n'a été saisi que le 11 octobre – sur les indications de l'accusée elle-même – et il est inadmissible qu'il ait été encore humide, puisque Gilberte était en prison depuis le 26 septembre et que personne depuis cette date n'avait pu le laver. » Pour lui, tout le sang trouvé sur les vêtements de sa cliente provient de ses crachements. Plusieurs témoins, et même le docteur Baudouin, en ont parlé. Quant aux empreintes de pas ensanglantées trouvées dans l'escalier, cela ne prouve pas la culpabilité de l'accusée.

On n'a même pas fait essayer les pantoufles à la jeune fille pour vérifier qu'elles étaient bien à elle. Des témoins ont aussi affirmé que des curieux étaient entrés dans la maison avant l'arrivée de la justice. « N'oublions pas, en outre, qu'à côté du cadavre, il y avait un pas d'homme. De qui venait-il ? Cela est fort mystérieux et ouvre la porte à toutes les suppositions. »

Alors, si ce n'est Gilberte Girault la coupable, qui a bien pu commettre un acte aussi monstrueux ? Pour l'avocat, la réponse est simple : probablement un ou deux inconnus dont plusieurs témoins ont parlé au procès. Les passants M. Dutertre et M. Stoll ont ainsi vu deux inconnus simulant l'ébriété rue de la Tranchée qui ressemblaient étrangement au signalement fait par Joséphine Courriard et Gilberte Girault. Quant à M. Graton, le plâtrier, et M. Godard, l'employé de tramway, ils ont tous les deux aperçu un inconnu rôder près de la maison de la veuve l'après-midi du crime. « Il termine son plaidoyer plein de rondeur et de finesse en mettant le jury en garde contre le péril des erreurs judiciaires : « Il ne faut condamner que lorsque la conscience vous dit : "la culpabilité est certaine." Qui donc prendra la responsabilité d'envoyer au bagne cette enfant de dix-huit ans, accusée de cet invraisemblable crime : un assassinat pour voler de quoi s'acheter des chapeaux et sa robe de noce ? L'opinion ralliera ce verdict de bons sens[63] », conclut l'avocat en demandant l'acquittement pur et simple. La péroraison achevée soulève une double salve d'applaudissements dans le public. Gilberte Girault sanglote. La salle est tout entière acquise à sa cause. « Faites évacuer la salle, crie le président, faites évacuer ! » Il faut l'intervention des militaires pour expulser le public. Dans son box, l'accusée, victime d'un malaise, est emmenée. L'audience est levée à 21 heures 30.

Un quart d'heure plus tard, la jeune femme fait son retour dans l'hémicycle. « Avez-vous quelque chose à ajouter à votre défense[64] ? » lui demande le président. « Une seule chose, lui rétorque d'une voix faible Gilberte Girault. C'est que je suis innocente. » À 21 heures 55, le jury se retire pour délibérer. Cinquante minutes plus tard, il fait son retour dans le tribunal. Le verdict est lu à haute voix. L'accusée est reconnue innocente du crime de vol mais est tenue responsable du meurtre. Le public est sous le choc. M^e Oudin demande alors l'indulgence de la cour. « Fille Girault qu'avez-vous à dire sur l'application de la peine ? » demande le président. Atterrée, la jeune femme peine à trouver ses mots. « Je ne pensais pas qu'étant innocente, je serais condamnée. » Les magistrats se retirent pour prononcer la peine. Pendant ce temps, Gilberte Girault « cause, l'air abattu, les yeux brillants, avec son défenseur et les gendarmes, tristement[65]. »

Quelques minutes plus tard, la sanction tombe : dix ans de prison. L'accusée reste impassible, « baisse la tête et puis se retire de l'audience tranquillement » en faisant « un signe d'adieu aux gens de Saint-Symphorien restés dans la salle[66] ».

Cent années sont passées, n'apportant aucun éclairage probant sur une affaire qui garde entier son mystère. Certes, la justice a reconnu Gilberte Girault coupable du meurtre d'Aimée Coudray mais les zones d'ombre restent nombreuses. Comment imaginer qu'une jeune fille de 18 ans, de bonne moralité et d'une loyauté reconnue de tous, ait pu commettre l'un des crimes les plus atroces qu'ait connus la ville de Tours ? Toute l'étrangeté de l'affaire réside en partie dans cette question. Le reste n'est qu'une succession de faits (pantoufles et vêtements ensanglantés, témoignages, expertises) qui accablent l'accusée mais qui ne permettent pas de se faire une opinion tranchée. Depuis le début, le doute plane sur la culpabilité de Gilberte Girault. Il y a fort à parier que la cour d'assises a dû se trouver fort embarrassée pour se forger une intime conviction. Le verdict mitigé de dix années de prison prouve qu'elle n'y est pas parvenue.

# NOTES

1- *Le Figaro*, 20 mars 1908.

2- Propos du président de la cour d'assises, Le journal de l'Indre et Loire, 19 mars 1908.

3- Propos du président de la cour d'assises, Le journal de l'Indre et Loire, 19 mars 1908.

4- *Le journal de l'Indre-et-Loire*, 19 mars 1908

5- *Le journal de l'Indre-et-Loire*, 21 mars 1908

6- *Le journal de l'Indre-et-Loire*, 21 mars 1908

7- Expression de Marie Durand au procès. *La Dépêche du Centre et de l'Ouest*, 20 mars 1908

8- *Le Figaro*, 18 mars 1908.

9- *Le journal de l'Indre-et-Loire*, 19 mars 1908.

10- *Le journal de l'Indre-et-Loire*, 19 mars 1908.

11- *Le journal de l'Indre-et-Loire*, 19 mars 1908

12- *Le Figaro*, 19 mars 1908

13- *Le journal de l'Indre-et-Loire*, 20 mars 1908.

14- *Le journal de l'Indre-et-Loire*, 23 septembre 1907

15- *Le journal de l'Indre-et-Loire*, 23 septembre 1907

16- *Le Figaro*, 19 mars 1908.

17- *Le Figaro*, 19 mars 1908.

18- *Le journal de l'Indre-et-Loire*, 27 septembre 1907

19- *Le journal de l'Indre-et-Loire*, 29 septembre 1907

20- Expression du journaliste du Journal de l'Indre-et-Loire, 30 septembre 1907

21- *Le journal de l'Indre-et-Loire*, 10 octobre 1907

22- *Le journal de l'Indre-et-Loire*, 6 octobre 1907

23 *Le journal de l'Indre-et-Loire*, 7 octobre 1907

24- *Le journal de l'Indre-et-Loire*, 10 octobre 1907

25- *Le journal de l'Indre-et-Loire*, 9 octobre 1907

26- *La Dépêche du Centre et de l'Ouest*, 19 mars 1908.

27- *La Dépêche du Centre et de l'Ouest*, 19 mars 1908.

28- *Le Figaro*, 19 mars 1908.

29- *La Dépêche du Centre et de l'Ouest*, 19 mars 1908

30- *Le journal de l'Indre-et-Loire*, 19 mars 1908.

31- *Le Figaro*, 19 mars 1908.

32- *La Dépêche du Centre et de l'Ouest*, 19 mars 1908

33- *Le Figaro*, 19 mars 1908.

34- *Le Figaro*, 19 mars 1908.

35- *Le journal de l'Indre-et-Loire*, 19 mars 1908

36- *Le journal de l'Indre-et-Loire*, 19 mars 1908

37- *Le Figaro*, 19 mars 1908.

38- *Le journal de l'Indre-et-Loire*, 19 mars 1908

39- *Le journal de l'Indre-et-Loire*, 20 mars 1908.

40- *Le Figaro*, 20 mars 1908.

41- *Le Figaro*, 20 mars 1908.

42- *Le Figaro*, 20 mars 1908.

43- *Le journal de l'Indre-et-Loire*, 20 mars 1908

44- *Le Figaro*, 20 mars 1908

45- *Le Figaro*, 20 mars 1908

46- *Le journal de l'Indre-et-Loire*, 21 mars 1908.

47- *Le journal de l'Indre-et-Loire*, 21 mars 1908.

48- *La Dépêche du Centre et de l'Ouest*, 21 mars 1908.

49- *Le journal de l'Indre-et-Loire*, 22 mars 1908.

50- *La Dépêche du Centre et de l'Ouest*, 21 mars 1908

51- M. Sablayrolles est un voisin de la veuve

52- *La Dépêche du Centre et de l'Ouest*, 21 mars 1908

53- *Le Figaro*, 21 mars 1908

54- *Le Figaro*, 21 mars 1908

55- *Le Figaro*, 21 mars 1908

56- *La Dépêche du Centre et de l'Ouest*, 21 mars 1908.

57- *La Dépêche du Centre et de l'Ouest*, 21 mars 1908.

58- *La Dépêche du Centre et de l'Ouest*, 22 mars 1908.

59- *Le Figaro*, 22 mars 1908

60- *Le Figaro*, 22 mars 1908

61- *Le journal de l'Indre-et-Loire*, 23 mars 1908.

62- *La Dépêche du Centre et de l'Ouest*, 22 mars 1908.

63- *Le Figaro*, 22 mars 1908.

64- *La Dépêche du Centre et de l'Ouest*, 22 mars 1908.

65- *Le Figaro*, 22 mars 1908.

66- *Le Figaro*, 22 mars 1908.

# SOURCES IMPRIMÉES

## LA CABANE-BAMBOU

### Journaux

*Le journal de l'Indre-et-Loire*, 30 juillet 1908.
*Le journal de l'Indre-et-Loire*, 31 juillet 1908
*Le journal de l'Indre-et-Loire*, 26 mars 1909.
*Le journal de l'Indre-et-Loire*, 27 mars 1909.
*Le journal de l'Indre-et-Loire*, 28 mars 1909
*Le journal de l'Indre-et-Loire*, 30 mars 1909.
*Le journal de l'Indre-et-Loire*, 5 août 1908.
*Le journal de l'Indre-et-Loire*, 6 août 1908.
*Le journal de l'Indre-et-Loire*, 9 août 1908.
*Le journal de l'Indre-et-Loire*, 12 août 1908
*La Touraine Républicaine*, 26 mars 1909.
*La Touraine Républicaine*, 27 mars 1909
*La Touraine Républicaine*, 28 mars 1909.

# LA SÉQUESTRÉE DE LOCHES

**Sources judiciaires. Dossier de procédure**

Déclaration de M. Auguste Coutreau, propriétaire à Saint-Georges-sur-Cher, 3 novembre 1886.

Procès verbal n° 31 provenant de l'asile des aliénés de Blois, 14 novembre 1886.

Procès verbal de gendarmerie constatant la séquestration de la nommée Lebert Augustine.

Premier interrogatoire de Sylvain Bonroy, 15 octobre 1886.

Interrogatoire de Marie Desmaison, 15 octobre 1886, jour de la découverte de la séquestrée.

Déclaration du témoin Alexandre Durand, 10 novembre 1886. Dossier de procédure.

Déclaration du témoin Constant Frappier, 15 novembre 1886. Dossier de procédure

Déclaration du témoin Eugénie Bonroy, 15 novembre 1886. Dossier de procédure

Déclaration du témoin Auguste Coutreau, 15 novembre 1886. Dossier de procédure

**Journaux**

*Le journal de l'Indre-et-Loire*, 8 décembre 1886.

*Le journal de l'Indre-et-Loire*, 9 décembre 1886.

## LA SOUPE AUX CHOUX

**Journaux**
*La Touraine Républicaine*, acte d'accusation, 23 décembre 1911.
*La Touraine Républicaine*, 23 décembre 1911.
*La Touraine Républicaine*, 24 décembre 1911.


## LE CRIME DE SAINT-PATRICE

**Journaux**
*La Touraine Républicaine*, mercredi 12 octobre 1898.
*La Touraine Républicaine*, 14 octobre 1898.
*La Touraine Républicaine*, lundi 27 mars 1899.
*La Touraine Républicaine*, mardi 28 mars 1899.

**Sources judiciaires. Dossier de procédure.**
*La semaine religieuse de la ville et du diocèse de Tours*, 33e année, samedi 15 octobre 1898.
Rapport médico-légal sur Louis Nicolas Lehmann datant du 3 décembre 1898.
Interrogatoire de Louis Lehmann du 19 octobre 1898.
Procès verbal de constat du dimanche 9 octobre 1898
Interrogatoire de Clément Chéreau du 10 octobre 1898

Interrogatoire de Victorine Aubert. Lundi 10 octobre 1898.

Pièce d'information provenant de l'Administration générale de l'Assistance à Paris

Interrogatoire de Lehmann datant du 20 octobre 1898.

Procès verbal du Procureur de la République datant du 18 octobre 1898.

Pièce de renseignements. Commissariat de police de Tours.

Rapport médico-légal sur Louis Nicolas Lehmann datant du 3 décembre 1898


## L'INCONNU À LA CANNE BLANCHE

**Journaux**
*Le journal de l'Indre-et-Loire*, jeudi 26 mars 1891

Le messager de l'Indre-et-Loire 2 octobre 1891.

*Le journal de l'Indre-et-Loire*, 3 octobre 1891

*Le journal de l'Indre-et-Loire*, samedi 3 octobre 1891.

**Sources judiciaires. Dossier de procédure**
Procès verbal d'interrogatoire de Charles Londais du 28 mai 1891.

Procès verbal de constat du 5 mars 1891. Dossier de procédure.

Déclaration de Pierre Desouches, propriétaire à la Place. Procès verbal de constat du 5 mars 1891.

Interrogatoire de Marie Girollet, ménagère à « La Place ». 22 mars 1891.

Déclaration d'Émilie Londais, mère de Charles Londais. 10 juillet 1891.

Procès verbal de la préfecture de Police de Paris, rédigé par le commissaire de police, le 16 juillet 1891.

Interrogatoire de Charles Londais. 16 juillet 1891. Dossier de procédure.

Procès verbal de transport du 4 mars 1891.

Rapport d'autopsie.

Procès verbal constatant le double assassinat commis sur les nommés Delhommais. 5 mars 1891.

Procès verbal d'information. Interrogatoire de Juliette Gorron, le 14 mars 1891.

Procès verbal d'information. Interrogatoire de Marie Boucher, le 16 mars 1891.

Procès verbal d'information. Interrogatoire de Marie Girollet, le 22 mars 1891. Dossier de procédure.

Procès verbal d'information. Interrogatoire de Louise Bouvard, le 22 mars 1891. Dossier de procédure.

Procès verbal d'information. Interrogatoire de Juliette Gorron, le 22 mars 1891. Dossier de procédure.

Rapport complémentaire du docteur Lapeyre après la découverte d'un crâne humain à la Place. 24 mars 1891.

Interrogatoire de Charles Longais, par le commissaire de la ville de Paris, le 6 mai 1891.

### LE PIEU DE VIGNE

**Journaux**

*La Dépêche du Centre et de l'Ouest*, 22 juin 1936.

*La Dépêche du Centre et de l'Ouest*, 23 juin 1936.

*La Touraine Républicaine*, 26 février 1936.

*La Touraine Républicaine*, 27 février 1936.

*La Touraine Républicaine*, 28 février 1936.

*La Touraine Républicaine*, 21 juin 1936.

*La Touraine Républicaine*, 22 juin 1936.

*La Touraine Républicaine*, 23 juin 1936.

### LE MONSTRE
### DE CHAMBRAY-LÈS-TOURS

**Journaux**

*Le journal de l'Indre-et-Loire*, 16 décembre 1908.

*Le journal de l'Indre-et-Loire*, 18 décembre 1919.

*Le journal de l'Indre-et-Loire*, 23 août 1919.

*Le journal de l'Indre-et-Loire*, 25 février 1920.

*La Dépêche du Centre et de l'Ouest*, 18 décembre 1919.

*La Dépêche du Centre et de l'Ouest*, 19 décembre 1919.

*La Dépêche du Centre et de l'Ouest*, 20 décembre 1919.

*La Dépêche du Centre et de l'Ouest*, 26 févier 1920.


## LE SACRIFICE D'ABRAHAM

**Journaux**

*La Dépêche du Centre et de l'Ouest*, 19 décembre 1891.

**Sources judiciaires. Dossier de procédure**

Procès verbal d'arrestation du nommé Henri Abraham, 5 octobre 1891.

Interrogatoire de Henri Abraham 28 octobre 1891.

Déclaration de Jean Martin lors de son interrogatoire par la gendarmerie nationale, le 13 octobre 1891.

Déclaration d'Édouard Couty, garde champêtre, 19 octobre 1891.

Déposition de Jean-Baptiste Desplats, 14 octobre 1891.

Acte d'accusation. Dossier de procédure.

Rapport du médecin Henri Jouanneau, 9 octobre 1891.

Interrogatoire de Louis Sachet par la gendarmerie nationale, le 29 octobre 1891.

Interrogatoire de Victoire Serreau par la gendarmerie nationale, le 10 octobre 1891.

Interrogatoire de Victoire Serreau par la gendarmerie nationale, le 29 octobre 1891.

Interrogatoire d'Édouard Henri Bourdon, le 29 octobre 1891.

## LE PETIT ENCAISSEUR DE LANGEAIS

**Journaux**

*La Dépêche du Centre et de l'Ouest*, 18 juin 1914.

*La Dépêche du Centre et de l'Ouest*, 19 mars 1914.

*La Dépêche du Centre et de l'Ouest*, 20 juin 1914.

*La Dépêche du Centre et de l'Ouest*, 21 mars 1914.

*La Dépêche du Centre et de l'Ouest*, 27 mars 1914.

*La Dépêche du Centre et de l'Ouest*, 18 juillet 1914.

## LA PANTOUFLE DE CENDRILLON

**Journaux**

*Le Figaro*, 18 mars 1908.

*Le Figaro*, 19 mars 1908.

*Le Figaro*, 20 mars 1908.

*Le Figaro*, 21 mars 1908.

*Le Figaro*, 22 mars 1908.

*Le journal de l'Indre-et-Loire*, 23 septembre 1907.

*Le journal de l'Indre-et-Loire*, 27 septembre 1907.

*Le journal de l'Indre-et-Loire*, 29 septembre 1907.

*Le journal de l'Indre-et-Loire*, 30 septembre 1907.

*Le journal de l'Indre-et-Loire*, 6 octobre 1907.

*Le journal de l'Indre-et-Loire*, 7 octobre 1907.

*Le journal de l'Indre-et-Loire*, 9 octobre 1907.

*Le journal de l'Indre-et-Loire*, 10 octobre 1907.

*Le journal de l'Indre-et-Loire*, 19 mars 1908.

*Le journal de l'Indre-et-Loire*, 20 mars 1908.

*Le journal de l'Indre-et-Loire*, 21 mars 1908.

*Le journal de l'Indre-et-Loire*, 23 mars 1908.

*La Dépêche du Centre et de l'Ouest*, 19 mars 1908.

*La Dépêche du Centre et de l'Ouest*, 21 mars 1908.

*La Dépêche du Centre et de l'Ouest*, 22 mars 1908.

# BIBLIOGRAPHIE
# SOMMAIRE

## OUVRAGES

Augustin Jean-Marie, *Les grandes affaires criminelles de Poitiers*, La Crèche, Geste éditions, 1995.

Briguet-Lamarre M, *L'adolescent meurtrier*, Toulouse, Privat, 1969

Cadiet Loïc, collectif sous la dir. *Dictionnaire de la justice*; PUF, 2004.

Chauvaud Frédéric, Les criminels du Poitou au XIXe siècle, La Crèche, Geste éditions, 1999 pages, 358 pages.

Chauvaud Frédéric, Les experts du crime, la médecine légale en France au XIXe siècle, Paris, Aubier, 2001.

De Greeff, *Introduction à la criminologie*, Paris, PUF, 1948.

Dictionnaire encyclopédique de la langue française. Le maxi dicitonnaire, 1997, édition de la Connaissance.

Dostoïevski, *Crime et châtiment*, 1866.

Farcy Jean-Claude, « L'Histoire de la justice française de la Révolution à nos jours : trois décennies de recherches », paru dans la Revue d'histoire du XIXᵉ siècle, numéro 2002-24, Paris, PUF, 494 pages.

Goudeau Olivier, Crimes et châtiments. Les crimes des sang dans les Deux-Sèvres, 1811-1895, mémoire de maîtrise.

Goudeau Olivier, Les homicides prémédités dans les Deux-Sèvres, 1811-1914. Mémoire de DEA.

Jaegger Gérard A., L'Homme qui trancha 400 têtes, Félin, 2001.

Kalifa Dominique, l'Encre et le Sang. Récits de crimes et société à la Belle-Époque, Paris, Fayard, 1995.

Mension-Rigau Éric, Le donjon et le clocher. Bles et curés de campagne de 1850 à nos jours, Paris, Perrin, 2003.

Melchior Bonnet, Histoire de France illustrée. 2000 ans d'images, tome VI. La IIIe République à ses débuts, 1870-1914, Paris, Larousse, 1983.

Perrot Michèle, Les ombres de l'Histoire. Crimes et châtiments au XIXᵉ siècle. Paris, Flammarion, 2001.

Petit Larousse illustré 2007, Paris, Larousse, 2006.

Royer Jean-Pierre, Histoire de la justice en France, Paris, PUF, collection Droit fondamental, 1996.

Royer Jean-Pierre, *La justice d'un siècle à l'autre*, Paris, PUF, collection Droit et justice, 2003.

Thorwald Jûrgen, *La grande aventure de la criminologie. Cent ans de police scientifique à travers les crimes célèbres*, Paris, Albin Michel, 1967.

## SITES INTERNET

www.santé.gouv.fr
http://www.cg37.fr

# REMERCIEMENTS

Je tiens à remercier les Archives départementales de l'Indre-et-Loire pour la qualité d'accueil et de conseil de son personnel. L'historien trouve en cet endroit des conditions optimales pour effectuer ses recherches. Un merci particulier à Armande Leroux pour sa grande disponibilité.

Je remercie les journalistes du quotidien *La Nouvelle République*, notamment Jacques Benzakoun, qui m'ont aidé sur le plan de la logistique et de la recherche. Ils m'ont aussi témoigné une grande confiance en me laissant la libre rédaction d'une rubrique judiciaire depuis l'été 2006.

Ma profonde gratitude va à M. Jacques Péret, professeur des universités à Poitiers, qui a rédigé la préface de cet ouvrage et qui m'a fait partager sa passion de l'histoire lorsque j'étais étudiant.

Au final, que soient remerciés tous ceux qui ont contribué de près ou de loin à la rédaction de cet ouvrage. Merci donc à Françoise et Jean-Jacques Botton-Vinet, Martine Humier, Line Baloge (pour la relecture), Maxime Goudeau (pour ses petites mais précieuses recherches), Paul Goudeau (pour ses longues siestes) et bien-sûr, Marie Botton-Vinet, pour sa patience et ses encouragements.

# TABLE DES MATIÈRES

Par ce logo, nous témoignons d'une volonté de réduire les impacts environnementaux liés aux activités de l'imprimerie. Nous choisissons un imprimeur imL-pliqué dans la réduction des gaz à effet de serre.

Le choix de nos papiers assure que la production a été faite à partir d'un produit à base de bois et a suivi le cahier des charges d'une gestion durable des forêts européennes.

**Geste** éditions

Centre routier - 11, rue Norman-Borlaug – 79260 La Crèche
Diffusion-Distribution : tél. 05 49 05 83 50 - fax 05 49 05 83 52
Éditions : tél. 05 49 05 37 22 - fax 05 49 05 76 20
www.gesteditions.com

L'histoire de Geste éditions a commencé il y a quinze ans dans le Sud du département des Deux-Sèvres. Du tout premier *Bestiaire poitevin* aux actuelles publications universitaires de la collection « Pays d'histoire », un catalogue dédié aux terroirs de l'Ouest de la France est né. Près de six cents titres façonnent aujourd'hui l'identité entre Loire et Gironde : récits de vie, thèses d'histoire, beaux-livres, monographies patrimoniales, carnets de voyages, autant de témoignages de l'activité humaine en région. De son nom d'origine, *la Geste paysanne*, la maison a conservé sa philosophie humaniste fondée sur l'étude des pratiques populaires, les arts et les sciences du langage. C'est encore et toujours la geste des pays de l'Ouest que chantent nos auteurs, sources de beaux esprits, de territoires rêvés et imaginaires, de culture régionale révélée.

Parallèlement à son activité éditoriale, Geste éditions s'est spécialisée dans la diffusion de livres auprès des libraires de quatorze départements. Elle représente désormais près d'une centaine d'éditeurs.

Achevé d'imprimer en Espagne en février 2012

Composition : Marianne Guillemet

Dépôt légal : 1er semestre 2012
© 2012 – Geste éditions